© 2025 Susann Blum

Verlag: BoD · Books on Demand GmbH,

In de Tarpen 42, 22848 Norderstedt, bod@bod.de

Druck: Libri Plureos GmbH, Friedensallee 273, 22763 Hamburg

ISBN: 978-3-8482-2606-1

1. Auflage, www.susann-blum.ch

Gestaltung Titelseite und Inhalt: www.minz.ch

Gutachten und Beratung:

lektorat:literatur, Valerie Katharina Meyer

Lektorat: www.textengel.ch

Alle Rechte vorbehalten. Weitergabe und Vervielfältigungen, auch auszugsweise, nur mit der schriftlichen Genehmigung der Autorin.

Bibliografische Information der Deutschen Nationalbibliothek:
Die Deutsche Nationalbibliothek verzeichnet diese Publikation in der Deutschen Nationalbibliografie; detaillierte bibliografische Daten sind im Internet über dnb.dnb.de abrufbar.

MYSTERY EYE
TELEPATHIE

Band 1

SUSANN BLUM

Kapitel 1

Gerade noch rechtzeitig erreichte ich den großen Platz hinter der Sporthalle, auf dem jedes Jahr etliche Schulevents stattfanden – vom Flohmarkt über die Fahrradbörse bis zur Schulolympiade. Am ersten Tag der Sommerferien war der Platz aber fast leer. Nur vier Kinder standen mit ihren Müttern und jeweils einem gepackten Koffer da und warteten – wie ich – auf den Reisebus, der eigentlich längst hätte vorfahren sollen. Meine Mutter war nicht bei mir. Sie hatte auch nicht mitbekommen, dass der Reißverschluss unseres einzigen Koffers ausgerechnet heute Morgen kaputtgegangen war. Die Nähte waren gerissen und meine unmotiviert gepackten Kleidungsstücke, die Bücher und die kleine Reiseapotheke waren auf dem Fußboden meines Zimmers verteilt. Am liebsten hätte ich die Misere genutzt, um komplett auf das Ferienlager zu verzichten – ich ging eh jedes Jahr dorthin, obwohl ich nicht wollte. Eine Wahl hatte ich nie. Entsprechend übellaunig stopfte ich alles zurück in das unnütze Gepäckstück und band notdürftig eine Schnur darum, um es überhaupt bis zur Sporthalle tragen zu können.

Der Reisebus fuhr vor. Inzwischen hatte ich meine schlechte Laune in eine innere Schublade verbannt und meinen Puls nach der Hetzerei wieder unter Kontrolle. Weder Selbstmitleid noch Missmut würden mir helfen, die zehn Tage zu überstehen. Es gab nur eine Strategie für mich: *Gute Miene zum bösen Spiel.*

Zu melodramatisch? Mag sein. Diese Sommerlager waren ja nicht per se eine Katastrophe. Alles war lieb und nett gemeint – eine Stiftung übernahm jedes Jahr die Kosten, um Kindern aus schwierigen Verhältnissen ein paar Ferientage zu schenken. Genau das war der Punkt. Kindern! Kindern!! Mein Gott, ich war vierzehneinhalb und definitiv kein Kind mehr. Schon letztes Jahr war ich mit Abstand die Älteste in diesem Camp und ich konnte es nicht fassen, als die Sozialarbeiterin mir verkündete, ich müsse auch dieses Jahr wieder mitfahren. «Als Entlastung für deine Mutter. Das verstehst du sicher, Tammy.» Nein, tat ich nicht. «Deine Mutter gibt ihr Bestes, um euer Leben im Griff zu halten.» Nein, das tat sie nicht. Eigentlich machte sie gar nichts. «Sie braucht diese Ruhephasen. Daher ist es wichtig, dass du mitfährst. Es hat dir doch immer so gut gefallen.» Und nochmals: Nein, hat es nicht. Bei diesen gesäuselten Worten wollte ich am liebsten die Augen verdrehen. Stattdessen beschloss ich, mein Schicksal mit Fassung zu tragen.

Die Bustür öffnete sich. Das folgende Prozedere kannte ich aus den Vorjahren bereits bestens. Der Busfahrer, dessen Bauch jedes Jahr ein bisschen runder wurde, hob freundlich meinen Koffer hoch und bugsierte die verschnürte Eigenkreation zwischen die anderen Gepäckstücke, die ebenfalls schon bessere Tage gesehen hatten. Wie immer stieg ich vorne ein. Auf den ersten Sitzen saßen stets die vier Hauptverantwortlichen. Ich nannte die drei Frauen *Rot*, *Pink* und *Grau* – der Mann war *Blau*. Doch, doch, ich wusste durchaus, wie sie hießen. Aber ich fand die Farben einfach lustiger. Frau Rot war immer superherzlich. Man durfte ihr nur nicht zu nahe kommen, sonst riskierte man, von ihren kräftigen Armen gepackt und an ihre überdimensionale Brust gedrückt zu werden. Leider verpasste sie Jahr für Jahr, dass wir älter wurden. Sie sprach mit mir noch immer, als sei ich gerade eingeschult worden. Frau Pink hingegen war noch nicht lange im Leitungsteam. Sie war jung, ausgesprochen pädagogisch und eindeutig übereifrig. Es wäre ein Desaster, wenn ich ihrer Gruppe zugeteilt würde. Denn so viel singen, basteln, tanzen, Bäume umarmen und Glücksmomente sammeln, wie es auf Frau Pinks Programm stand, war mir definitiv zu anstrengend. Da war mir Frau Grau schon lieber. Vermutlich mochte sie Kinder nicht einmal besonders. Wer in ihrer Gruppe landete, musste entweder ihre Regeln befolgen oder unauffällig bleiben. Letzteres beherrschte ich bestens. Sie verlor dann bald das Interesse und man konnte tun und lassen, was man wollte. Herrn Blau als Betreuer zugeteilt zu bekommen, wäre ebenfalls eine akzeptable Option. Er fand die Psyche der ihm anvertrauten Kinder spannend – unsere trüben Lebensgeschichten schienen ihn zu faszinieren. Und so wurden bei ihm alle Aktivitäten gleichzeitig kleine Experimente. Die Jüngeren durchschauten das natürlich nicht. Und mir war es egal. Ich musste sogar zugeben, dass ich das letzte Lager hauptsächlich seinetwegen überstanden hatte. Nachts lag ich oft wach und hörte einmal, wie er weit nach Mitternacht nach draußen ging. Ich folgte ihm und sah, wie er sich hinter dem Anbau des Ferienlagerhauses ein, zwei oder eher drei kühle Biere gönnte. Es schien ihn nicht zu stören, dass ich plötzlich vor ihm stand. Wir setzten uns auf die Holzbank beim Hintereingang und ich ließ mich auf seine neugierigen Fragen über mein Leben und meine Gedanken ein. Nicht alles, was ich erzählte, entsprach der Wahrheit. Aber es war eine willkommene Abwechslung mit jemandem zu reden, der nicht so hoffnungslos pädagogisch sprach.

Nun zwängte ich mich vorbei an den Leitungspersonen und erreichte die Horde der Kids, von denen kaum jemand ruhig auf seinem Sitz saß. Sie knieten, beugten sich über die Rückenlehnen und pressten Hände und Nasen gegen die Scheiben. Ein unzähmbarer Haufen verhaltensauffälliger Schulkinder, die mit ihren sieben oder acht Jahren auf das große Abenteuer hofften. Bestimmt würden sie in ihren Gruppen freudig tanzen, basteln, singen und nicht merken, wie sie sich auf die Experimente von Herrn Blau einließen. Ich fand diesen Teil des Busses bei Weitem zu laut. Mein Kopf pochte beim Vorbeigehen und ein nerviger, heller Ton hallte in meinen Ohren.

Ich schob mich weiter durch die Busreihen und versuchte, den kindlichen Tumult und den hellen Ton in meinem Ohr zu ignorieren. Inzwischen war ich im Bereich der Teens angelangt. Ich würde sagen, alle ab neun Jahre gehörten zu dieser Gruppe. Die meisten waren schon mehrmals dabei, irgendwo im Team Rot, Pink, Grau oder Blau. Bestimmt war keiner von ihnen schon zwölf, aber sie führten sich auf, als gehöre ihnen die Welt. Erleichtert fiel mein Blick auf einen freien Doppelsitz in der zweitletzten Reihe. Ich ließ mich sofort nieder und stellte meinen Rucksack provokativ auf den Sitz neben mir – damit niemand auf die Idee kam, sich dorthin zu setzen.

Die letzte Reihe gehörte den Früchtchen. Das waren jedes Jahr drei oder vier Jungs aus der noblen Gegend unserer Stadt. Da, wo es Pools in den Gärten gab. Wo man auf private Schulen ging. Wo die Arroganz zum Himmel stank, und wo ich noch nie in meinem Leben gewesen war. Aber auch da, wo den Jungs so langweilig war, dass sie aus Spaß Autos knackten, Gras vertickten oder Abfalleimer in die Luft sprengten. Und bevor die Polizei aktiv wurde, regelten die reichen Papas die Angelegenheit mit einem Deal für ihre Sprösslinge. So landeten die Früchtchen im Rahmen einer Wiedergutmachung als Helfer im Camp der benachteiligten Kinder. «Eine gute Tat», sagte man dazu, «um die Jugendlichen wieder auf den rechten Weg zu bringen». Na ja. Dieses Jahr waren es drei Früchtchen, die nun ihre zehntägige Strafe antraten. Ich hatte sie nur flüchtig angesehen, da ich ohnehin nichts mit den arroganten Typen zu tun haben wollte. Und ja, es war mir natürlich auch peinlich, weil sie in meinem Alter waren – zumindest zwei von ihnen. Der dritte wirkte ein, zwei Jahre älter. Wie erwartet dröhnten schon nach wenigen Minuten Machosprüche aus der hintersten Reihe durch den Bus. Doch das freudige Geschrei der Kids, der Beat aus dem Lautsprecher der Teens und schließlich die Musik aus meinem Kopfhörer übertönten alles und halfen mir durch die dreistündige Fahrt.

Bendix

Sein Kopf pochte, als Bendix gegen die Seitentür des getunten Fahrzeugs gepresst wurde. Der Aufprall drückte ihm für einen Moment die Luft aus der Lunge. Dann packte sein Stiefvater ihn am Oberarm und riss ihn so herum, dass Bendix ihm in die zornigen Augen sehen musste.

«Wie kann man nur so nutzlos sein!», brüllte der Mann. «Du bist ein Nichts.» Bei jedem Zischlaut spritzte Bendix Spucke entgegen und er kniff instinktiv die Augen zusammen, als der Mann ihm ins Gesicht schlug. Ein Schlag, dann ein zweiter. Der erste war dumpf und schwer, der zweite brannte auf der Haut.

Bendix ließ sich nichts anmerken, doch die Wut brodelte in seinen Fäusten. Er war kurz davor, zurückzuschlagen.

Ein heller Ton – kurz und klar – erklang in seinem Ohr und lenkte ihn einen Moment ab. Doch bevor er sich darauf konzentrieren konnte, wurde er erneut gepackt und in die Kammer neben der Werkstatt gedrängt, die schon seit zwei Jahren sein Zuhause war.

«Fucking Bastard», hörte er noch, dann knallte die Tür ins Schloss. Bendix stieß aufgebracht mit der Stirn gegen die verschlossene Tür. Warum hatte er die Schläge wieder zugelassen? Warum hatte er sich nicht gewehrt?

Erst jetzt bemerkte er, wie Blut von der Stirn über seine dunkle Haut rann und in kleinen Tropfen zu Boden fiel. Und während er dastand, war das Einzige, was blieb, ein leises Echo in seinem Kopf.

Kapitel 2

«Team Rot», rief Frau Rot fröhlich und klatschte in die Hände, als wären wir ihre Lieblingsmannschaft. Acht hyperaktive Kids, vier Teenager und eines der drei Früchtchen – Jeremy mit seinen Markenklamotten – standen um uns. Die Einteilung war abgeschlossen, doch das Gefühl blieb, in einer riesigen Theateraufführung gelandet zu sein. Frau Rot sprühte wie immer vor Herzlichkeit, während sie uns den Schlafsaal zeigte und beim Beziehen der Betten half. Immer wieder blickte sie lächelnd in die Runde, als wäre das hier ein echter Neuanfang für alle.

Etwas später an diesem Tag trieb uns ihre fröhliche Stimme nach draußen vors Haus – zum Begrüßungsritual. Wie jedes Jahr standen wir im Kreis und warfen uns einen Ball zu, damit wir die Namen der anderen lernten. Widerwillig machte ich mit. Die Kids schauten mich respektvoll an, als sei ich eine der Betreuerinnen. Das nahm der ganzen Sache wenigstens etwas von der Peinlichkeit. Jeremy hingegen warf mir einen unmissverständlichen Blick zu – herablassend und spöttisch. Das nervte mich. Er fragte sich bestimmt, was ich in den Reihen der Heimkinder zu suchen hatte. Ich war ja kaum jünger als er, aber definitiv nicht in seiner Liga. Nun, mein Gesicht mit dem neckischen Muttermal auf der Stirn, die dunklen Augen und wilden Haaren hatten vielleicht Potenzial. Zumindest hörte ich das immer wieder von meiner Clique. Für einige war es unverständlich, warum ich mich nicht mit Schminke aufpolierte und meine Kleider mehr bequem als chic und meist zu groß waren. Schon mehrmals hatten sie versucht, mich zu einem Umstyling zu überreden. Sie stritten sich sogar darum, wer das Before-and-After leiten durfte und hofften, damit Likes und Faves auf Social Media abzustauben. Ich tat ihnen den Gefallen aber nie. Jeremys Blick wich auf jeden Fall kaum mehr von mir – ungläubig, fast anbiedernd. Es überkam mich die ernsthafte Befürchtung, dass dies sehr, sehr schwierige zehn Tage werden konnten.

Und ja, schwierig wurden die Tage tatsächlich. Und anstrengend. Und vor allem sehr verwirrend. Das hatte aber überhaupt nichts mit Jeremy zu tun, dem reichen Typen mit dem belanglosen Pickelgesicht. Auch wenn er es war, der bei den beiden anderen Früchtchen über mich lästerte und es nur zwei Tage dauerte, bis ich mit allen dreien – Jeremy, Roy und Isaac – Stress hatte. Ihre herablassenden Blicke und Sprüche provozierten mich maßlos. Ich hätte sie einfach ignorieren sollen. Doch impulsiv, wie ich nun mal war, schoss ich mit bissigen Kommentaren zurück – genau das, worauf sie aus waren.

Bereits am dritten Abend kam meine Strategie – *Gute Miene zum bösen Spiel* – ins Wanken. Ich war gereizt und zischte die arme Frau Rot wie eine zerknitterte Wildkatze an, weil ihre vielen fürsorglichen Ratschläge mich wahnsinnig machten.

«Ich kann verdammt nochmal auf mich selbst aufpassen!», raunte ich sie an – oder vielleicht dachte ich es auch nur. Auf jeden Fall würdigte ich sie keines Blickes mehr und verschwand im Schlafsaal. Dort fand ich alles – Kuscheltiere, eingenässte Bettwäsche, Schnuffeltücher – nur keinen Schlaf.

Ich steigerte mich regelrecht in den Ärger hinein, der sich feuerrot in mir ballte, und wusste nicht einmal, was genau mich so rasend machte. Die blöden Sprüche der Früchtchen? Die misslungene Strategie? Oder Frau Rots unerschütterliche Freundlichkeit? Kurz vor Mitternacht verließ ich den Schlafsaal und durchlief sämtliche Räume bis zum Hinterausgang, den ich noch vom letzten Jahr her kannte. Ich hoffte inständig, hinter dem Haus auf Herrn Blau und sein Bier zu treffen. Sein psychologisches Blabla, mit dem ich mich aber ernst genommen fühlte, vermochte mich vielleicht zu beruhigen.

Die Luft war mild, als ich in die Nacht hinaustrat, und es knirschte und raschelte in den Sträuchern und Bäumen. Der Mond war anfangs von einer Wolke verdeckt, aber je länger ich auf der Bank wartete, desto mehr schob diese sich zur Seite. So sah ich ein Eichhörnchen, das emsig an dem Baum, der knapp in Sichtweite stand, hoch und runter sprang. Das drollige Tier lenkte mich davon ab, dass Herr Blau wohl nicht mehr auftauchen würde. Um es nicht zu verscheuchen, achtete ich darauf, keine falsche Bewegung zu machen. Denn neben mir befand sich ein Sensor, der die helle Außenbeleuchtung automatisch einschaltete. Das würde die Fellnase bestimmt erschrecken. Also saß ich bewegungslos da. Ziemlich lange. Niemals hätte ich damit gerechnet, dass Herr Blau sich noch blicken lassen würde. Bis ich das Öffnen der Hintertür hörte, dann Schritte, die gezielt hinüber zum Baum führten. Das Eichhörnchen hüpfte schnell in einen Busch in der Nähe, da der Weg zum Baum nun versperrt war. Aufmerksam lauschte ich und hoffte, das Zischgeräusch einer Bierdose zu hören. Das geschah aber nicht. Stattdessen kratzte in dieser windstillen Nacht ein Zündholz über die Schachtel und ich erkannte eine Flamme, die eine Zigarette zum Glühen brachte. Im Schein des Feuers sah ich für einen kurzen Moment das Gesicht hinter dem Glimmstängel, was mich stutzig machte. Das war nicht das Gesicht von Herrn Blau ... gewiss war es nicht Frau Rot und Frau Pink war deutlich kleiner als die Person, die dort stand. Konnte es Frau Grau sein? Das wäre verheerend. Die regeltreue Betreuerin würde mir ordentlich den Marsch blasen, wenn sie mich hier erwischte. Und in meiner labilen Verfassung war zu befürchten, dass ich ihr im Affekt den Marsch gleich zurückgeblasen hätte.

So wartete ich, eingelullt in meinen angestauten Frust. Ich hörte, wie die Zigarette ausgedrückt wurde, das dumpfe Aufprallen des Stummels auf den Boden und schließlich Schritte, die zum Glück zum Hintereingang zurückführten. Auch die kleine Fellnase wirkte erleichtert und wollte sofort zurück auf ihren Baum hüpfen. Die

Person, die inzwischen nur wenige Meter neben mir stand, hörte das Geräusch des Tierchens und drehte sich abrupt um. Fluchtartig sprang das Eichhörnchen in die entgegengesetzte Richtung – leider genau vor den Sensor. Das Licht flackerte zweimal, bevor es uns anstrahlte wie ein Spot auf der Bühne.

Geschockt starrte ich in die stahlblauen Augen von Isaac, dem Früchtchen aus der Gruppe Grau. Mein Herz raste urplötzlich, denn sein Blick hielt meine Augen fest wie ein unsichtbarer Magnet, dem ich nicht entkommen konnte. Dazu war wieder dieser helle Ton da – und in mir loderten visionsartig blaue Flammen auf, tanzend und lebendig. Sie wirkten so echt, als könnte ich sie greifen – und doch wusste ich, dass sie nur in meinem Kopf existierten, wie ein Traum, der sich für einen Moment real anfühlte. Aus den Flammen formte sich ein mysteriöses Auge, das mich durchdringend ansah. Mein Atem stockte, mir wurde heiß und kalt zugleich. Inmitten meiner taumelnden Gedanken bemerkte ich, wie auch Isaac erstarrte und sich ans Ohr fasste. Ein intensives Kribbeln breitete sich in mir aus, als würde mein ganzer Körper erkennen, was mein Verstand nicht fassen konnte.

Wir verharrten beide in dieser Spannung, bis ich mich schließlich zwang, den Kopf wegzudrehen. Mit diesem Bruch verblasste das Flammenauge sofort. Der helle Ton aber verklang nicht, und wir standen regungslos da, bis das Licht erlosch und die Situation rettete. Ohne ein Wort drehte Isaac sich um und verschwand durch die Hintertür ins Haus.

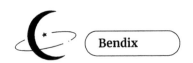

Bendix

Das metallene Klacken des Schlüssels hallte in Bendix' Gedanken und rief den Moment wach, an dem alles begann: Vor zwei Jahren hatte er die Schule unerwartet verlassen müssen. Eigentlich war Bendix damals optimistisch. Spontan vertraute er sich einem Lehrer an und erzählte von der Stimme in seinem Kopf. Er wusste, dass sie ungewöhnlich war, doch er mochte sie und wollte mehr darüber erfahren. Was bedeuteten die fremden Gedanken, die er zwischen dem hellen Ton in seinem Ohr hören konnte? Sie verweilten kurz, hinterließen Wortfetzen und verschwanden dann wieder – für unbestimmte Zeit. Der Lehrer reagierte besorgt, aber verständnisvoll und erklärte, es gebe Wege, damit umzugehen. Doch leider wählte der Mann ausgerechnet den Weg zu seinem Stiefvater. Dem war die psychische Auffälligkeit ein Dorn im Auge. Lehrer und Freunde glaubten bis heute, Bendix wäre irgendwo in Therapie. Sein Stiefvater hatte jedoch nie vorgehabt, ihm zu helfen. Er nahm ihn von der Schule und zwang ihn seitdem zur Arbeit. Alles, was Räder hatte, musste repariert werden – in einer Werkstatt irgendwo im Industriegebiet am Rande der Stadt. Und da Bendix talentiert war, witterte sein Stiefvater den Gewinn. Er drängte den Jungen zu immer mehr Leistung, wurde zunehmend rabiater und schreckte schließlich vor Schlägen nicht mehr zurück. Wie auch dieses Mal. Bendix war noch immer in der fensterlosen Kammer eingesperrt. Über der Wunde an seiner Stirn war inzwischen eine Kruste getrocknet. Doch seine Dreadlocks fielen ihm eh so tief ins Gesicht, dass die Verletzung fast vollständig verdeckt war. Hätte er sich seinem Lehrer bloß nie anvertraut.

Kapitel 3

Die Begegnung mit Isaac hinter dem Ferienlagerhaus ließ mich die halbe Nacht wach liegen. Am nächsten Morgen war ich dann viel zu müde für den geplanten Spaß- und Spielmarathon und meldete mich kurzerhand krank. Ich log Frau Rot etwas von Krämpfen und Beschwerden vor. In ihrer verständnisvollen, aber naiven Fürsorge organisierte sie mir prompt ein Einzelzimmer, in das ich mich einen Tag lang zurückziehen konnte – ein echter Glückstreffer! Mein erstes Ziel war es, Schlaf nachzuholen. Danach wollte ich nachdenken – über das, was beim Augenkontakt mit Isaac geschehen war. Und über das, was sich verändert hatte.

Ja, etwas war anders. Dieser helle Ton im Ohr ließ mir keine Ruhe. Ich hatte ihn in den letzten Jahren oft gehört – er kam und ging ohne ersichtlichen Grund. Und letzte Nacht, beim Blick in Isaacs Augen, schallte er so laut wie nie zuvor in meinem Kopf. Auch noch, nachdem Isaac im Haus verschwunden war. So lange, bis ich zufällig eine Art Gedankenmuskel entdeckte, mit dem ich den Ton stoppen konnte. Verblüfft experimentierte ich damit: Wenn ich mich konzentrierte, ließ sich den Ton ein- und in gleicher Weise wieder ausschalten. Sehr seltsam.

Auch das blaue Flammenauge ging mir nicht mehr aus dem Sinn. Als ob Isaac mir dieses Bild in den Kopf gesetzt hätte. Es war intensiv da gewesen, solange ich ihn anschaute, und verschwand sofort, nachdem ich mich abgewendet hatte. Was war gestern Nacht geschehen? Wer war dieser Isaac? Am Ende dieses ruhigen Tages war mir klar: Ich musste mit ihm reden – über alles, was vorgefallen war.

Am vierten Tag des Sommerlagers sah ich Isaac zum ersten Mal seit der nächtlichen Begegnung wieder. Man erwartete heftigen Regen, daher quetschten sich alle Gruppen in den stickigen Speisesaal, in dem gerade Frühstück serviert wurde. Die drei Früchtchen saßen am Ende des langen Tisches, an dem auch ich mit dem Rest der Gruppe Rot Platz nahm. Mehr als einmal versuchte ich, Augenkontakt aufzunehmen, aber weder Isaac noch seine Kumpel Jeremy und Roy beachteten mich. Erst als sie ihre Teller zur Geschirrrückgabe trugen und hinter mir vorbeigingen, drehte ich mich zu Isaac um.

«Hey», sagte ich so, dass nur er es hören konnte. Isaac hob den Blick, und unsere Augen trafen sich. Die blauen Flammen flackerten sofort auf, und der helle Ton hallte erneut in meinem Kopf. Isaac zuckte zusammen – genau wie ich. Und jetzt war ich mir sicher: Der Idiot spürte das alles ebenso! Meine Aufregung stieg, aber Isaac ignorierte mich und eilte davon. Schnell ging ich hinterher und bekam sein T-Shirt zu fassen.

«Ey, warte!» Isaac aber stieß meine Hand weg und reagierte genervt, ohne mich anzublicken.

«Lass mich in Ruhe! Ich hab' dir nichts zu sagen.»

Jetzt erst sahen mich die beiden anderen Früchtchen. Während Isaac aber offensichtlich nichts mit mir zu tun haben wollte, waren Jeremy und Roy noch in bester Mobbinglaune. Roy setzte bereits zu einem dummen Spruch an, doch Isaac ging dazwischen.

«Alter, lass uns verschwinden.» Er rückte sein Cap auf dem Kopf zurecht und marschierte davon. Roy und Jeremy schienen nicht zu begreifen, folgten aber artig dem Rädelsführer.

«Isaac!», rief ich ihm wütend hinterher, aufgestachelt von seiner schroffen Arroganz. Er blieb stehen und drehte sich langsam zu mir um. Sein Cap zog er tief ins Gesicht, um mich nicht ansehen zu müssen.

«Verpiss dich», sagte er leise, aber scharf. «Ich will dich nicht mehr sehen.» Er drehte sich um und verließ genervt den Raum.

Was glaubt der eigentlich, wer er ist? «Du Arsch!», rief ich hinterher. Ich war verdammt sauer und meine Stimme wohl etwas gar laut. Sofort kamen drei Menschen gleichzeitig auf mich zu: Der supergenervte Isaac, die beschwichtigende Frau Pink und Frau Grau, die einen Zettel in der Hand hielt. Isaac machte sich davon, als er die beiden Frauen sah. Frau Pink faselte etwas von kontrollierter Wut und davon, dass man auf die Wahl der Worte achten sollte – irgendein BlaBla eben. Von Frau Grau erwartete ich eine Standpauke, stattdessen sagte sie: «Es hat jemand für dich angerufen. Es geht um deine Mutter. Du sollst bitte umgehend auf diese Nummer zurückrufen. Das Telefon ist unten im Büro, erste Tür links neben dem Haupteingang.»

Oh nein, was war jetzt schon wieder passiert? Meine Mutter schaffte es nicht mal eine Woche ohne mich – und das machte mich ehrlich gesagt wütend. Ein Teil von mir hoffte noch immer, sie wäre anders. Aber sie war nie etwas anderes als unfähig und ich hatte keinen Nerv mehr, enttäuscht zu sein.

Natürlich wusste die Sozialarbeiterin nichts davon. Jene Frau, die meinen Fall seit Langem schon betreute, mich alljährlich hier in dieses Kinderlager schickte, ansonsten aber froh war, wenn es nicht zu viel Arbeit für sie gab. Sie wusste kaum etwas über mich. Woher auch? Ich hätte nie erzählt, wie es bei uns zu Hause wirklich lief. Sonst wäre ich längst zurück im Heim, wo ich zwar nur kurz, aber definitiv lang genug gewesen war. Und es funktionierte ja auch zu Hause. Solange ich da war, um die Probleme meiner Mutter auszubügeln.

Nun war ich aber seit einigen Tagen weg. Nein, eigentlich erstaunte mich der Anruf nicht. Vermutlich wollte sie mir etwas vorjammern. Sie war nämlich nicht nur unfähig, sondern dachte obendrein auch, die Welt drehe sich nur um sie. Im Moment wollte ich mich aber um meine eigenen Angelegenheiten kümmern und nach diesem Anruf mit Isaac reden. Ich ging ins Büro und wählte die Nummer, die auf dem Zettel stand.

Kurz darauf musste ich mich hinsetzen. Und fünf Minuten später knallte ich den Hörer des alten Telefons frustriert auf die Station, ohne viel gesagt zu haben. Meine Mutter hatte sich mit irgendwelchen Substanzen zugedröhnt und in ihrem Zustand versehentlich unsere Küche in Brand gesetzt. Nun liege sie mit leichten Verbrennungen und Verdacht auf Rauchvergiftung im Krankenhaus. Anschließend müsse sie für einige Zeit in eine Kur. Die Wohnung sei nicht mehr bewohnbar. Für mich werde nach einer Lösung gesucht und ich solle mich in zwei Tagen wieder unter derselben Nummer melden.

Ich war zwar froh zu hören, dass sich nun jemand um meine Mutter kümmerte. Aber shit, ich konnte nicht mehr nach Hause?! Mein langweiliges und manchmal echt beschissenes Leben würde noch komplizierter werden. Ich brauchte dringend etwas, das mich ablenkte – etwas Spannendes, wie zum Beispiel dieses verrückte blaue Flammenauge, sonst würde der Sommer zum Desaster. Der Frust bestärkte mich nur noch mehr. Jetzt wollte ich erst recht wissen, was hier vor sich ging und war fest entschlossen, diesen reichen Schnösel Isaac zur Rede zu stellen.

Ich verschwand durch die Hintertür und setzte mich zum Nachdenken auf die Holzbank. Ich würde Isaac so lange bedrängen, bis er mir sagte, was er bei unserem Blickkontakt gesehen hatte. Oder ich lauerte ihm hier draußen auf, falls er wieder zum heimlichen Rauchen herkommen würde... Meine Gedanken brachten mich auf eine Idee... schnell ging ich hinüber zum Baum der kleinen Fellnase, wo Isaac nachts gestanden hatte. Und prompt: Auf dem Wurzelwerk fand ich sogleich, wonach ich suchte. Den Stummel von Isaacs Zigarette, der – wie vermutet – ein Joint war. Wie dumm konnte der Typ nur sein? Der kiffte tatsächlich mitten in seiner Bewährungszeit. Damit war das, was ich in den Händen hielt, ein Druckmittel. So würde ich meinen Willen durchsetzen – und seine Antworten bekommen.

Kapitel 4

Isaac wischte lustlos den Fußboden des Schlafsaals. Die beiden anderen Früchtchen begleiteten die Gruppen Blau, Pink und Rot auf eine Wanderung. Nur Frau Grau war mit ihrer Kinderschar noch da, und die wuselte eine Etage tiefer im Kreativzimmer herum. Ich hatte von Frau Rot eine weitere Schonfrist bekommen, da ich mich krankgejammert hatte, um im Haus bleiben zu dürfen. Nun hatte ich die Gelegenheit, Isaac ungestört zur Rede zu stellen. Leise schlich ich in den großen Schlafraum und sprach ihn an, während er noch mit dem Rücken zu mir stand.

«Es war ein Joint», sagte ich selbstsicher, ohne eine Antwort abzuwarten. «Hier sind die Reste, und jeder im Haus wird es heute noch erfahren, es sei denn, du redest jetzt mit mir.»

Isaac hielt inne und stützte sich auf den Besenstiel. Meine Botschaft, die natürlich eine fiese Drohung war, verfehlte ihre Wirkung nicht. Er stand da, angespannt, noch immer mit dem Rücken zu mir, vermutlich genervt, aber meinem Willen ausgeliefert. Ich wusste es. Er wusste es.

Also fragte ich: «Was hast du gehört, als wir uns in die Augen schauten? Warum hast du dir ans Ohr gefasst?» Isaac schwieg trotzig, also tat ich so, als würde ich den Raum verlassen, um meine Drohung wahrzumachen. Das zeigte Wirkung – er drehte sich um.

«Ich hatte einen unangenehmen Pfeifton im Ohr.»

Das hatte ich mir gedacht – genau wie ich.

«Und was hast du dabei gesehen?» Dieses Mal kam die Antwort schnell, aber leise und widerwillig. «Wahrscheinlich das Gleiche wie du. Die blauen Flammen und dieses Auge.»

Wir hatten also tatsächlich das Gleiche gesehen und gehört – wie verrückt war das denn? Aufgewühlt setzte ich mich auf das nächstbeste Bett, noch immer ein gutes Stück von Isaac entfernt.

«Was weißt du über diese blauen Flammen?», fragte ich weiter. Isaac zog sein Cap tief über die Augen und setzte sich in einiger Distanz ebenfalls hin. Angespannt war er noch immer.

«Ich weiß nichts. Es waren halt ein Ton und einige Flammen.»

«Und du konntest es sehen, als wir uns in die Augen schauten?»

«Ja, sagte ich doch schon.»

«Das kann kein Zufall sein!», rief ich, doch Isaac zuckte nur mit den Schultern. Sein fehlendes Interesse nervte mich.

«Komm schon!», drängte ich. «Wenn wir uns anschauen, blitzt es in meinem Kopf. Wir sehen beide ein blaues Flammenauge und hören einen hellen Ton. Das kann doch …»

«Ach, halt's Maul!», unterbrach mich Isaac gereizt. Seine Gleichgültigkeit schlug um in reine Frustration. «Es hat ewig gedauert, bis ich dieses beschissene Auge ignorieren konnte. Und jetzt fängst du wieder mit dem ganzen Scheiß an!»

Seine Wut ließ mich kalt, aber meine Neugier wuchs. «Bedeutet das, du hast die Flammen früher schon gesehen?»

«Manchmal, ja.»

«Seit wann?»

«Weiß nicht genau. Etwa seit ich zehn bin.»

«Schon so lange?»

«Nun, vier Jahre eben.»

«Du bist erst 14? Ich hätte dich älter geschätzt.»

«Das sagen alle. Im Januar werde ich 15.»

Mein Herz pochte schneller. «An welchem Tag?»

«Am ersten», murmelte er, und mir stockte der Atem.

«Das ist auch mein Geburtstag!» Konnte das ein Zufall sein?

Oder war es ein Wink des Schicksals? «Isaac, wir wurden am genau gleichen Tag geboren!» Er hob den Kopf und für einen Moment trafen sich unsere Augen über die Distanz. Blitzartig sah ich die Flammen lodern, nur kurz, wie das Zucken von statisch aufgeladener Energie. Isaac senkte den Blick sofort wieder und kommentierte meine Erkenntnis mit keinem Wort.

«Ey, das alles kann dir doch nicht egal sein!»

«Vergiss es einfach, Tammy!», zischte er scharf.

Aha, er kannte meinen Namen. Nicht aber meine Sturheit. Nie im Leben würde ich ihn damit in Ruhe lassen. Zu groß war meine Neugier. Also stand ich auf und ging quer durch den Schlafsaal auf Isaac zu. Direkt vor ihm setzte ich mich auf ein Bett. Er drehte seinen Kopf leicht zur Seite und wich meinem Blick konsequent aus.

«Okay, Isaac, ganz ruhig. Hast du mit jemandem über das Flammenauge gesprochen?»

«Nein. Aber ich kann online recherchieren. Der Mist in meinem Kopf ist definitiv nicht normal!»

«Hörst du denn jetzt auch den hellen Ton?», fragte ich, ohne auf seine Aussage einzugehen.

«Ja.»

«Hörst du ihn ständig?»

«Nein.»

«Kannst du den Ton ein- und ausschalten?»

«Warum zur Hölle sollte ich ihn einschalten?»

«Ich meine, kannst du ihn irgendwie steuern?»

«Ich glaube nicht, nein.»

«Wann hörst du ihn denn normalerweise?»

«Völlig random. Kommt plötzlich und verschwindet wieder.»

«Aber er wurde lauter, als du mich angeschaut hast?»

«Ja.» Seine Geduld bröckelte.

Ich atmete durch und ging in die Offensive. «Isaac, wir müssen herausfinden, was dahintersteckt. Ich will in deine Augen schauen. Nur einen Moment lang.» Isaac wollte natürlich nicht.

Kurz entschlossen schob ich sein Cap hoch. Als er es wieder tief ins Gesicht ziehen wollte, kreuzten sich unsere Blicke – und es passierte erneut: Unsere Augen reagierten wie Magnete, die sich nicht lösen konnten. Die blauen Flammen loderten in dieser mysteriösen und zugleich faszinierenden Verbindung, und das große Auge zeigte sich deutlich inmitten des Feuers. Mit jeder Bewegung der Flammen wurde der helle Ton lauter, bis er sich wie ein Echo in meinem Kopf ausbreitete. Ich spürte, wie die Flammen im Takt meines Herzschlags zu pulsieren begannen. Immer stärker. Immer schneller. Plötzlich nahm ich einen Öl- und Benzingeruch wahr. Woher kam das nur? Es irritierte mich vollkommen.

Alles fühlte sich an, als würde etwas Unsichtbares auf uns zurollen oder das Auge gleich explodieren. Nur sah ich, wie Isaac die Geduld verlor. Seine Schultern spannten sich an, seine Hände bewegten sich unruhig. Und plötzlich riss er sich los, drehte sich ab und der Augenkontakt kappte. Die Energie verschwand, als hätte jemand einen Schalter umgelegt.

«Ey, echt jetzt?!», rief ich und fühlte mich, als hätte ich gerade etwas Unglaubliches verpasst. Mein Herz raste. «Warum hast du es unterbrochen?»

Isaac stand abrupt auf. Ohne mich eines Blickes zu würdigen schritt er zur Tür – schnell, beinahe fluchtartig. Dann krachte es, als er die Tür hinter sich zuschlug.

«Idiot», murmelte ich. Das hörte er aber nicht mehr. Wie konnte er nur so verdammt desinteressiert sein? Ich verstand es nicht. Vermutlich war das eben das Aufregendste, was je in meinem Leben passiert war. Ich konnte mich kaum beruhigen und wünschte, ich hätte mein Phone ins Lager mitnehmen dürfen. Vielleicht hätte mir ChatGPT erklären können, was es mit diesem rätselhaften Phänomen auf sich hatte.

Kapitel 5

Am nächsten Tag war es so weit: Frau Rot war endgültig überfordert mit mir. Ich hatte schon wieder die halbe Nacht wachgelegen und war am Morgen nicht aus dem Bett zu kriegen. Mangels Alternativen ließ sie mich einfach unter der Bettdecke. Alle anderen waren am See, um den sonnigen Tag zu genießen – das jährliche Highlight für die Kids des Ferienlagers. Auch ich mochte das Wasser und hatte mir vorgenommen, diesen Sommer noch einige Tage im Strandbad beim Sportzentrum zu verbringen. Doch heute wollte ich nur eins: allein sein und nachdenken. Das Lagerhaus war leer – die perfekte Gelegenheit. Ich schlief erst einmal bis gegen Mittag, schnappte mir dann drei Scheiben Brot und setzte mich draußen in den Schatten.

Das Türknallen von Isaac hallte noch in meiner Erinnerung, doch heute fühlte ich mich dennoch motiviert. Denn in der wachgelegenen Nacht hatte ich es definitiv verstanden: Ich konnte den hellen Ton kontrollieren. Es gelang mir, ihn wie einen imaginären Lichtschalter im Kopf ein- und in gleicher Weise wieder auszuschalten – ON, OFF – ON, OFF. Nur dieses innere Bild des Flammenauges konnte ich nicht mehr sehen, so sehr ich es auch versuchte. Das – so vermutete ich – war nur im Augenkontakt mit Isaac möglich. Vielleicht gehörte das blaue Feuer sogar zu ihm, da er es offenbar schon länger sah – ob er wollte oder nicht.

Isaac traf ich erst gegen Abend wieder, als die überdrehte Meute vom Badetag zurückgekehrt war. Es herrschte ein unglaubliches Gewusel im Haus. Kreischende Kids und aufgekratzte Teens trugen ihre freigesetzte Energie in den Speisesaal, in dem gerade das Abendessen vorbereitet wurde. Streit, Geschrei, Raufen und ein klirrender Teller – binnen Minuten wurde der Raum zu einem Albtraum, aus dem ich schnellstmöglich erwachen wollte. Ich versuchte, alles auszublenden und schöpfte hungrig eine Portion Tomatenspaghetti. Frau Rot und Herr Blau schafften es derweil, die Lautstärke im Raum zu drosseln – Frau Rot mit ihrem natürlichen Wohlwollen, Herr Blau, indem er gezielt die größten Störenfriede ausmachte und sie mit seiner eigensinnigen Autorität zur Ruhe brachte. Jetzt konnte man zumindest das eigene Wort wieder verstehen.

Schweigend aß ich und blickte hin und wieder zu Isaac hinüber. Seine dichten, sonst gestylten Haare lagen wild durcheinander – ein Überbleibsel des heutigen Badetags. Seine gebräunte Haut zeigte nicht einmal einen Hauch von Sonnenröte – möglicherweise ein Hinweis darauf, dass er wohl oft draußen war. Er sah auch nicht aus wie die Gamer meiner Klasse, die tagelang im Schein ihres Monitors saßen und NPCs vermöbelten. Nein, Isaac war eher der sportliche Typ und seiner Erscheinung nach hätte ich nicht gedacht, dass er sich mit Kiffen das Leben schwer machen würde. Vermutlich – so reimte ich mir zusammen – suchte er einfach den Kick des Illegalen, da sein stinkreiches Dasein sonst keine Herausforderungen bot.

Im Moment war er mit seinen Kumpels ins Gespräch vertieft. Für einen Moment fragte ich mich, ob ich die drei etwas vorschnell in denselben Topf geworfen hatte. Zwar war jeder von ihnen super arrogant und durch den Luxus des Alltags geprägt, aber sie waren keine Freunde, sondern eher eine Zweckgemeinschaft. Die Gespräche blieben oberflächlich und sie passten ihr Verhalten einander an, wohl jeder mit dem Ziel, die Zeit in diesem alten Lagerhaus mit den durchgeknallten Sozialfällen irgendwie zu überstehen.

Isaac stand auf. Vermutlich wollte er eine zweite Portion Spaghetti holen. Auf diese Gelegenheit hatte ich gewartet, denn er sollte seinen Kopf frei haben für das, was ich vorhatte. Nun schaltete ich den hellen Ton ein – ON – und beobachtete Isaac genau. Tatsächlich! Sein kurzes Zucken und Zögern verrieten mir, mein

Ton war bei ihm angekommen. Wahnsinn! Ich sendete den Ton, er empfing ihn! Das war der Beweis für das Unerklärliche, das hier vor sich ging und eindeutig besser war als jeder Fantasyfilm.

Bevor Isaac mit der zweiten Portion zu seinem Platz zurückgehen konnte, stand ich auf und trat an ihn heran.

Leise, aber bestimmt sagte ich: «Um Mitternacht, draußen bei der Bank.» Ich musste dringend noch einmal mit ihm allein sprechen und wusste, er würde kommen. Zu groß war sein Risiko, dass ich ihn sonst auffliegen lassen würde.

Die Hitze des Tages hing noch in der Luft, als ich kurz vor Mitternacht die Tür zum Hinterausgang aufstieß und ein paar Schritte in die Nacht hinaus trat. Überrascht sah ich, dass Isaac bereits auf der Bank saß und auf seinem Phone tippte – das er offenbar im Gegensatz zu mir ins Lager mitbringen durfte. Der Mond schien noch heller als die Nächte zuvor, aber mehr als Isaacs Silhouette konnte ich trotzdem nicht erkennen. Sein Kopf war geneigt und der Geruch verriet eindeutig, dass er – warum auch immer – wieder Gras geraucht hatte. Er schaltete sein Phone aus, als ich mich neben ihn setzte.

In ernsthaftem Ton sagte er: «Hör zu. Ich will, dass du mich in Ruhe lässt. Und wenn du jemandem etwas über mich erzählst, bleibt mir nichts anderes übrig, als dir das Leben richtig schwer zu machen.» Ich rollte mit den Augen, denn diese Drohung war lächerlich und aus billigen Filmen zitiert. Isaac jedoch blieb angespannt. Sein Problem. Ich war eindeutig in der besseren Position und drängte ihn dezent, aber schonungslos in die Ecke.

«Ich werde niemandem vom Joint oder vom blauen Flammenauge erzählen – sofern du mit mir diese Sache erforschst.»

Das zerrte schon wieder an Isaacs Geduld. Natürlich mochte er meine Erpressung nicht und fühlte sich zu recht genötigt. Und das von einem blöden Heimkind, das nicht in seiner Liga spielte.

«*Du* hast nichts zu verlieren», schnauzte Isaac aufgebracht. «Du hast vermutlich kaum ein Leben! Kein Wunder, ist es dir egal, ob du spinnst oder nicht.»

Er stand auf und wollte sich gerade drohend über mich beugen, da hörten wir ein Geräusch. Eine Tür fiel ins Schloss. Isaac erstarrte, als hätte jemand auf Pause gedrückt. Es folgte ein einzelner Schritt vor die Tür. Wir rührten uns nicht, beide im Wissen, dass nur zwei weitere Schritte nötig wären, um uns im Schein des Mondes zu sehen. Das Zischen einer Bierdose verriet mir, wer direkt um die Ecke stand: Herr Blau. Ihm würde jeden Moment der unverkennbare Geruch des Joints in die Nase steigen.

Ich hörte Isaac schwer atmen, jetzt, wo er halb über mich gebeugt dastand. Er hatte echte Angst, erwischt zu werden. So überlegte ich nicht lange.

«Renn los!», flüsterte ich und schubste ihn Richtung Haupteingang. Er tat es. Das aktivierte zwar den Bewegungssensor und damit das grelle Licht, doch Isaac bog ums Haus, bevor Herr Blau um die Ecke kam. Schnell ging ich auf den stattlichen Mann zu und lenkte ihn so vom Licht und von Isaac ab – nicht aber von dem, was er riechen konnte. Gelassen schob er mich zurück zur Bank, wo er mir mit einer Bewegung andeutete, mich zu setzen. Er tat dasselbe und trank erst mal einen großen Schluck Bier.

Natürlich hielt er mich für die Schuldige – das lag auf der Hand. Was das aber für mich bedeutete, wusste ich nicht.

Ruhig sagte er: «Man munkelt, du seist eine ziemliche Herausforderung für deine Gruppenleiterin.» Da es keine Frage war, schwieg ich. Und er fuhr fort. «Wie läuft es denn inzwischen zuhause?»

«Es läuft gut», erwiderte ich, ohne viel nachzudenken.

«Okay», meinte Herr Blau. «Deine Mutter liegt im Krankenhaus und eure Wohnung ist ausgebrannt – das nennst du *gut*?» Natürlich – er provozierte. «Ist dir klar, dass du bei deiner Rückkehr weder ein Daheim noch deine Mutter vorfinden wirst?»

«Ja, ich weiß», meinte ich unaufgeregt. Es war ja nicht das erste Mal, dass etwas schieflief in meinem Leben.

«Das scheint dich nicht sonderlich zu beunruhigen. Machst du dir denn keine Sorgen um deine Mutter?»

«Sie ist im Krankenhaus, da wird man sich um sie kümmern.»

«Das ist wohl wahr. Was beschäftigt dich denn mehr als das?»

Spontan antwortete ich völlig ehrlich: «Gedankenübertragung – gibt es das?»

«Du denkst über Telepathie nach?» Herr Blau wirkte verblüfft und blickte mich von der Seite her an. Ich nickte. «Sehr spannend. Ich mag das Thema. Bei der Telepathie geht es darum, Empfindungen oder Gedanken von einer anderen Person zu empfangen. Das Phänomen konnte wissenschaftlich nie ganz widerlegt werden.»

«Was wissen Sie darüber?»

«Das kann ich dir sagen. Was du davon aber glauben willst, ist deine Sache.» Er stellte die leere Bierbüchse auf den Boden und holte seelenruhig eine zweite aus der Jackentasche.

Nach einem Schluck vom zweiten Bier begann er: «Es gibt die These, dass Telepathie eine natürliche Fähigkeit unserer Vorfahren war. So wie Tiere noch heute über unerklärliche Instinkte verfügen. Das alles hat mit einer kleinen, kieferzapfenförmigen Drüse in unserem Kopf zu tun – der Zirbeldrüse, auch Epiphyse genannt. Man vermutet, dass Menschen dank dieser Drüse intuitiv wahrnehmen können und sie einst auch telepathische Fähigkeiten ermöglichte. Doch im Laufe der Evolution entwickelten sich diese Fähigkeiten zurück. Die Menschen setzten zunehmend auf analytisches Denken und nicht mehr auf ihre Intuition. Die Zirbeldrüse wurde immer seltener genutzt und ist im Laufe der Zeit bei fast allen Menschen geschrumpft – und mit ihr die besonderen Fähigkeiten. So gesehen hat sich die Menschheit wohl die Chance auf Telepathie verspielt.»

Nach einem Moment fragte ich: «Könnte man diese Drüse theoretisch wieder aktivieren?»

Herr Blau schaute nachdenklich hinauf zum hellen Mond. «Unmöglich wäre es wohl nicht. Aber ganz ehrlich, ich glaube, die Welt ist nicht bereit dafür.»

«Glauben Sie das oder wissen Sie es?» Nochmals schweifte sein Blick zu mir hinüber. Die Frage schien ihm zu gefallen, doch er wirkte nicht so, als würde er sie beantworten.

«Was ich sicher weiß, ist, dass du hier Gras geraucht hast, junge Dame. Und du weißt, ich bin verpflichtet, das zu melden.»

Ich sagte nichts. Danach saßen wir noch lange unter dem sternenklaren Himmel, sprachen aber kein Wort mehr. Einfach, weil alles Wichtige gesagt war. Würde Herr Blau tatsächlich Schritte gegen mich einleiten? Er kannte mich seit vielen Jahren und wusste, dass ich nie etwas mit Drogen zu tun gehabt hatte. Und er war eher der Typ, der die Dinge auf seine eigene Art löste.

Mein Gefühl täuschte mich nicht. Herr Blau behielt unser Treffen für sich. Heimlich durchsuchte er am nächsten Tag dennoch mein Gepäck und das der Früchtchen, vermutlich weil er nicht glauben konnte, dass *ich* das Gras ins Ferienlager geschmuggelt hatte. Womit er richtig lag. Bei mir fand er nichts. Bei Isaac hingegen schon.

Noch am selben Vormittag zitierte Herr Blau Isaac und mich ins Büro, dorthin, wo ich kürzlich telefoniert hatte. Isaac saß bereits da, als ich den Raum betrat und die Tür auf Herrn Blaus Anweisung hinter mir schloss. Lange dauerte das Ganze nicht. Herr Blau verzichtete auf eine Moralpredigt, aber er wollte Klarheit: Wer hatte das Marihuana ins Lager gebracht? Und wer hatte es geraucht? Das seien zwei verschiedene Vergehen. Isaac stritt konsequent alles ab. Er war also nicht nur arrogant, sondern auch feige.

Auch ich schüttelte den Kopf, schob die Schuld aber nicht auf Isaac. Es war klar, dass einer von uns log. Herr Blau blieb gelassen und erklärte uns das Standardverfahren für Fälle, in denen keine Beweise vorlagen.

Für mich bedeutete es eine Meldung an die Sozialdienststelle, die das potenzielle Vergehen in meiner Akte festhalten würde. Für Isaac, der bereits in einer Bewährungsphase war, hätte eine polizeiliche Meldung gemacht werden müssen – er war erst vierzehn.

Es war nur Herr Blaus unkonventioneller Art zu verdanken, dass er sich nicht an die Standards hielt. Er beließ es dabei, je einen Elternteil zu informieren. Bei mir wusste er, meine Mutter würde die Meldung kaum zur Kenntnis nehmen. Damit hatte ich mit Sicherheit nichts zu befürchten. Bei Isaac spekulierte er auf reiche, beschützende Eltern, die ihrem Sprössling das Vergehen verzeihen würden. In diesem Punkt hatte Herr Blau sich allerdings gewaltig geirrt.

Während des Mittagessens erschien Isaacs Vater im vollen Speisesaal – ein hochgewachsener, nobler Geschäftsmann mit beängstigender Präsenz – und fixierte seinen Sohn mit einem eisigen Blick. Wie ein geschlagener Hund ging Isaac durch die Menge und wurde von seinem Vater wütend Richtung Ausgang geschubst. Isaacs Wiedergutmachung im Sozialdienst nahm damit ein frühzeitiges Ende. Und so verschwand der Mensch, mit dem ich telepathisch verbunden war, von einem Moment auf den anderen wieder aus meinem Leben.

Kapitel 6

Ja, genau ... telepathisch ... Telepathie. Herr Blau hatte es so genannt. Ich kannte die Begriffe, dachte dabei aber eher an Fantasy-Geschichten. Von der Zirbeldrüse hatte ich noch nie gehört. Und dass Telepathie wissenschaftlich nie vollständig widerlegt wurde, war mir ebenfalls neu. Somit war klar: Das hier war eindeutig die spannendste Sache, die je in meinem Leben passiert war. Und es passte mir gar nicht, dass Isaac nun einfach abgeholt wurde. Ich hatte nur Fragen und kaum Antworten. Warum konnte ich ihm den hellen Ton senden? Was bedeutete das blaue Flammenauge? Und was war es, das wir im Augenkontakt so knapp verpasst hatten? Ich wollte – nein, ich musste das unbedingt herausfinden.

Doch zuerst rief ich die Sozialarbeiterin an, um zu erfahren, wie es meiner Mutter ging – und wohin ich in zwei Tagen zurückkehren sollte. Ich nutzte erneut das Telefon im Büro und wählte die Nummer, die auf dem Zettel von Frau Grau stand. Mit unnötig aufmunternder Stimme umschrieb die Sozialfrau den Gesundheitszustand meiner Mutter. Die Ärzte waren mehr um ihre psychischen als um ihre körperlichen Probleme besorgt. Das hatte ich befürchtet. Sie wartete nun im Krankenhaus auf einen freien Platz zur Nachbehandlung, da sie vorläufig nicht nach Hause konnte. Leider – und das betonte die Frau seltsam nachdrücklich – war auch für mich im Heim gerade kein Platz frei. Nun ja, ich wollte eh lieber bei meinem Großonkel einquartiert werden. Schon zwei Mal war ich dort für eine Übergangszeit gewesen. Unser Kontakt war zwar selten, und ja, er war alt, ein wenig senil, oft grummelig – aber irgendwie liebenswert. Seine kleine Wohnung lag in unserem Quartier, das Sofa war bequem genug, um darauf zu schlafen, und vor allem ließ er mich tun und lassen, was ich wollte. Fragen stellte er nie.

Die Sozialfrau versprach, diese Möglichkeit zu klären. So bedankte ich mich, legte auf und lehnte mich einen Moment auf dem Drehstuhl zurück. Ich wusste, ich hätte Mitleid verspüren sollen – mit meiner Mutter oder wenigstens mit mir selbst. Aber da war kaum Mitgefühl. Seit Jahren schob ich die Verantwortung für sie vor mir her. Und jetzt, da ich das alles für einen Sommer loslassen konnte, fühlte ich mich, nun ... ich fühlte mich erleichtert. War das herzlos? Vielleicht. Doch ganz ehrlich – die Aussicht, den Sommer bei meinem Großonkel zu verbringen, fühlte sich gut an.

Leicht beschämt blickte ich auf den Computer, der aussah, als stünde er schon seit der Jahrtausendwende auf diesem Schreibtisch. Konnte man diesen alten Kasten überhaupt noch bedienen? Die meisten Unterlagen wurden hier wohl eh in einen der unzähligen Ordner im Regal einsortiert. Auf jedem stand groß eine Jahreszahl. Mein Name musste in mindestens sechs oder sieben dieser Ordner vorkommen. So viele Jahre war ich schon dabei. Auch meine Akte würde hinterlegt sein, so dass im Grunde jeder mein ganzes Leben einsehen konnte. Eigentlich fand ich das nicht okay. Aber ... hm ... mein Blick blieb auf der aktuellen Jahreszahl haften. Die Gedanken ratterten.

Langsam erhob ich mich, ohne die Ziffern aus den Augen zu lassen. Ich griff nach dem Ordner, öffnete ihn und prüfte jedes Register, bis ich eines der hintersten aufschlug und sich ein zufriedenes Lächeln in meinem Gesicht ausbreitete. Da stand genau, was ich brauchte: die Kontaktangaben der Früchtchen. *Isaac Aham*, mitten aus der Goldküste am See. So ein stinkreicher Schnösel! Mein Plan stand bald fest. Ich würde zum Anwesen der Ahams fahren, sobald ich zu Hause war.

Bis dahin brauchte ich noch etwas Geduld. Der vorletzte Tag stand ganz im Zeichen eines Spielfests, bei dem sich die Kinderschar in Wettkämpfen messen konnte. Die Damen Pink und Rot waren engagiert bei der Sache und feuerten tatkräftig an. Frau Grau zog sich immer wieder in die Küche zurück und kümmerte sich lieber um die Snacks als um das bunte Treiben. Mir schien, die Frusttoleranz der Kids wurde jedes Jahr tiefer, und so manch eines tickte bei jedem verlorenen Punkt drastisch aus. Da kam dann Herr Blau ins Spiel. Er sammelte all jene zusammen, die ihren Frust mit Fäusten oder Wutanfällen ablassen wollten. Er hatte echt ein Händchen für Kids, die aus dem Raster fielen. Die stillen, die überhaupt nicht sprachen, und genauso die hyperaktiven, die hier tobten. Er ließ sie gewähren und sie durften ihn anschreien, bis die Wut verblasen war. Manchmal schrie er überraschend zurück oder packte einen der Knirpse und warf ihn im Rangelspaß über die Schultern. Es war schwer vorstellbar, dass dieser Mann irgendeinem pädagogischen Konzept folgte – doch seine Methoden funktionierten. Und mir schien, er mochte jedes dieser hyperaktiven Problemkinder mitsamt dem Chaos, das sie verbreiteten.

Den letzten Tag verbrachten wir traditionell mit Aufräumen und Putzen. Hier konnte ich mich nicht drücken und wollte es auch nicht. So verging der Tag schnell und am nächsten Morgen durfte ich endlich in den Bus steigen, um die Rückreise anzutreten. Ich verabschiedete mich von den Damen Rot, Pink und Grau – hoffentlich das letzte Mal – und Herr Blau nickte mir wohlwollend zu, als ich ihm die Hand schüttelte.

Die Sozialfrau empfing mich auf dem großen Platz hinter der Sporthalle. Gemeinsam fuhren wir zur Sozialwohnung, die meine Mutter und ich bis vor zehn Tagen bewohnt hatten. Es herrschte ein einziges Chaos, und die Küche war durch den Brand völlig zerstört. Das Fenster war mit einer Plastikfolie abgedeckt, da die Scheibe dem Feuer nicht standgehalten hatte. Den Rest der Wohnung hatten die Flammen verschont, nicht aber der Rauch. Der beißende Geruch war nicht zum Aushalten und die Wände und Möbel schienen mit einer Schicht Feuerstaub bedeckt. Ich schnappte einige Kleidungsstücke aus dem Schrank, dazu Pulver für die Waschmaschine. Und endlich griff ich wieder nach meinem Phone, das ich hatte zurücklassen müssen. Nun würde ich es nicht so schnell wieder aus der Hand geben. Mehr brauchte ich nicht für die Übergangszeit bei Grummelbär, wohin mich die Frau anschließend begleitete.

Mit ein paar routinierten Floskeln führte mein Großonkel den perfekten Smalltalk und ließ die Frau vom Amt nicht an seinem klaren Verstand zweifeln. Wenn man ihn jedoch kannte, begriff man schnell, dass er immer die gleichen, allgemeingültigen Sätze abspulte. Dahinter hatte Grummelbär inzwischen Mühe, einen zusammenhängenden Kontext zu bilden. Das war aber ohnehin nicht nötig. Ich erklärte ihm gleich zu Beginn, dass ich viel unterwegs sein würde und er sich keine Sorgen machen müsse. Er nickte und hatte vermutlich gegen Abend bereits wieder vergessen, dass ich ab nun bei ihm wohnte. Mir war es recht, denn ich hatte momentan eh nur eines im Sinn: die Recherche über Isaac Aham und seine Familie. Ich durchforstete das Internet und las alles, was ich über diese reichen und offenbar weit bekannten Leute finden konnte. Isaac war ein talentierter Basketballspieler und Kapitän der Mannschaft an der teuersten Privatschule der Stadt, auf die er ging. Sein Vater leitete ein Immobilien-Imperium, und seine Mutter führte eine erfolgreiche Kosmetikklinik. Er war ein Einzelkind, wie es aussah, denn über Geschwister fand ich nichts. Zudem blickte mich Isaacs Gesicht während meiner Recherchen von vielen Online-Zeitungsartikeln an. Immer als der brave Sohn zwischen seinen angesehenen Eltern.

Wow – unsere Leben könnten kaum unterschiedlicher sein. Warum nur war es ausgerechnet dieser Typ, der das Unerklärliche mit mir teilte? Seine abweisende Art, sein Hochmut, die Unnahbarkeit und diese Arroganz... Ich glaube, Isaac vereinte alles, was ich an einem Menschen nicht mochte. Nur sein Gesicht mit diesen stahlblauen Augen – das gefiel mir.

Mehrmals schaltete ich in diesen Tagen den hellen Ton ein. Ob Isaac ihn über die Distanz empfangen konnte? Ich wusste es nicht. Oft aber zeigten sich gleichzeitig diese sonderbaren Gerüche der Werkstatt: Öl und Benzin, manchmal auch ätzende Dämpfe von

Lack oder geschweißtem Stahl. Es war mir ein Rätsel, was Isaac damit zu tun haben konnte.

Das würde ich aber bald herausfinden. Denn nun war ich bereit für meine Mission: Nachdem ich mich für meine Verhältnisse chic angezogen hatte und damit einigermaßen für die noble Gegend gerüstet war, machte ich mich auf den Weg. Ich würde die Goldküste erst wieder verlassen, wenn Isaac und ich das blaue Flammenauge noch einmal aufgebaut hatten. Ich wollte verstehen, welche Kraft darin lag und was die Verbindung unserer Augen zu bedeuten hatte.

Ich stand vor dem Anwesen der Ahams. Das schwere Eisentor stand offen, und ich folgte der Auffahrt, die von halbhohen Bäumen und prächtigen Rosenbüschen gesäumt war. Überwachungskameras waren in regelmäßigen Abständen platziert und hatten den Weg im Blick. Mein Klingeln dürfte also keine Überraschung gewesen sein.

Die elegante Frau Aham, die ich von den Zeitungsfotos wiedererkannte, öffnete mir persönlich die Tür.

«Guten Tag. Mein Name ist Tamara. Ich habe Ihren Sohn Isaac im Ferienlager kennengelernt. Ist er zu Hause?»

Mit kühler Distanziertheit musterte sie mich. Nein, sie hatte nicht vor, mich zu ihrem Sohn zu lassen. Und da er offenbar sein Phone als Strafe für sein Verhalten nicht nutzen durfte, wollte sie ihm auch meine Nummer nicht geben. Am liebsten hätte sie mich frostig verabschiedet. Um das zu verhindern, erwähnte ich, dass ich im Ferienlager nicht wie Isaac im Sozialisierungsprogramm war, sondern als reguläre Teilnehmerin. Daraufhin lenkte sie tatsächlich ein. Pures Kalkül, wie mir schien. Als könnte eine Freundschaft zur sozialen Unterschicht das angekratzte Image ihres Sohnes aufpolieren. Mir egal. Das Wichtigste war, dass sie mir erlaubte, zu Isaac zu gehen.

«Höchstens 30 Minuten», gab sie vor, «Treppe hoch, in ruhigen Schritten gehen, zweite Tür links.»

Meine Nervosität stieg, und mein Herz schlug schneller. Isaac würde garantiert nicht erfreut sein, mich zu sehen. Vor seiner Zimmertür hielt ich kurz inne, dann klopfte ich und betrat den Raum. Isaac saß auf dem gemachten Bett und starrte mich mit seinen stahlblauen Augen ungläubig an. Der helle Ton meldete sich sofort und instinktiv kniffen wir beide die Augen leicht zusammen. Das dämpfte die aufflackernden, blauen Flammen. Schnell schloss ich die Tür hinter mir und blieb mit dem Rücken an die Wand gelehnt stehen. Es war nicht schwer, Isaacs Stimmung zu erahnen – sie glich der Zimmereinrichtung: kühl, lieblos und demotiviert.

«Du weißt schon, dass ich dich nicht hier haben will?», sagte er.

Ui, das konnte ja heiter werden.

«Ja, das ist mir klar. Aber hör zu ...»

«Nein, ich will nicht zuhören. Du hast hier nichts verloren!»

«Isaac, du schuldest mir etwas! Ich hätte dich an Herrn Blau verraten können.»

«Spiel dich bloß nicht auf», zischte er – nicht besonders laut, aber sehr vehement. «Es gibt nichts, was wir zu bereden hätten. Verschwinde aus meinem Zimmer!» Er setzte sich das Cap auf den Kopf, das neben ihm lag, um seine Augen zu verdecken.

Das lief nicht, wie ich es wollte, und seine arrogante Abweisung ging mir erneut auf die Nerven.

«Es gibt genau eine Sache, die ich von dir will. Danach bin ich weg», sagte ich entschlossener. «Aber darauf beharre ich. Du weißt, ich habe die besseren Karten als du!» Es war mir egal, dass ich ihn schon wieder erpresste. Nun zitterten jedoch Isaacs Nasenflügel.

Gereizt fragte er: «Was willst du?» Ich ging auf ihn zu und wollte mich aufs Bett setzen. «Hey!», murrte er nur und deutete mit einer abweisenden Handbewegung an, ich solle ihm nicht zu nahekommen. Also blieb ich stehen.

«Ich will noch einmal den Augenkontakt – und herausfinden, was dabei geschieht!»

Er schüttelte den Kopf. «Das ist doch bescheuert.»

«Nur fünf Minuten! Danach bin ich weg.»

Isaac verzog das Gesicht. «Vergiss es.»

Ich atmete tief durch. «Hm, ich könnte jetzt einfach gehen ...» Ich ließ die Worte kurz im Raum stehen, dann zog ich langsam mein Phone aus der Tasche. «Oder ich rufe Herrn Blau an und erzähle ihm, was du im Ferienlager wirklich getrieben hast.»

Isaacs Augen verengten sich. «Das tust du nicht.»

«Ach nein?» Ich wischte beiläufig über das Display.

Isaac starrte auf das Phone. «Du bist unmöglich.»

Ich zuckte die Schultern. «Vielleicht. Aber du hast die Wahl.»

Er verschränkte die Arme und fixierte mich misstrauisch. «Und wenn ich zustimme, lässt du mich für immer in Ruhe?»

Ich hob die Hände. «Ja. Das war's dann.»

Er seufzte, dann schnaubte er leise. «Maximal zwei Minuten.»

Ich feilschte ihn auf drei Minuten hoch. «Stell den Timer. Ich halte mich daran.»

«Ich habe mein Phone nicht.»

Oh, stimmt. Das hatte ich vergessen. Also entsperrte ich mein eigenes Phone, ging langsam zu Isaac und reichte es ihm. Zögerlich nahm er es, und während er den Timer einstellte, setzte ich mich neben ihn. Bevor er reagieren konnte, schnappte ich ihm das Cap vom Kopf – seine Augen sollten nicht länger verdeckt sein.

In dem Moment fiel es mir auf: «Du hast das gleiche Muttermal wie ich!» Schnell schob ich meine Haare zur Seite und zeigte auf den Punkt mitten auf meiner Stirn. Ich hatte mir schon manchen doofen Spruch anhören müssen deswegen und trug daher meist einen Pony. Isaac fand daran natürlich wieder nichts Besonderes. Was hatte ich auch anderes erwartet? Er hielt das Phone hoch, offenbar war der Timer bereit.

«Hörst du auch den hellen Ton?», fragte ich. Er bestätigte es mir mit einem Nicken. «Und siehst du die blauen Flammen?» Er nickte noch einmal. Und meine letzte Frage: «Bist du bereit?»

«Ich habe doch gar keine Wahl.»

Da hatte er recht. Ich atmete noch einmal tief ein und aus, er startete den Timer und wir schauten einander in die Augen. Der Ton hallte, und ich beobachtete fasziniert, wie sich das innere Bild der blauen Flammen verdichtete. Daraus bildete sich langsam dieses krasse Auge, das mich anzuschauen schien, als wäre ich ein altbekannter Freund. Mein Herz pochte wild, während die lodernden Flammen zu pulsieren begannen – immer stärker, immer schneller und im Gleichtakt mit meinem Herzschlag. Ich war völlig überwältigt von dem, was sich in meinem Inneren abspielte – eingenommen und fasziniert zugleich. Und erneut spürte ich dieses erwartungsvolle Gefühl, als ob gleich etwas Mächtiges geschehen würde. Plötzlich zischten einige Flammen auf, und Isaac und ich zuckten gleichzeitig zusammen. Sofort aber holte das blaue Feuer meine Aufmerksamkeit zurück. Mein Blick war noch immer magnetisch fest mit dem von Isaac verbunden. Meine Nerven flatterten vor Anspannung und doch folgte ich dem Takt des Flammenauges hinein in die Magie. Mit angehaltenem Atem spürte ich, wie sich eine blendende Kraft ballte – und dann in einer lautlosen Explosion zersprang. Der Augenkontakt brach ab, genau in dem Moment, als der Timer die drei Minuten beendete. Was war gerade geschehen?

Unvermittelt öffnete sich die Tür – Frau Aham stand im Raum.

Mit dem Tonfall einer Lehrerin sagte sie: «Tamara, die vereinbarte Zeit ist bald vorbei. Es sei denn, du bleibst zum Abendessen.»

Oh, bitte sag nein, flehte eine Stimme in meinem Kopf. Irritiert bemühte ich mich, mir nichts anmerken zu lassen.

«Nun denn ...», begann ich und hörte schon wieder fremde Worte, obwohl niemand im Raum sprach.

Tammy, tu das nicht. Sie ist berechnend und wird dich mit Fragen löchern. Ungläubig drehte ich meinen Kopf leicht zu Isaac.

In Gedanken fragte ich: *Sprichst du mit mir?*

Isaac antwortete mit einem auffordernden Blick und schnell beendete ich meine Antwort an seine Mutter: «Das ist sehr freundlich, aber ich werde zu Hause erwartet.»

Frau Aham, die von unserem lautlosen Gedankenaustausch nichts ahnte, nickte nur.

«Isaac, in zehn Minuten ist Abendessen. Ich erwarte dich pünktlich im Esszimmer. Zieh dir noch etwas Ordentliches an.»

Damit schloss sie die Tür hinter sich und am Rande nahm ich wahr, wie strikt das Regime war, unter dem Isaac hier lebte.

Völlig baff schaute ich zu ihm und formulierte eine weitere Frage im Kopf: *Was geht hier vor?*

Als Antwort kam nur ein Schulterzucken. Isaac stand vom Bett auf und zog auf dem Weg zum Wandschrank sein T-Shirt aus. Er faltete es sorgfältig und legte es über eine Stuhllehne. Ohne sich noch einmal nach mir umzudrehen, sagte er entschlossen: «Geh jetzt!»

Schweigend ging ich zur Tür und öffnete sie. Bevor ich den Raum verließ, wiederholte ich in meinem Kopf die Frage an ihn.

Isaac, was geht hier vor?

Das Letzte, was ich gedanklich von ihm hörte, war ein genervtes: *Verschwinde einfach!*

Fünfzehn Minuten später saß ich an der Bushaltestelle im noblen Goldviertel der Stadt und versuchte zu verstehen, was ich eben erlebt hatte. Vergeblich.

Bendix

Ein kleiner Stein prallte von außen gegen das hohe Fenster der Werkstatt. Langsam rollte Bendix unter dem Knatterwagen hervor, dessen alten Motor er noch ein paar Wochen am Leben erhalten sollte. Der Teenager kletterte auf die Werkbank, um hinauszuschauen. Er grinste – draußen stand sein treuer Freund Lucas! Mit ihm hatte er schon zu Sandkastenzeiten die Gegend unsicher gemacht. Er selbst war etwas ungestüm, Lucas besonnener. Er war mutig, sein Freund hingegen weitsichtiger. Lucas war auch dabei gewesen, als Bendix dem Lehrer von der Stimme in seinem Kopf erzählt hatte. Er war der Einzige, der nicht glaubte, dass Bendix in Therapie war, wie sein Stiefvater es behauptete. Schon bald hatte der smarte Rotschopf Bendix in der Werkstatt seines alten Herrn aufgespürt. Seither besuchte er ihn heimlich fast jede Woche. Normalerweise meldete er sich mit einem Geheimzeichen an der Tür, die der Vater immer abschloss, wenn er seinen Sohn allein zum Arbeiten zurückließ. Der Mann wusste nicht, dass dieser längst schon das Versteck des Zweitschlüssels gefunden hatte. Den holte Bendix jedes Mal hervor, wenn Lucas klopfte. Er war sich sicher, dass dieser Schlüssel ihm eines Tages den Weg in die Freiheit öffnen würde. In anderthalb Jahren würde er 16 werden, und dann wollte er seine Sachen packen und heimlich für immer verschwinden.

Doch nun kletterte Bendix von der Werkbank und hörte bereits ein lautes Hämmern an der Tür. Rasch klaubte er den klobigen Schlüssel aus dem doppelten Schubladenboden. Wieder polterte es gegen die Tür.

«Bin gleich da!», rief er und drehte das Eisen im Schloss. Da schlug erneut etwas gegen das Fenster – allerdings auf der anderen Seite der Werkstatt. Wie konnte Lucas gleichzeitig den Stein werfen und klopfen? Ruppig wurde die Tür aufgestoßen, und eine kräftige Hand schob Bendix zur Seite.

«Wo ist der Eigentümer?», schnauzte einer der zwei kräftigen Männer, die sich nach allen Seiten umsahen. Beide waren wütend, und einer schnaubte sogar, als er sprach.

«Wo ist dieser Betrüger? Ich werde ihm seine schäbigen Versprechungen um die Ohren schlagen.»

«Schrei nicht so rum, der ist nicht hier», knurrte der andere. Er war offensichtlich sein Bruder. Beide glichen einer Bulldogge, mit ihren weit auseinanderliegenden Augen.

«Ich will dem Arsch aber meine Meinung geigen!» Genervt schnappte sich der Größere den Vorschlaghammer, der an der Wand gelehnt war, und hob ihn drohend in die Höhe. «Dann schlage ich eben alles kurz und klein!»

Der kleinere Bruder packte Bendix unvermittelt in einen festen Würgegriff. «Das hier ist die bessere Lösung», knurrte er. «Wenn er den Jungen wiedersehen will, zahlt er uns das Geld zurück.» Bendix schnappte nach Luft. Unsanft wurde er dem anderen zugestoßen, der ihn mit noch mehr Kraft packte.

«Bring ihn zum Kofferraum!», hörte Bendix, während die Männer ihn Richtung Ausgang zerrten. Da donnerte plötzlich wieder ein Stein gegen das Werkstattfenster. Die Scheibe hielt stand, doch die Aktion ließ die Brüder aufschrecken. Ihr Griff lockerte sich für einen Moment – gerade lange genug, damit Bendix sich mit einem heftigen Biss wehren konnte. Der Mann schrie auf, und Bendix nutzte die Gelegenheit, sich loszureißen. Er hechtete hinter den hochgebockten Wagen, der ihm Deckung bot. Der Schmerzschrei verwandelte sich in wütendes Fluchen. Einer der Männer griff wieder nach dem Hammer und ließ seinen Frust mit wuchtigen Schlägen am Knatterwagen aus. Das Fahrzeug ächzte und splitterte unter den Schlägen, während Bendix angespannt in Deckung verharrte. Der Lärm hallte durch die Werkstatt. Währenddessen schlich sich Lucas, der den Tumult von draußen beobachtet hatte, vorsichtig durch die Hintertür herein. In einer Ecke der Werkstatt entdeckte er ein unscheinbares Kästchen an der Wand – die Alarmanlage. Ohne zu zögern drückte er den Notknopf, und eine ohrenbetäubende Sirene heulte auf. Sofort ließ der Radaumocken den Hammer fallen und stürmte seinem Bruder hinterher, der bereits nach draußen gerannt war. Bendix schlug die Tür zu und Lucas drehte den Ersatzschlüssel von innen im Schloss um. Dann hob Bendix den Hammer vom Boden auf und schlug so lange auf die schrille Alarmanlage ein, bis sie verstummte. Draußen hörten die beiden Freunde, wie der Wagen der Bulldoggen-Brüder mit quietschenden Reifen davonraste.

«Alles okay bei dir?», fragte Lucas besorgt. Bendix lief der Schweiß über seine dunkle Haut, und sein Herz pochte im Hals.

«Ja, Bro, alles gut. Abgesehen davon, dass mein Alter komplett ausrasten wird, wenn er das sieht.»

«Was wollten die Typen hier?»

«Die wollten meinen Stiefvater fertig machen, schätze ich. Der hat denen bestimmt einen Schrottwagen für viel Geld angedreht, so wie er es immer macht.»

«Er hat die beiden übers Ohr gehauen?»

«Ja, klar. So läuft das bei ihm immer.»

«Er motzt alte Rostlauben auf, um sie teuer zu verkaufen?»

«Nun ja, eigentlich mache ich diese Arbeit. Das ist bequemer für ihn und bringt mehr Kohle ein.»

Lucas wirkte nicht überrascht, vermutlich wusste er das schon längst. Die beiden hatten aber nie darüber geredet, wenn er jeweils zur Werkstatt kam – ausgerüstet mit Eistee und einer Tüte Chips.

Die gemeinsame Zeit war immer lustig. Sie warfen Bottle Flips oder lieferten sich Klimmzug-Challenges am Reparaturgerüst – bei denen Lucas nie eine Chance hatte. Manchmal streamten sie mit Lucas' Phone auch die neusten Hip-Hop-Videos oder lachten sich über Fail-Clips kaputt. Ernsthafte Gespräche führten die Freunde kaum. Beide waren zwar gut mit Worten, aber über seine Probleme wollte Bendix nicht sprechen: die illegale Arbeit, die verpasste Schule, die Schläge seines Vaters, seine ungewisse Zukunft – oder die Stimme in seinem Kopf, die immer noch da war. Bendix wollte all das aushalten, nur um so bald wie möglich zu verschwinden und endlich sein eigenes Leben zu führen.

Auch an diesem Tag hätte Lucas Getränke und Chips dabeigehabt, aber Bendix schickte ihn weg, damit er nicht in Gefahr geriet. Es konnte schwierig werden, sobald sein Stiefvater zurückkam. Er würde ausrasten, wenn er die Werkstatt in diesem Zustand sah.

Kapitel 7

Es war still in meinem Kopf, als ich mit dem Bus zurück zu Grummelbär fuhr. Keine blauen Flammen, kein heller Ton – nichts. Doch mein Körper rebellierte: Mein Herz pochte heftig, und mein Inneres war aufgewühlt. Unfassbar, was eben im Aham-Anwesen geschehen war. Nach der stillen Flammenexplosion konnte ich Isaac tatsächlich in meinem Kopf hören. Es war keine Stimme im klassischen Sinn, aber auch kein normaler Gedanke. Es fühlte sich eher an wie wortlose Gespräche in Träumen, bei denen ich nicht spreche und doch mühelos und unüberhörbar kommuniziere.

Auch am nächsten Tag noch ließ mich die Bedeutung dieses Phänomens nicht los, und ich suchte online nach Erklärungen – leider erfolglos. War die Gedankenübertragung eine einmalige Sache? Oder würde ich Isaac wieder hören, sobald er in meiner Nähe war? Konnte ich womöglich sogar die Gedanken von anderen Menschen wahrnehmen? Zum Beispiel jene des alten Grummelbären? Zwar, in seinen Kopf wollte ich lieber nicht schauen. Seit meinem letzten Aufenthalt hier war er deutlich verwirrter geworden. Heute Morgen war er tatsächlich überrascht, mich zu sehen, als hätte er bereits vergessen, dass ich nun bei ihm lebte. Er schaffte seinen Alltag nur noch mit den vielen fixen Strukturen, die er sich selbst zurechtlegte. Zum Beispiel schlurfte er jeden Abend um 21.15 Uhr zur Haustür, um den Schlüssel im Schloss zu drehen. Danach schaltete er seine Hörgeräte aus, nahm die Medikamente und nickte schließlich auf dem Sessel ein. Den Fernseher ließ er immer an, obwohl er ohne seine Hörgeräte kaum etwas hören konnte. Dass ich nun im selben Raum auf dem Sofa schlief, änderte nichts an seinen Abläufen. Seine Morgenroutine war ebenso präzise: Pünktlich holte er die Zeitung, sortierte sie nach seinen eigenen Regeln und machte sich mit dem Glockenschlag des Kirchturms auf zum Quartierladen. Er konnte den Einkauf noch selbst erledigen, kaufte aber immer die gleichen acht Produkte, wie ich schnell merkte. Alles andere warf ihn aus dem Konzept. Also nahm ich mir an diesem Tag vor, etwas Abwechslung in den Kühlschrank zu bringen.

Es war dann an der Kasse des Quartierladens, als mein Phone klingelte. Die ersten beiden Anrufe drückte ich weg, beim dritten stellte ich auf lautlos, um endlich bezahlen zu können. Ich verstaute alles im Rucksack und machte mich auf den Heimweg. Stirnrunzelnd schaute ich aufs Display. 48 Nachrichten im Gruppenchat mit den Mädels. Echt jetzt? In nicht mal fünf Minuten? Ich scrollte durch den Textverlauf. Okay, großes Drama bei Bambus und Bambi.

Ich kannte beide aus meiner Klasse. Sie gehörten nicht zur Spitze der Beliebtheitshierarchie an unserer Schule, bewegten sich aber sicher im oberen Mittelfeld. Wir waren keine BFFs, trafen uns aber regelmäßig. Die beiden fanden es cooler, in einer kleinen Gruppe unterwegs zu sein. Manchmal brauchten sie uns auch, um eines ihrer zahlreichen Dramen zu supporten. Ich sollte nicht unfair sein – die beiden waren schon okay. Einzeln waren sie sogar richtig nett. Doch im Doppelpack fand ich sie sehr anstrengend und ich hätte lange überlegen müssen, um ein gemeinsames Interesse zu finden. Humor zählte jedenfalls nicht dazu. Sie stänkerten jedes Mal, wenn ich sie Bambus und Bambi nannte. Aber Bambi hatte einen langen Hals und Ohren, die überall gleichzeitig zu sein schienen. Ich konnte wirklich nicht anders, als sie Bambi zu nennen. Und ihre beste

Freundin – Bambus – versuchte stets, ihre ungestümen Haare zu zähmen, was nie ganz gelang. Überall an ihrem Kopf standen kleine Haarflauscheln ab, die mich unweigerlich an die Bambuspflanze in unserem Wohnzimmer erinnerten. Ich musste sie also Bambus nennen. Die Vierte im Bunde, die wie ich eher das Beigemüse in der Clique war, hieß Sahara. Nein, auch das war natürlich nicht ihr richtiger Name. Aber sie war sehr hitzeempfindlich und beschwerte sich über nichts so oft wie über heiße Sommertage. Sahara und ich hatten beide nicht das Privileg, zu den Beliebtesten der Schule zu zählen. Also arrangierten wir uns mit B&B und hielten dank ihnen unseren sozialen Status stabil. Im Gegensatz zu mir war Sahara aber ein echt interessanter Mensch. Sie hatte immer eine klare, aber unaufdringliche Meinung und dazu noch viele spannende Hobbys. Ehrlich gesagt war sie eine der wenigen, deren Meinung mir wichtig war. Das war aber auch der Grund, warum ich ihr nie zu viel über mein belangloses Leben und die Probleme mit meiner Mutter erzählte. Vermutlich hätte sie mich deswegen nicht verurteilt. Trotzdem war es mir unangenehm.

An diesem Tag brach Aufregung aus, weil B&B unbedingt zum Sportplatz wollten – und Sahara und ich mussten mit. In einer Stunde bereits sollten wir da sein. Es ging offenbar um ein Spiel der Jungs unserer Schule gegen eine Gastmannschaft aus der Stadt. Bestimmt wollten B&B sich wieder an irgendeinen Typen heranmachen – das kam regelmäßig vor. Und dafür brauchten sie Sahara und mich. Manchmal schickten sie uns vor, um den Weg zu ebnen. Oft ging es darum, das Publikum für ihre Auftritte zu sein oder ihnen einfach das Feld zu überlassen, damit sie selbst glänzen konnten. Das war leicht, neben der etwas kräftigen Sahara und meiner Farblosigkeit. Aber ja, klar, ich würde meinen Pflichten nachkommen und nachher artig meine Rolle als Beigemüse einnehmen. Diese Ablenkung würde mir sicherlich guttun, denn meine Gedanken kreisten sonst unaufhörlich um Isaac, die blauen Flammen und die Worte in meinem Kopf.

Also schrieb ich im Gruppenchat, dass ich pünktlich da sein würde, eilte nach Hause und versprach Grummelbär, am nächsten Tag für ihn zu kochen. Dann machte ich mich auf den Weg. Ich überquerte den großen Platz hinter der Sporthalle und ging zur Tribüne der Sportanlage, wo Bambus und Bambi bereits die Sportler auf dem roten Tartanfeld anhimmelten. Sahara begrüßte mich mit einem vielsagenden Blick, der deutlich machte, wie dämlich sie das Ganze fand – und dass ihr der Tag viel zu heiß war. Aber natürlich hörten wir uns brav an, was der Plan war.

Soweit ich es verstand, sollten wir bis zum Spielende die Jungs in ihren ärmellosen Sportshirts anschmachten und uns danach aufs Feld begeben. Dann musste es gelingen, die Telefonnummer des auswärtigen Spielers mit der Nummer 10 zu ergattern. Ich hätte es gerne positiver gesehen, aber es war einfach nur zum Fremdschämen. Für Bambus und vor allem für Bambi bedeutete es allerdings gerade die Welt. Nun denn, ich ergab mich meinem Schicksal und hielt mich an meine bewährte Strategie: Gute Miene zum bösen – oder peinlichen – Spiel.

Erst jetzt realisierte ich, dass hier nicht Fußball, sondern Basketball gespielt wurde. Immerhin, dafür hatte ich etwas mehr Interesse, nachdem ich mir kürzlich eine ganze Basketballserie an einem Abend reingezogen hatte.

Sahara streckte mir ihre Trinkflasche hin. Dankbar nahm ich das Angebot an und trank, ohne meine Augen vom Spielfeld zu nehmen. Plötzlich verschluckte ich mich und landete in einem üblen Hustenanfall – alles nur, weil ich sah, wer mit dem Rest der Gastmannschaft über den Sportplatz joggte: Isaac Aham. Natürlich trug er auf seinem Trikot – ich hätte es ahnen müssen – die angehimmelte Nummer 10. Ach, du Scheiße.

Ich wollte mich gerne von meinem Schock erholen, doch Sahara klopfte so überschwänglich auf meinen Rücken, dass ich beinahe in die nächste Sitzreihe kippte. Erschöpft vom Husten ließ ich mich zwischen Sahara und den schmachtenden B&Bs nieder und beobachtete ungläubig Isaac Aham, der zum Aufwärmen gerade einige Dehnübungen machte. Neutral betrachtet konnte ich die beiden Schmachtis neben mir sogar verstehen. Isaac war tatsächlich eine Liga für sich: athletisch, groß, männlich, attraktiv und elegant mit dem Ball. Er stach einfach aus der Menge heraus. Und wie ich nun von Bambus, Bambi und sogar von Sahara erfuhr, kannten offenbar fast alle an unserer Schule diesen Isaac Aham – den wohlhabenden Schönling von der Goldküste. Das war mir bisher nicht bewusst.

Kurz checkte ich meine Social-Media-Kanäle, um zu lesen, was denn über ihn geschrieben wird. Doch Bambi tolerierte das nicht, also richtete ich meine Aufmerksamkeit auf das inzwischen begonnene Spiel. Isaac wollte eben zum Wurf ansetzen, fand jedoch die Lücke nicht und wurde von zwei ähnlich großen Jungs unserer Mannschaft bedrängt. Er konnte nicht sehen, wie sich links hinter ihm einer aus seinem Team freilief. Das wäre eine perfekte Gelegenheit.

Links hinter dir, Isaac! Nummer 7 steht frei! Das formulierte ich spontan in meinem Kopf und Isaac zuckte auf dem Feld leicht zusammen. Seine unerwartete Bewegung irritierte die Verteidiger unseres Teams. Isaac fand daraufhin blindlings die Lücke nach links hinten und Nummer 7 versenkte den Ball im Korb. Der Applaus war beiden sicher.

Nun ließ Isaac seinen Blick suchend über die Tribüne schweifen. Ich duckte mich. Bambus dagegen sprang auf und winkte wie verrückt, wodurch sie Isaacs Aufmerksamkeit direkt auf uns lenkte.

Sein Blick verharrte kurz in unsere Richtung und dann hörte ich: *Dachte ich es mir doch ...*

Die Zwischentöne konnte ich nicht deuten. Auch seine Augen verrieten mir nichts über das, was er dachte. Bevor er aber auf seine Position zurückjoggte, hob er dezent die Hand in meine Richtung. Nur wer genau hinsah, konnte es erkennen. Bambus und Bambi sahen natürlich genau hin und beide kreischten und winkten um die Wette.

Der Rest des Spiels verlief dann wie im Film. Bambis und Bambus' kühnste Träume schienen in Erfüllung zu gehen, da Nummer 10 ihnen zugewunken hatte. Sie kriegten sich kaum mehr ein, vor allem, weil Isaac zur Höchstform auflief. Sogar das restliche Publikum – sowohl unsere Leute als auch die Auswärtigen – zeigten sich begeistert über die Leistung von Nummer 10. Ja, ich konnte es nicht lassen. Ungefragt linkte ich mich in Isaacs Kopf ein. Ich war seine Augen nach hinten und zur Seite hin, schickte ihm, wann immer nötig, in Gedanken die beste Flugbahn des Balls. Nicht, weil ich ihm wirklich helfen wollte. Er war auch ohne Superkräfte schon arrogant genug. Aber das Gefühl war einfach irre. Ich war Teil des Spiels, konnte etwas bewirken und die Begeisterung des Publikums spüren – großartig. Isaac übernahm bis zum Schluss meine Anweisungen und führte seine Mannschaft fast im Alleingang zum Sieg.

Die Menschen jubelten und Isaac war der unangefochtene Held des Freundschaftsspiels. Ich konnte kaum fassen, was passiert war, hatte aber auch keine Zeit, darüber nachzudenken. Schon wurde ich von der Tribüne gezerrt, um den zweiten Teil des Plans umzusetzen. Bambus und Bambi eilten voraus, Sahara fächerte sich Luft zu, und ich stolperte hinterher, bis wir direkt vor Isaac standen und die Peinlichkeit ihren Lauf nahm. Das Verhalten der beiden war wohl als Anmache gedacht. Isaac gab sich unnahbar und arschcool, spritzte sich mit einer Trinkflasche Wasser ins Gesicht und hörte Bambi zu, wie sie ihm ordentlich Honig ums Maul schmierte.

Was genau ist mit der los?, hörte ich plötzlich in meinem Kopf.

Sie steht voll auf dich. Frag mich nicht, warum!, antwortete ich.

Für einen kurzen Moment warf mir Isaac einen säuerlichen Blick zu, der mich allerdings eher amüsierte. Dann streckte Bambi ihm Heft und Schreiber hin. Isaac schien es nicht zu begreifen.

Sie will deine Telefonnummer, du Held!, erklärte ich ihm still und fragte mich, ob Ironie auch per Gedankenübertragung funktionierte.

Oh, bloß nicht. Seine Gedanken klangen überheblich, aber sein idolhaftes Bild nach außen hielt er makellos aufrecht. Er nahm den

Schreiber entgegen und zögerte mit ein paar smarten Sätzen geschickt etwas Zeit hinaus. Der Goldjunge hatte längst nicht alles so im Griff, wie es den Anschein machte.

Kannst du sie mir nicht vom Hals halten?, kam seine Forderung. Diese Telepathie fand ich faszinierend, aber seine Art, sich über andere hinwegzusetzen, nervte mich total. Ich überlegte kurz, ihn zappeln zu lassen, entschied mich dann aber doch für einen sinnvollen Ratschlag.

Schreib deine Nummer unleserlich und klappe das Heft zu. Isaac schmunzelte kurz, ohne mich anzublicken und folgte meinem Tipp. Bambi war im siebten Himmel, als sie das Heft wieder an sich nahm und mir wurde fast übel bei diesem peinlichen Anblick.

Halte sie fern von mir, ich habe keinen Nerv dafür! Isaacs stille Anweisung kam wieder rüpelhaft. War das der Dank für meine Hilfe?

Sag es ihr doch selbst!, gab ich zurück. Er ging ein paar Schritte rückwärts und schob freundlich und höchst galant ein paar Gründe vor, weshalb er keine Zeit mehr hätte. Bambi und Bambus wollten das nicht verstehen und folgten ihm auf Schritt und Tritt. Ich hätte ihn liebend gerne seinem Schicksal überlassen, doch die Situation wurde mir allein schon vom Zusehen immer unangenehmer.

«Autsch!», schrie ich in gespielter Weise auf und Isaac reagierte sofort, obschon er abseits von mir stand – umzingelt von B&B.

«Was ist los?», fragte er mit mäßig besorgter Stimme.

«Ach, geht schon. Mich hat etwas gestochen!»

Und jetzt?, fragte Isaac planlos. Ich konkretisierte meine Absicht.

Sag, du würdest Eis besorgen und rausch ab!

«Komm, wir holen dir kühlendes Eis», meinte er nun heldenhaft. Ich rollte mit den Augen.

Bambi und Bambus blieben perplex zurück, während ich Isaac bis vors Clubhaus folgte. Da wartete ich, bis er mit dem versprochenen Eis zurückkam, und lauschte dabei mit einem Ohr, was einige Jungs in meiner Nähe sagten. Unter ihnen war Tarzan. Er war an unserer Schule so etwas wie das Pendent zu Isaac. Normalerweise war er der Alleinherrscher über die soziale Rangordnung im Dschungel unserer Schule und alles tanzte nach seiner Pfeife. Isaacs Erfolg heute musste für ihn eine herbe Schmach sein. Zumindest hörte ich ihn über Isaac lästern. Er nannte ihn ein aufgeblasenes Muttersöhnchen, was mir ein Grinsen entlockte. Dann aber fing er an, sich über Isaacs Muttermal an der Stirn lustig zu machen. Offenbar hatten sie ihn deswegen früher schon aufgezogen und öfter Bilder online gestellt. Auf seinem Smartphone bastelte er gerade eine Montage von Isaacs Kopf mit drei Augen – eine Anspielung auf den markanten Fleck. Solche Bilder kursierten danach ewig durch die digitale Welt – total ätzend.

Isaac kam zurück, und ich reagierte sofort: *Nimm der Nummer 22 das Phone aus der Hand. Er will ein dämliches Pic von dir sharen!*

Isaac ließ sich nichts anmerken, steuerte aber direkt auf Tarzan zu. Der war so überrascht von Isaacs selbstbewusstem Auftreten, dass er sich nicht wehrte, als Isaac ihm das Phone aus der Hand schnappte. Er tippte kurz auf dem Display herum und drückte Tarzan das Gerät dann unsanft zurück in die Hand.

«Pass besser auf, mein Freund. Solche Aktionen könnten gefährlich werden für dich!»

Tarzan starrte ihn verblüfft an, war aber vorerst ruhiggestellt.

Ich finde kein Eis und gehe nun wieder zur Mannschaft!

Das war's dann. Ich bedankte mich bei mir selbst für meine Unterstützung – Isaac hielt es offenbar nicht für nötig. Es war nicht zu glauben, wie überzeugend er sich gab – jederzeit kontrolliert und sportlich. Freundlich jedoch, das wäre anders! Jetzt joggte er über den Platz zurück zu seiner Mannschaft. Ich wiederum ging zu B&B, die bereits ihre Zukunft mit Isaac planten. Sie waren vollkommen verblendet. Den ganzen Abend musste ich mir anhören, wie attraktiv und zuvorkommend Isaac sei – und dazu noch wahnsinnig sozial. Sie behaupteten sogar, er habe ein Ferienlager für Heimkinder organisiert – was für ein Blödsinn. Ich schüttelte nur unauffällig den Kopf und nahm noch einen Schluck aus Saharas Wasserflasche.

Kapitel 8

Am nächsten Tag brachte ich kaum etwas zustande. Mittags kochte ich für Grummelbär ein Menü, um ihm ein wenig Abwechslung zu bieten. Danach besetzte ich den ganzen Nachmittag das Sofa und bingte die erste Staffel eines Anime. Die perfekte Ablenkung von all dem, was ich in meinem Leben gerade nicht verstand. Gegen Abend meldete sich die Sozialfrau. Sie erkundigte sich nach mir und wollte wissen, ob sie für ein Gespräch vorbeikommen solle. Das lehnte ich freundlich ab, nahm hingegen ihr Angebot an, mir etwas Geld auf mein Phone zu senden. Denn ich erfuhr, dass ich noch länger bei meinem Großonkel bleiben würde, weil meine Mutter sich den Ärzten gegenüber offenbar wenig kooperativ zeigte. Ihr Aufenthalt zur Regeneration wurde bereits verlängert. Meine Enttäuschung darüber hielt sich in Grenzen.

Ich verließ die Wohnung bald darauf, um ein paar Dinge zu kaufen, die mir bei Grummelbär fehlten. Nur knapp verpasste ich den Bus und musste eine ganze Weile auf den nächsten warten. Müde von diesem unproduktiven, langweiligen Tag scrollte ich an der Haltestelle auf meinem Phone und überflog Fotos und Stories. Stimmt, alle bereiteten sich auf die heutige Sommer-Fashion-Party vor, auf die ich absolut keine Lust hatte. Sogar Sahara hatte sich überreden lassen, den weiten Weg auf sich zu nehmen und plante, hinzugehen. Ich nahm mir vor, mich an diesem Abend mit der zweiten Staffel des Anime zufriedenzugeben, als ich in den Bus einstieg. Dort lehnte ich meinen Kopf an die Scheibe und starrte hinaus. Die Sonne stand tief am Himmel und blitzte vereinzelt zwischen den Gebäuden hervor. Jedes Mal schloss ich die Augen, um nicht geblendet zu werden. Irgendwann ließ ich die Augenlider zu. Doch ich öffnete sie irritiert wieder, als plötzlich der helle Ton in meinem Ohr hallte. Warum jetzt? Warum hier? Seit Kurzem wusste ich ja, wie ich den Ton ein- und ausschalten konnte, und versuchte es sofort – ich schaltete auf OFF. Doch es funktionierte nicht mehr. Der Ton klang unverändert weiter. Sicherheitshalber schaute ich mich um, ob Isaac vielleicht im Bus saß und der Ton mit ihm zu tun hatte. Aber er war nicht da. Spontan schaltete ich auf ON, auch wenn es mir unlogisch erschien, da der Ton ja bereits hell klang.

Hallo?, hörte ich nun Isaacs Stimme in meinem Kopf. Und nochmals. *Hallo, bist du da?* Langsam fasste ich an mein Ohr, ohne zu wissen warum, und antwortete in Gedanken zögerlich: *Ja?*

Ah, krass, das funktioniert. Sehr gut.

Ich fragte verblüfft: *Hast DU mir den Ton geschickt?*

Ja. Ich hab' dieses ON – OFF nun auch verstanden.

Wo bist du?, wollte ich wissen.

In meinem Zimmer, warum?

Nun, ähm, war dir klar, dass das auch auf Distanz funktioniert?

Nein, bisher nicht.

Hm. Etwas spitz meinte ich: *Du wolltest doch nichts mehr von mir wissen?*

Du musst mir helfen!

Ach so, der Herr braucht meine Hilfe.

Isaac erklärte mir unaufgefordert die Sachlage. *Meine Eltern werden morgen früh meinen Spind im Sportcenter durchsuchen. Das habe ich eben zufällig erfahren. Wenn sie da Gras finden, bin ich am Arsch.*

Ah, verstehe. Und sie finden da natürlich etwas.

Schon, ja.

Und was hat das mit mir zu tun?

Ich hab' totales Medienverbot und erreiche sonst niemanden. Du musst ins Sportcenter gehen und das Zeug aus meinem Spind holen!

Hast du sie noch alle? Das mache ich garantiert nicht.

Doch. Das ist wichtig. Abgesehen davon schuldest du mir etwas!

Ich schulde DIR etwas?, fragte ich erstaunt. *Wer hat dir denn gestern zum Sieg verholfen und dich sogar vor den Herzensdamen gerettet? Du hast dich nicht einmal bedankt!*

Ach, spiel dich nicht so auf. Deinetwegen habe ich diese Stimme im Kopf! Du hast diesen Scheiß gestartet. Geh jetzt verdammt nochmal zum Sportcenter. Bleib erreichbar, ich erklär' dir dann, wo ...
    Ich schaltete auf OFF und Isaac war weg. So ein arroganter Idiot! Ich sah überhaupt keinen Grund, ihm zu helfen. Die Ruhe im Kopf hielt jedoch nicht lange an. Wenig später hallte der Ton erneut. Erst jetzt begriff ich: Der Ton funktionierte wie ein Klingelzeichen eines telepathischen Anrufs. Isaac schickte ihn mir, weil er mich erreichen wollte. Ich konnte nun entweder auf ON schalten, dann war Isaac wieder in meinem Kopf. Oder ich nahm den stillen Anruf zwar an, schaltete ihn aber direkt wieder auf OFF, um ihn wegzudrücken. Ich probierte es aus – und es funktionierte. Faszinierend. Nur leider ließ Isaac nicht locker. Wieder und wieder sendete er den Ton. Genervt schaltete ich schließlich auf ON.
    Vergiss es! Ich mach das nicht!
    Tammy, Tammy, ganz ruhig. Bleib da. Ich weiß, ich war ein Arsch. Hm. Er schien einsichtig. *Es tut mir leid, hörst du? Ich brauche dringend deine Hilfe. Ich kann dich dafür bezahlen, so viel du willst!*
    Ich will dein Geld nicht!
    Okay, okay ... dann etwas anderes. Ich organisiere dir, was du willst! Aber bitte fahr nun zum Sportcenter am See. Der Hauswart schließt es in 40 Minuten. Du musst vorher da sein!
    Isaac spielte ein falsches Spiel mit mir. Auf keinen Fall würde ich ihm helfen – ich war OFF. Doch während der Ton in meinem Kopf langsam verklang, kämpften zwei Stimmen in mir. Die eine wollte Isaac einfach ignorieren, ihn in seinem Chaos versinken lassen. Er war herablassend und undankbar. Doch dann war da die andere Stimme. Diese leise Neugier auf ein kleines Abenteuer. Auch wenn Isaac ein Idiot war, konnte ich der Aussicht auf etwa Abwechslung einfach nicht widerstehen. Sahara sagte mir einst, ich hätte eindeutig zu viele Serien geschaut und würde manchmal unüberlegte Entscheidungen treffen, nur um etwas Spannendes zu erleben. Mag sein. Aber in meinem Leben geschah eh nie etwas Aufregendes. Das

Verrückteste, zu dem ich mich bisher verleiten ließ, war vielleicht eine Fahrt per Anhalter in die Nachbarstadt, das Schummeln bei Prüfungen oder das Vortäuschen falscher Tatsachen gegenüber dem Jugendamt. Kriminell war ich definitiv nicht. Ich hatte in meinem ganzen Leben noch nicht einmal einen Kaugummi gestohlen. Mit Marihuana wollte ich absolut nichts zu tun haben. Und trotzdem reizte mich der Gedanke, unbemerkt etwas aus dem Sportcenter zu schmuggeln. Also tat ich es trotz allem – Isaac war erleichtert.

Das Center lag direkt neben dem Freibad, einem Ort, den ich gut kannte. Es war mit dem Bus auch problemlos zu erreichen. Eine knappe halbe Stunde später stand ich vor dem Gebäude. Mein Puls ging schnell, und das Adrenalin verdrängte jede Spur von Vernunft. Kaum hatte ich das Sportcenter betreten, schlug mir der Geruch von verschwitzter Kleidung entgegen. Die Atmosphäre war geprägt von Eile und Erschöpfung – typisch für den Feierabend. Schritte hallten und Stimmen vermischten sich mit dem rhythmischen Aufprallen von Bällen. Die Spinde der Herren befanden sich laut der Beschilderung in den Umkleidekabinen am Ende eines schmalen Flurs, dessen grelle Deckenlampen flackerten. Es war viel zu hell, um unauffällig zu bleiben. Hinter der verschlossenen Tür der Umkleide hörte ich gedämpfte Stimmen und vereinzeltes Gelächter. Das war ungünstig. Wie sollte ich so zu Isaacs Spind gelangen? Mein Kopf arbeitete fieberhaft, doch mir fiel nichts ein. Ich brauchte jetzt Isaac. Mit einem kurzen Zögern schickte ich ihm den Ton. Isaac war sofort da.

Bist du vor Ort?

Ja. Doch die Umkleide ist noch voll. Ich höre mehrere Stimmen.

Ach, stimmt. Das sind die Fußballjungs. Die U18 hatte Training. Scheiße! In dieser Mannschaft ist der Sohn des Hauswarts. Der schließt die Tür direkt nach dem Umziehen ab. Uns bleibt nichts anderes übrig: Du musst da rein. Mein Spind befindet sich links, eine Reihe hinter den Duschen. Greif einfach nach zwei weißen Socken im unteren Bereich. Das Zeug ist da eingewickelt.

Wie stellst du dir das vor? Ich kann doch nicht einfach durch die Herrenkabine spazieren?!
Hm. Kannst du so tun, als wärst du blind?
Komm schon, Isaac, bist du völlig bescheuert?
Er hatte offensichtlich keinen Plan B. Damit wurde die Herausforderung noch grösser. Ein Teil in mir bekam kalte Füße, der andere war kurz davor, eine riskante Entscheidung zu treffen.
Wie gut kennst du die Jungs da drin?, fragte ich.
Ich kenne alle, warum?
Wissen sie, welcher Spind dir gehört?
Das ist möglich, ja. Was hast du vor?
Ich wollte das nun durchziehen. *Halte dich bereit, ich geh jetzt rein!*
Ich ließ Isaac auf ON und öffnete ruckartig die Tür, um selbstsicher den Raum zu betreten. Es roch nach Duschgel und Schweiß. Mein Blick huschte unauffällig von den Spinden zu den offenen Taschen auf den Bänken. Daneben sah ich drei Typen. Zwei standen in Unterhosen da, einer hatte ein Handtuch um die Hüfte geschlungen. Die Dusche lief.
Isaac, schnell, gib mir Infos zu Rothaar, dem Terrier mit Sonnenbrand und dem Undercut mit der geplatzten Lippe.
Isaac reagierte sofort: *Der Terrier ist vor den Ferien durch alle Prüfungen gerasselt und muss das Jahr wiederholen. Undercut ist in eine Glastür gerannt, erzählt aber allen, er hätte jemandem die Fresse poliert. Und Rothaar redet nicht mit Fremden.*
Unter den überraschten Blicken der Typen ging ich durch den Raum, direkt auf die Spinde zu. Die Nervosität trat in den Hintergrund, das Abenteuer nahm Fahrt auf.
Isaac fügte hinzu: *Pass auf, der Terrier wird dich blöd anmachen.*
Prompt trat dieser in seinen Unterhosen auf mich zu, sichtlich genervt.
«Du hast hier nichts verloren», meinte er überheblich.
Isaac brachte mir noch weitere Informationen: *Irgendwo muss noch der Mannschaftkapitän sein, er ist der Sohn des Hauswarts.*

«Hey, hörst du schlecht?» Terrier griff an meine Schulter.

«Was ist los?» Die Frage kam aus der Gemeinschaftsdusche.

Schnell sagte ich beschwichtigend: «Ganz ruhig, meine Herren. Es war nur eine harmlose Wette, die ich verloren habe. Ich habe behauptet, die Gedanken von Jungs erraten zu können. Wäre doch praktisch, oder?» Kurz wandte ich mich an die spärlich bekleideten U18-Typen.

«Zum Beispiel das hier...», ich deutete auf die geplatzte Lippe. «War das eine Glasscheibe?» Ohne auf eine Antwort zu warten, ging ich auf Rothaar zu. «Hm, hier scheint ein Gespräch mit einer Fremden unerwünscht...» Auch beim Terrier machte ich halt. «Da hätte ich spontan auf eine versemmelte Prüfung getippt.» Keiner sprach ein Wort. Und ich zog meine Rolle durch. «Aber wie gesagt, ich habe die Wette verloren. Als Strafe muss ich nun alte Socken eines Basketballers waschen. Lasst mich raten, wo ich die finde...» Mit gespielter Dramatik tastete ich die Spinde ab.

Isaac, schnell, welcher Spind ist es?

42. Was genau läuft da?

Vor der 42 blieb ich stehen. «Das muss der richtige Spind sein. Jetzt noch den Code herausfinden...»

Wie lautet der Code?

010111.

Ich drehte, und mit einem leisen Klick sprang das Schloss auf. Triumphierend hielt ich die Socken in die Höhe.

«Das war's. Wettschulden beglichen! Jetzt könnt ihr euch anziehen – und grüßt den Kapitän unter der Dusche von mir.»

Ich schloss den Spind und verschwand mit den Socken in der Hand so schnell wie möglich aus der Umkleide und dem Sportcenter. Mein Herz raste – eine Mischung aus Stolz, die Herausforderung gemeistert zu haben, und der Beschämung, nicht vernünftiger gehandelt zu haben. Denn jetzt sprintete ich mit grasgefüllten Socken die letzten Meter zum Bus, der mir beinahe erneut vor der Nase weggefahren wäre.

Tammy, verdammt, melde dich. Hast du das Gras?
Bevor ich antwortete, prüfte ich die Socken. Tatsächlich – wie Isaac gesagt hatte, war das Marihuana darin versteckt.
Tammy?
Ich bestätigte Isaac, was er unbedingt hören wollte: *Ja, ich habe es hier bei mir.*
Großartig, bewahre es gut auf. Ich werde es abholen, sobald der Bestrafungszirkus meiner Eltern zu Ende ist.
Bestimmt nicht! Ich werde es natürlich wegwerfen! Du darfst das Zeug nicht besitzen, du bist zu jung.
Nein, das wirst du nicht, hörst du? Das tust du nicht!
Ich schaltete auf OFF. Seine selbstgefällige Art nervte mich schon wieder fürchterlich. Und meine Laune wurde noch schlechter, als ich die Durchsage im Bus hörte: «Liebe Fahrgäste, dieses Fahrzeug fährt ins Depot zurück. Bitte steigen Sie aus und nutzen Sie die nächste Verbindung.»
Mist. Es dauerte ewig, bis mein nächster Bus kam. Genervt stopfte ich die verdammten Socken in meine Umhängetasche und machte mich zu Fuß auf den Heimweg. Kopfhörer in die Ohren und Playlist an – so konnte ich von Isaac keinen unerwünschten Ton mehr hören.
Obschon: Wenn ich ehrlich war, hatte mir die Aktion Spaß gemacht. Es war ein gutes Gefühl, meine Mission zu erfüllen und die verblüfften Gesichter der Jungs in Unterhosen zu sehen. Gleichzeitig ärgerte ich mich über Isaac und darüber, ihm geholfen zu haben, obwohl er offensichtlich ein Arsch war. Ich fand diese Gedankenübertragung ja wirklich fabelhaft. Aber nicht mit Isaac. Nicht mit einem so arroganten Idioten.
In diesem Gefühlschaos stieg ich eine geschlagene Stunde später die Treppen hoch zu Grummelbärs Wohnung. Erst als ich den Schlüssel im Schloss nicht drehen konnte, erkannte ich mein Problem. Ich war zu spät. Grummelbär hatte mich vergessen und die Tür bereits von innen verriegelt. Seine Hörgeräte lagen wie immer ne-

ben ihm auf dem Wohnzimmertisch, und er würde mich nicht hören. Scheiße, ich war ausgesperrt! Mir blieben nicht viele Optionen. Also beschloss ich, mich doch bei Bambi, Bambus und Sahara zu melden. Vielleicht ließ sich noch jemand finden, der mich zu dieser Sommerparty fuhr oder ich konnte wenigstens bei einer der dreien übernachten. Ich zückte das Phone, nur um festzustellen, dass der Akku leer war! Grrrr! Zu viel Musik aus der Playlist, zu langer Heimweg. Shit! Ich klingelte Sturm an der Wohnungstür, bis der Morgenmantel-Mann von oben entnervt die Tür aufriss und durchs Treppenhaus wetterte. Grummelbär hörte natürlich nichts.

Viel mehr als das ärgerte es mich, dass mir nur noch eine letzte Option blieb, die ich so gar nicht wollte. Ich hasse es, mich in eine Ecke gedrängt zu fühlen. Aber was blieb mir übrig? Grummelbär hörte mich nicht, mein Akku war leer, ich hatte keine Ahnung, wo genau die Party stattfand und sah keine Möglichkeit, eine Fahrgelegenheit zu organisieren. Die Idee, draußen auf einer Parkbank zu übernachten, schob ich schnell beiseite – allein der Gedanke ließ mich frösteln. Also blieb nur Isaac. Er würde mir helfen müssen. So unsympathisch er auch war, ich wusste, dass er mich nicht abweisen konnte. Nicht nach dem, was ich gerade für ihn getan hatte. Widerwillig schickte ich ihm den Ton und wartete auf seine Antwort. Es dauerte nicht lange, bis Isaac die Verbindung öffnete.

Was ist los?

Isaac, ich habe ein Problem.

Ich hatte ihm knapp die Situation erklärt, und obwohl er sich nicht für meine Belange interessierte, schien er zu begreifen, dass ich keine andere Wahl hatte.

Zögernd meinte er: *Okay, komm halt hierher. Geh nicht weiter als bis zum Eisentor an der Straße. Melde dich, wenn du dort bist.*

Ich hätte jede andere Lösung vorgezogen. Aber ich wusste wirklich nicht, was ich sonst hätte tun sollen. So machte ich mich auf den Weg zur Goldküste. Es war inzwischen spät geworden. Vor dem Eisentor aktivierte ich wie verabredet den telepathischen Klingelton. Isaac brauchte einen Moment, um unbemerkt aus seinem Zimmer in den Essbereich zu schleichen, von wo aus er mich auf der Auffahrt sehen konnte. Von dort navigierte er mich durch das Labyrinth der Sicherheitsanlage.

Gib den Code ein. Schließ das Eisentor. Verlass sofort die Auffahrt. Geh langsam zum ersten Rosenbusch. Folge der Steinmauer bis zum Pool. Tritt nicht auf die hellen Steinplatten. Geh geradeaus zur großen Palme auf der Terrasse. Ich stehe hinter dem bodenebenen Fenster. Bleib nah an der Hausmauer und komm zur Verandatür.

Isaac stand im dunklen Essbereich und öffnete die Glastür, um mich hereinzulassen.

Fass nichts an und sprich kein Wort. Er war charmant wie immer. Ich folgte ihm leise durch die privaten Räume – eher Hallen – des riesigen Hauses. Mir war nicht klar, dass es in Sevenau noch solche prunkvollen Villen gab. Das Haus kam mir erst wieder bekannt vor, als ich die mit Teppich ausgelegte Treppe hinaufging und den Flur hinunterblickte, bis dessen Ende gewiss sieben Türen in einer Reihe standen. Isaacs Zimmer, das wusste ich bereits, war das erste in der oberen Etage. Wir gingen hinein und leise drehte er den Schlüssel von innen um. Erneut irritierte mich die auffällig funktionale Einrichtung – kaum ein persönlicher Gegenstand war zu entdecken. Isaac schwieg beharrlich, als hätte er echt Stress, seine Eltern könnten etwas mitbekommen. Dieses Schweigen zwischen uns machte alles nur noch unangenehmer. Und es half der Gesamtsituation auch nicht, als Issac sich mit einer auffordernden Handbewegung das Gras zurück in seinen Besitz holte. Er verstaute es sorgfältig und warf mir danach eines seiner T-Shirts zu.

Du kannst mein Bett nehmen. Ich schlafe auf dem Boden.

Ich starrte auf das Kleidungsstück in meinen Händen, als wäre es ein Rätsel. Irritiert stellte ich klar: *Ich lade hier nur mein Phone auf, rufe eine Freundin an und bin dann wieder weg.*

Isaac warf mir einen knappen, fast genervten Blick zu. *Schön wär's, aber das kannst du vergessen. Ich musste heimlich einige Kame-*

rasensoren deaktivieren, um dich überhaupt ins Haus zu bringen. Ein zweites Mal lässt das System nicht zu – zumindest nicht ohne Warnmeldung an den Admin. Du würdest meinem Vater direkt in die Hände laufen – und glaub mir, diesen Ärger werde ich mir nicht antun.

Ich biss mir auf die Unterlippe und ließ meinen Blick durch den Raum schweifen, als könnte ich irgendwo eine Lösung finden. Mein erster Instinkt war, zu protestieren, einfach zu widersprechen und zu gehen – egal, was Isaac sagte. Doch die Logik holte mich schnell ein. Er hatte recht, und das wusste ich. Das Risiko war zu groß, und somit waren meine Optionen nicht nur begrenzt, sie waren nicht existent.

Ich verdrehte die Augen, nahm das T-Shirt und verschwand zum Umziehen hinter einer Sichtschutzwand in der Ecke seines Zimmers. Ja, ich war ziemlich überfordert – mit der Situation, mit Isaac, mit den letzten 24 Stunden und mit dem Energiefeld des blauen Flammenauges, das in Isaacs Nähe spürbar pulsierte. Isaac blieb distanziert und wortkarg, bis wir beide im Dunkeln lagen – ich auf seinem Bett, er auf einer Matte am Boden.

Ich ließ die Verbindung bewusst auf ON. Falls Isaac etwas sagen wollte, dann konnte er es mir telepathisch senden, ohne vorher den Ton zu aktivieren. Kurz vor dem Einschlafen hörte ich ihn dennoch – den hellen Ton. Das irritierte mich, denn die Leitung war doch bereits offen.

Isaac, bist du noch wach?
Ja, warum?
Hm. Die Verbindung war aktiv – warum hörte ich den Ton?
Kannst du auch den hellen Ton hören?
Nein.
Riechst du diesen Benzingestank?
Nein.
Hm. Ich roch all das und fühlte, wie mir plötzlich unwohl wurde. Langsam richtete ich mich im Bett auf, atmete schwer und stützte mich mit beiden Händen ab.

Mach jetzt kein Theater, hörte ich von Isaac. *Das wird einfach jemand anderes sein. Das geht wieder vorbei.*
 «Jemand anderes? Wie meinst du das?»
 «Psst», zischte Isaac durch die Dunkelheit. Oh, Mist, ich hatte laut gesprochen. Schnell wiederholte ich meine Frage gedanklich. *Wie meinst du das?*
 Isaac seufzte leicht genervt durch die Stille und sendete seine Worte. *Du hast doch sicher auch noch einen anderen auf dem Radar!*
 Einen anderen was?
 Na, einen anderen Menschen halt. Jemand, der dir Bilder oder so schickt. Mein Herz pochte. Ich starrte auf seine Silhouette, roch den Schweiß aus der Werkstatt, das Öl und den Lack. Und inzwischen schmerzte mein ganzer Körper. Gleichzeitig klang unaufhörlich der helle Ton in mir.
 Perplex fragte ich: *Du bist noch mit jemand anderem verbunden?*
 Spielt das denn eine Rolle?
 Natürlich! Kannst du die Person hören?
 Nein.
 Wer ist es?
 Keine Ahnung, sie ist einfach da.
 Eine Frau?
 Ich glaube schon, ja. Aber keine Ahnung, wie alt sie ist.
 Kannst du mit ihr kommunizieren?
 Ne, das ist mehr so eine Wackelkontakt-Verbindung. Zwischendurch schickt sie mir den Ton, dann mal wieder ein Bild oder eine wirre Information. Sie ist vermutlich ein bisschen durchgeknallt.
 Isaac tat, als wäre es das Normalste der Welt. Ich hielt den Atem an und saß wie erstarrt da, unfähig, das alles zu begreifen. Die Dimension, die sich in meinem Kopf auftat, überwältigte mich für einen Moment. Und inzwischen schmerzte mein Körper, als wäre ich gerade verprügelt worden. Mir blieb jedes Wort im Hals stecken.
 Komm schon, meinte Isaac. *Es ist unangenehm, aber nicht schlimm. Ignorier es einfach.*

Ich hörte seine Worte. Doch in mir hallten nur all die Frage: Hatten Isaac und ich mit den blauen Flammen Geister heraufbeschworen? War das eine Verbindung ins Jenseits? Oder war da tatsächlich noch jemanden in meinem Kopf? Gehörten die Werkstattgerüche zu einem echten Menschen – irgendwo auf der Welt?

«Womöglich bin ich mit einem Werker verbunden!», sagte ich aufgeregt, fasziniert und gleichzeitig irritiert durch die Dunkelheit. Isaac ermahnte mich eindringlich, ruhig zu sein. Meine Gedanken kreisen aber nur noch um diesen Werker. War er der Typ aus der Werkstatt, bei all den Gerüchen? Und – oh, Mann – war er es auch, der diese Schmerzen hatte, als wäre er gerade verprügelt worden?

Bendix

Die beiden Brüder hatten den Knatterwagen in der Werkstatt vollständig zerstört. Als der Stiefvater die Verwüstung entdeckte, geschah, was Bendix befürchtet hatte: Er verlor die Kontrolle und prügelte auf den Jungen ein. Doch mit jedem Schlag, den Bendix einstecken musste, wuchs in ihm eine Entschlossenheit. Und dann tat er es: Er schlug zurück – härter, als er erwartet hatte. Die Monate des Trainings machten sich bezahlt, auch wenn die Situation dadurch völlig eskalierte.

Nach diesem Eklat fühlte sich Bendix körperlich kaputt, aber mental so frei wie nie zuvor. Er war mit seinem Stiefvater endgültig fertig. Nie wieder würde er zulassen, von ihm verprügelt zu werden oder dessen Drecksarbeit zu erledigen. Er wusste: Bei der ersten Gelegenheit würde er fliehen – fort von allem, am liebsten dorthin, wo die Stimme in seinem Kopf war.

In den letzten Tagen hatte er sie oft gehört und wieder mehrere Sätze klar verstanden. Er war sich immer sicher gewesen, dass die Stimme keine Einbildung war. Doch inzwischen nahm sie in seinen Gedanken Gestalt an – als Tierpflegerin, stellte er sich vor, denn sie sprach oft von Bambus und Bären.

Kapitel 9

Es schien, als gäbe es tatsächlich noch zwei weitere Menschen wie uns: eine verrückte Frau in Isaacs Kopf und einen Werker in meinem. Wer waren diese beiden? Oder waren sie nur Fragmente aus einer unbewussten Erinnerung? Isaac war sich sicher, dass es echte Menschen waren, und er schien zu denken, ich wüsste das ebenso. Für mich war das aber neu und aufregend. Nur Isaacs distanzierte und genervte Haltung machte alles unnötig mühsam. Warum konnte er nicht offener sein? Gemeinsam könnten wir dieses Mysterium erforschen.

Ich wollte so gerne noch einmal mit ihm über die beiden Verbindungen sprechen. Doch seit ich das Aham-Anwesen in der Früh verlassen hatte, blockierte Isaac wieder jeden Kontakt. Eigentlich hätte er zufrieden sein müssen. Schließlich fanden seine Eltern heute Morgen im Sportzentrum – dank meiner gestrigen Aktion – einen sauberen Spind vor. Noch einmal versuchte ich den Kontakt und sendete ihm den hellen Ton.

Tammy, ich habe keine Zeit.

Typisch. Zeit hatte er nur, wenn er mich brauchte.

Wo bist du?

Bei einem Pressetermin mit Fotoshooting für eine Zeitschrift – gemeinsam mit meinen Eltern. Ich kann dich hier nicht gebrauchen.

Bevor ich etwas sagen konnte, schaltete er auf OFF. Idiot.

So versuchte ich allein, mehr über die Person – über Werker – herauszufinden, dessen Energie irgendwo in meinem Inneren war. Sobald ich an ihn dachte, nahm ich die Werkstattgerüche wahr. Kalter Schweiß legte sich auf meine Haut, und ich roch die abgestandene Luft. Kurz darauf spürte ich erneut die Schmerzen am Körper. All diese Eindrücke waren bruchstückhaft. Trotzdem ließ mich das Gefühl nicht los, dass Werker in ernsthaften Schwierigkeiten steckte. Damit bekam mein Abenteuer eine Art Dramatik – und ich einen weiteren Grund, die Sache dringend zu erforschen. Wie sollte ich Isaac nur dazu bringen, sich endlich darauf einzulassen?

Mein Phone vibrierte – eine neue Nachricht. Bambus wies Sahara und mich an, morgen zum Sportzentrum am See zu kommen, wo das Basketball-Rückspiel stattfinden würde. Nummer 10 stand in der Startaufstellung. Gegen Mittag sollten wir da sein. Ob wir wollten, wurde nicht gefragt. Doch ich setzte natürlich ein Daumenhoch hinter die Nachricht, und Sahara schickte ihres hinterher. Ich war nicht sicher, wie mir die Vorstellung gefiel, morgen zu Isaacs Spiel zu gehen. Bald aber widmete ich mich wieder den Recherchen über die seltsamen Phänomene, die mein Leben gerade auf den Kopf stellten – obwohl ich langsam das Gefühl hatte, im Kreis zu laufen. Es war, als würden sich die Informationen absichtlich vor mir verstecken.

Gegen Abend gönnte ich mir eine Pause und bereitete in der Küche einen kleinen Snack zu. Flüchtig fragte ich mich, was Isaac wohl gerade tat. Wahrscheinlich posierte er noch immer perfekt gestylt vor den Kameras – und verfluchte heimlich unsere Verbindung.

Zurück im Wohnzimmer ließ ich die Recherchen endgültig sein und klickte mich durch die Streaming-Plattformen, bis ich bei meiner aktuellen Anime-Serie hängen blieb. Mit den Kopfhörern im Ohr tauchte ich in eine andere Welt ein, während Brummbär neben mir langsam einschlief.

Erst kurz vor Mitternacht erwachte er und schlurfte, wie jede Nacht, im Halbschlaf vom Wohn- ins Schlafzimmer. Ich nutzte die

Gelegenheit, um mich für die Nacht bereit zu machen. Doch kaum waren die Kopfhörer aus, hörte ich den hellen Ton. Hm. Isaac vermutlich. Um diese Zeit? Auf dem Weg ins Badezimmer überlegte ich, ob ich ihn überhaupt in meinen Kopf lassen wollte. Gemächlich bereitete ich meine Zahnbürste vor, warf einen Blick in den Spiegel und entdeckte ein eigentlich hübsches Gesicht – verborgen hinter einer sträflich vernachlässigten Frisur. Isaac blieb hartnäckig, also gab ich nach und schaltete auf ON.

Tammy, endlich. Weißt du eigentlich, wie lange ich schon versuche, dich zu erreichen?

Zack, OFF. Darauf hatte ich echt keinen Bock. Noch während ich meine Zähne putzte, kam schon wieder ein Ton von Isaac. Bestimmt war er angepisst. Und ja, ich genoss meine Überlegenheit ein wenig. Etwas erstaunt war ich aber schon, als er nach dem Zähneputzen noch immer keine Ruhe gab. Spontan schnappte ich mir die Schere und begann, meine Haare ein wenig zurecht zu schneiden. Gleichzeitig gab ich Isaac eine zweite Chance – ON.

Isaac, entweder sprichst du anständig mit mir, oder ich stecke mir die Kopfhörer wieder ins Ohr.

Okay, sorry.

Was ist los?

Seit einer Stunde kontaktiere ich dich bereits. Das ist voll müh ...!

Isaac! Sag einfach, was du willst!

Noch immer schnitt ich meine Haare in Form und fand, das sah schon ganz gut aus.

Ich brauche nochmal deine Hilfe.

Ich rollte mit den Augen. *Natürlich, Isaac. Was darf es denn dieses Mal sein?*

Spar dir die blöden Sprüche, ich habe ein echtes Problem.

Hm, steckte er tatsächlich in Schwierigkeiten?

Okay, erzähl.

Ich war doch heute bei diesem Fotoshooting ...

Ja, ich weiß. Und weiter?

Es geht um eine große Reportage über unsere Familie für eine renommierte Zeitschrift. Journalisten begleiten meine Eltern mehrere Tage – geschäftlich und privat. Alles muss perfekt sein.

Ah, deshalb also die Sache mit deinem Spind. Nicht, dass es unverhofft Ärger gibt. Isaac kommentierte meine Bemerkung nicht und damit nahm ich an, dass ich richtig lag. Meine Frisur war bereits deutlich besser, und ich wartete, bis er endlich zum eigentlichen Punkt seines Problems kam.

Heute Abend erfuhr ich, dass sie morgen noch weitere Aufnahmen von mir machen wollen. Es findet das Basketball-Rückspiel gegen die Jungs eurer Schule statt. Dieses Mal beim Sportcenter am See.

Davon habe ich gehört, sagte ich betont beiläufig. Er musste ja nicht wissen, dass ich längst zugesagt hatte, dort zu sein.

Journalisten und Kameras werden vor Ort sein. Und natürlich meine Eltern. Ich muss eine gute Performance abliefern.

Moment. Das war nun ernsthaft sein großes Problem? Er wollte wirklich, dass ich ihm helfe, sein Image aufzupolieren? Der Typ war echt unverfroren. Mein erster Impuls war, ihn abblitzen zu lassen. Doch bevor ich das tat, hörte ich mir noch seine Erklärung an.

Tammy, ich weiß, du kannst das nicht nachvollziehen. Aber ich hab' echt Stress mit meinen Eltern. Sie werden nicht zögern, mir das Leben zur Hölle zu machen. Ein sportlicher Erfolg vor laufender Kamera könnte meine Rettung sein.

Was für ein Drama. Sein Versuch, Mitgefühl zu wecken, löste bei mir nur ein müdes Lächeln aus. Aber sein Dilemma spielte mir perfekt in die Hände.

Okay, Isaac. Ich helfe dir morgen, das Spiel deines Lebens zu spielen. Aber nur unter einer Bedingung.

War ja klar ... die wäre?

Ich will mehr über die Menschen in unseren Köpfen erfahren. Dafür brauche ich dich – mindestens vier Stunden. Und in dieser Zeit bestimme ich die Regeln.

Stille am anderen Ende.

Inzwischen hatte ich damit angefangen, meine Augenbrauen in Form zu zupfen, was meinem Gesicht weitere Feinheiten verlieh.

Ich gebe dir 500 Euro bar auf die Hand.

Vergiss es.

VIP-Konzerttickets?

Isaac, nerv mich nicht. Sag ja, oder wir vergessen es!

Okay, wie du willst. Dann versuchen wir es irgendwann.

Nicht irgendwann. Wir machen das übermorgen.

Übermorgen? Unmöglich. Ich stehe noch immer unter Arrest!

Dann lass dir was einfallen.

Ich war mir nicht sicher, ob das, was ich hörte, ein Seufzen war. Isaac war jedenfalls alles andere als begeistert von meiner Forderung, aber ihm blieb keine Wahl.

Schließlich stimmte er zu: *Okay. Zieh dich ordentlich an, wenn du hierherkommst. Meine Mutter legt Wert darauf.*

Wieder verdrehte ich die Augen, sparte mir aber einen Kommentar. Ich hatte, was ich wollte, und würde schon bald mehr über die beiden Personen erfahren, mit denen Isaac und ich auf so ungewöhnliche Weise verbunden waren.

Noch zwei Tage, dann würde ich wieder im Anwesen der Ahams sein. Bei jener Familie, bei der *alles perfekt* sein musste, wie Isaac es formulierte. Was war das nur für ein Leben im glanzvollen Fokus der Öffentlichkeit, in dem alles mehr Schein als Sein war?

Eliot

Der erstgeborene Sohn der Familie Aham von der Goldküste – Eliot Aham – war als Kind vor allem eines: neugierig. Er konnte tagelang Fragen stellen, als wolle er die ganze Welt verstehen, noch bevor er überhaupt zur Schule ging. Manchmal trieb ihn seine Neugier aber auch zu weit. Segelt man mit einem offenen Regenschirm sanft zur Erde? Das probierte er im Alter von vier Jahren aus – es endete mit Schürfwunden an beiden Knien. Seinen ersten Zahn verlor er mit fünf, als er versuchte, sein Fahrrad selbst zu reparieren. Ein ungeschickter Handgriff ließ das Pedal heftig gegen seinen Mund schlagen. Er jaulte auf und rannte direkt in Ellens Arme. Den herausgebrochenen Schneidezahn bewahrten die beiden noch jahrelang als Andenken auf. Eliots Eltern hatten nie davon erfahren – sie dachten, der Zahn sei altersbedingt ausgefallen. Von seiner kindlichen Entwicklung hatten sie ohnehin keine Ahnung – und es interessierte sie auch nicht.

Herr und Frau Aham waren erfolgreiche Geschäftsleute. Beide stammten aus wohlhabenden Familien, doch sie lebten nicht in reinem Überfluss, sondern zeichneten sich durch strikten Fleiß aus. Sie waren kluge Leute, geschickte Händler und hatten das Talent, alles, was sie anfassten, in Profit zu verwandeln. Das lag den Ahams seit Generationen im Blut. Erfolg sei lernbar, lautete ihr Motto, und das sollte auch für ihren Sohn gelten.

Schon bevor Eliot geboren wurde, war Ellen als Kindermädchen im Haus der Ahams eingestellt worden. Zuerst nur für ein Austauschjahr, um ihre Sprachkenntnisse zu verbessern, doch bald entschied sie, auf dem Anwesen zu bleiben. Denn womit sie nicht gerechnet hatte, waren die strengen Erziehungsmethoden der

Ahams. Ihr war verboten, den kleinen Eliot zu tragen, wenn er weinte. Er musste allein einschlafen, egal, wie lange er schrie. Jedes seiner Bedürfnisse wurde der Disziplin und des Gehorsams untergeordnet. Die Ahams zeigten Ellen, wie sie sicherstellen konnte, dass das Kind zu einem wohlerzogenen Menschen heranwuchs – und machten unmissverständlich klar, dass sie sich strikt an diese Vorgaben zu halten hatte. Ellen spürte, wie in ihr die Alarmglocken schrillten, aber sie wusste, Diskussionen waren zwecklos. Entweder würde sie sich fügen, oder sie müsste gehen. Und das nächste Kindermädchen würde einfach ihren Platz einnehmen und die Methoden der Ahams umsetzen.

Ellen, die sich eigentlich auf ihre Karriere konzentrieren wollte, stand vor einem moralischen Dilemma. Sie konnte den kleinen Eliot unmöglich diesem kaltherzigen Schicksal überlassen. So schloss sie einen Pakt mit sich selbst: Sie würde den Jungen vor seinen eigenen Eltern beschützen, komme was wolle.

Ellen und Eliot wurden ein unschlagbares Team. Sie ließ ihn in zwei gegensätzlichen Welten aufwachsen: einer voller Liebe und einer des Gehorsams. Wann immer seine Eltern abwesend waren – was glücklicherweise oft der Fall war – schenkte Ellen ihm eine warme, geborgene Kindheit. Sie erkundeten die Natur, probierten seine Experimente aus, und nachts schlich Eliot leise in ihr Mansardenzimmer, um sich unter ihre Decke zu kuscheln.

Gleichzeitig brachte Ellen ihm all das bei, was seine Eltern verlangten. Sein Verhalten in der Öffentlichkeit musste tadellos sein, ebenso seine Tischmanieren. Bereits mit vier Jahren lernte er die erste Fremdsprache, und sogar die Art und Weise, wie er die Treppe hinauf- und hinunterging, war streng geregelt.

Eliot war clever genug, mit Ellens Hilfe das System zu durchschauen, und so führten sie die Ahams jahrelang geschickt hinters Licht. Sobald die Eltern aus dem Haus waren, rannte der Kleine absichtlich polternd die Stufen hinunter – ganz im Gegensatz zu den sonst verlangten geräuschlosen Schritten. Manchmal landete er direkt vor den Füßen des Hauspersonals, doch keiner der zahlreichen Angestellten im Anwesen verriet je etwas. Da Eliot vor seinen Eltern stets brav und problemlos war, durfte Ellen ihre Stelle behalten.

Fünf Jahre lang begleitete sie diesen wundervollen, klugen Jungen mit seinen dunkelblonden Haaren Tag und Nacht. Nebenbei – und meist nachts – absolvierte sie ein Fernstudium, um beruflich voranzukommen. Als Eliot zur Grundschule kam und täglich bis in den Nachmittag hinein außer Haus war, nahm Ellen zusätzlich eine Teilzeitstelle in einer Agentur an. Abends war sie jedoch immer bei Eliot, besprach mit ihm den Tag, und gemeinsam erfanden sie Geschichten darüber, was Eliot einmal in der Welt erleben könnte. Es war eine herzenswarme, aber auch gefährliche Zeit. Jeden Tag riskierte Ellen, dass ihr doppeltes Spiel aufflog, doch das Risiko nahm sie in Kauf. Sie wusste, jeder Tag, den sie mit Eliot verbringen konnte, war eine Investition in seine Zukunft. Sie baute seine mentale und emotionale Widerstandskraft auf, damit er eines Tages, trotz der schwierigen familiären Umstände, in der Lage wäre, sein Leben zu meistern – auch wenn sie nicht mehr da sein konnte, um ihn zu beschützen.

Kapitel 10

Tammy, verdammt, wo bleibst du?

Nur noch wenige Minuten bis zum Anpfiff. Schon seit einer Weile beobachtete ich Isaac von der Tribüne aus, wie er sich auf dem Spielfeld aufwärmte. Die Kameras waren auf ihn gerichtet und fingen jede seiner Bewegungen ein. Immer wieder schweifte sein Blick über das Publikum – er suchte mich. Es war aber fast unmöglich, mich zu finden – die Zuschauermenge war mindestens doppelt so groß wie beim Hinspiel. Und ich ließ ihn absichtlich zappeln.

Doch dann durchkreuzten Bambi und Bambus meine kleine Schikane: Die beiden entrollten ernsthaft ein riesiges Transparent mit der Aufschrift HOPP NR 10. Ich konnte es kaum fassen. Isaac entdeckte mich natürlich sofort neben dem Plakat und lachte auf.

Perfekt getarnt, Tammy. Er hob spöttisch den Daumen, woraufhin Bambi und Bambus quietschend vor Freude glaubten, er würde ihre Fan-Aktion kommentieren.

Dann wurde das Spiel angepfiffen. Und obschon Isaac und ich sonst gar nicht miteinander klarkamen, harmonierten wir auf dem Platz hervorragend. Ich gab ihm kurze Anweisungen, die er souverän umsetzte, entweder in Sololäufen oder als Teamplayer. Die Punkte stiegen rasant, das Publikum tobte. Es war die perfekte Show für die Journalisten. Auch in der zweiten Halbzeit harmonierten wir ausgezeichnet. Ich hatte die Stärken seiner Mitspieler im Griff – die flinke Nummer 5, die treffsichere Nummer 14 und die mutige, aber etwas ungestüme Nummer 9. Doch ohne Frage – Isaac war der Star: athletisch, heldenhaft, er wirbelte über den Platz wie kein anderer. Es machte unfassbar viel Spaß, und ich fühlte mich, als hätten wir Superkräfte und würden gemeinsam gegen das Böse dieser Welt kämpfen.

Doch nach dem Spiel verflog meine Euphorie schnell. Für Isaac war wieder alles selbstverständlich. Kein Danke, kein Wort der Anerkennung. Stattdessen sonnte er sich im Ruhm und posierte für die Kameras, ohne einen Gedanken an meine Hilfe zu verschwenden. Frustriert folgte ich Bambi und Bambus, die jubelnd Richtung Spielfeld stürmten. Sahara gesellte sich dazu, während Gewinnerteam und Journalisten sich auf dem Platz versammelten. Isaacs Eltern wurden für Fotos herangeholt, und es war seine Mutter, die mich mit einem berechnenden Blick neben Bambi und Bambus entdeckte. Nach einem kurzen Gespräch mit einem Journalisten kam dieser direkt auf uns zu.

«Hey, Mädels, seid ihr Freunde von Isaac Aham?»

«Wir sind seine größten Fans!», rief Bambi stolz.

«Dann kommt mit, wir machen ein Gruppenfoto.»

Mit B&B wollten noch einige andere Mädels unserer Schule aufs Spielfeld, aber die Journalisten schirmten uns ab wie Bodyguards. Isaacs Mutter duldete Bambi und Bambus, doch es war offensichtlich, dass sie vor allem mich auf dem Foto haben wollte. Ich war die Quotenfreundin ihres Sohnes aus der Unterschicht – gut fürs Familienimage. Eine Frechheit! Doch wenn ich morgen zu Isaac wollte, durfte ich es mir mit ihr nicht verscherzen, also tat ich widerwillig, was sie wollte.

Bambi und Bambus drängten sich begeistert neben Isaac und seine Teamkollegen. Eine Assistentin platzierte mich in der zweiten Reihe, und ich fühlte mich, als wäre ich im falschen Film. Lächeln. Klick. Lächeln. Klick.

Den restlichen Nachmittag verbrachte ich mit Sahara und B&B im Freibad neben dem Sportzentrum. Isaac hatte sich seit dem Spiel nicht mehr gemeldet, aber ehrlich gesagt, dachte auch ich nicht an ihn oder an unsere Telepathie. Ich genoss die Sonne und den See.

Am nächsten Vormittag hingegen klingelte ich Sturm bei ihm – gedanklich natürlich. Er hatte versprochen, dass wir heute die beiden Menschen in unseren Köpfen erforschten, und ich würde ihm die Hölle heiß machen, wenn er seinen Teil der Abmachung nicht einhielt. Doch Isaac reagierte nicht auf meine Kontaktversuche.

Stattdessen meldete sich völlig unerwartet meine Mutter. Um ehrlich zu sein, freute ich mich wieder nur mäßig. Wir hatten nie wirklich eine gute Beziehung zueinander. Sie gab sich zwar Mühe – hin und wieder zumindest –, aber sie hatte keinen Platz für mich in ihrem Leben. Ihre labilen Phasen machten sie abhängig von sozialen Institutionen, und sie schaffte es nie, wirklich lange clean zu bleiben. Ihre Drogenprobleme waren ein ständiges Auf und Ab, und ich fühlte mich deutlich freier, seit sie in dieser sogenannten *Kur* war. Natürlich war es keine Kur – es waren immer Entzugskliniken oder psychiatrische Anstalten. Aber dort war sie versorgt, und ich musste mir keine Sorgen um sie machen – weder um ihre Gesundheit noch um ihre Termine. Wirklich etwas zu berichten hatte sie heute nicht, und sie fragte auch nicht, wie es mir ging. Es war wohl nur ein Pflichtanruf, zu dem man ihr geraten hatte.

Nachdem das Gespräch vorbei war, blieb eine Leere zurück, wie immer. Doch diesmal mischte sich ein zäher Frust darunter. Dieser ständige Kampf – mit ihr, mit allem – zermürbte mich. Meine Mutter würde niemals die Stärke finden, mich zu unterstützen. Und Isaac? Er war genauso unberechenbar. Auf ihn zu warten war sinnlos. Wenn ich Antworten wollte, musste ich sie mir selbst holen.

Also versuchte ich es erneut bei Isaac – diesmal mit Erfolg.
Ja?
Sind die Journalisten noch bei euch zu Hause?
Nein, die Dreharbeiten sind vorbei.

Und? Waren deine Eltern zufrieden mit deinem Auftritt?

Isaac zögerte, bevor er antwortete: *Ja, ausnahmsweise schon.* Er schien sogar leicht zu schmunzeln. *Es war ziemlich cool, danke.*

Ah, geht doch. *Wann kann ich zu dir kommen?*

Isaac schwieg.

Hast du etwa nicht gefragt?

Doch, das habe ich.

Und erlaubt es deine Mutter?

Ja, das tut sie.

Was ist dann das Problem?

Wieder keine Antwort. Und dann begriff ich. *Du willst das Treffen nicht, oder?*

Nein, ich habe einfach keinen Bock. Es wird alles nur komplizierter.

Damit musst du leben, Isaac. Ich werde um 14 Uhr bei dir sein.

Kapitel 11

Frau Aham lächelte, als sie die Tür öffnete. Natürlich war es kein freundliches Lächeln – das hätte nicht zu der drahtigen Dame in ihrer perfekt-eleganten Kleidung gepasst. Vielmehr war es ein kontrolliertes Zucken der Mundwinkel.

Sie ließ mich eintreten, und zum dritten Mal in meinem Leben durchquerte ich die Eingangshalle der Familie Aham, bevor ich die Treppe hinaufging. Vor Isaacs Zimmer blieb ich stehen und nahm mir vor, mich heute nicht provozieren zu lassen. Seine Arroganz wollte ich einfach ignorieren. Andernfalls würde ich mich nur wieder ärgern und mich nicht konzentrieren können. Ganz sachlich wollte ich mit ihm alle Anhaltspunkte zusammentragen und uns anschließend mit dem blauen Flammenauge verbinden – in der Hoffnung, neue Informationen zu erhalten.

Ich klopfte an und trat ein. Isaac saß auf seinem Bett – fast genauso wie beim ersten Mal, als ich hier war. Er trug wieder ein Cap, das seine Augen verbarg. Sofort spürte ich die Energie seiner Gegenwart. Der helle Ton und das Flammenauge zeigten sich – diesmal jedoch flüchtiger als bisher, als hätte ich mich bereits daran gewöhnt oder gelernt, besser damit umzugehen. Ob es Isaac auch so ging, war schwer zu sagen. Er sah nicht auf, sondern war mit seinem Phone beschäftigt.

«Du hast es zurückbekommen?», fragte ich und schloss die Tür.
«Nur bis morgen.»
«Warum nur bis morgen?»
«Meine Eltern haben morgen ein Gespräch angesetzt.»
«Geht es noch immer um die Sache im Feriencamp?»
«Das geht dich nichts an.»

Isaac tippte weiterhin unmotiviert auf seinem Phone herum. Ich bemühte mich, ruhig zu bleiben.

«Du hast doch für die Journalisten auf dem Sportplatz brilliert. Genau das wollten deine Eltern, nicht wahr?»

«Tammy, du verstehst das nicht.»

«Dann erklär's mir!»

«Natürlich nicht! Warum sollte ich?»

In Gedanken fügte er hinzu. *Meine Mutter sagt immer: Halte alles von allen fern. Niemand ist dein Freund, wenn es darauf ankommt.*

Ach, ... was war das nur für eine Welt, in der Isaac lebte? Ich trat langsam näher. Da er nicht intervenierte, setzte ich mich mit etwas Abstand neben ihn aufs Bett.

«Erzähl mir von der Person in deinem Kopf.» Isaac war wohl auf die Frage vorbereitet, doch er wirkte total desinteressiert. Sein Blick klebte weiter am Phone.

«Was willst du wissen?»

«Denkst du, es ist eine echte Person?»

«Ich glaub schon, ja.»

«Also jemand, der irgendwo in der Gegend wohnt?»

«Keine Ahnung, wo sie lebt.»

«Versucht sie, mit dir zu kommunizieren?»

«Interessiert mich nicht. Sie sendet mir einfach Bilder.»

«Was für Bilder?»

«Eigenartige Sachen. Voll weird.»

«Weird?»

«Ja, seltsames Zeug. Mal Brotkrümel, mal Schuhe an den Füßen, dann ein Marienkäfer oder eine Ratte ... hohe Berge und bunte Süßigkeiten.» Isaac wechselte auf den inneren Dialog. *Es ist wie der Social-Media-Feed einer Verrückten, völlig ohne Bezug zur Realität.*

«Sind das Dinge, die sie tatsächlich sieht – oder ihre Gedanken?»

«Woher soll ich das wissen?» Isaac war noch immer gereizt, beantwortete aber immerhin meine Fragen.

«Schickst du ihr auch Bilder?»

Jetzt sah er kurz auf. «Nein, wozu sollte ich das tun?»

«Willst du denn nicht wissen, warum du telepathisch mit anderen Menschen verbunden bist?»

«Nein, das will ich ganz bestimmt nicht! Und ich will auch deine Stimme nicht in meinem Kopf.»

«Ich versteh dich nicht, Isaac. Das ist doch eine großartige Sache. Etwas Besonderes!»

«Ach was, es macht mich nur zum Idioten!»

«Warum denn das?»

Isaac warf mir einen vernichtenden Blick zu, als müsste mir klar sein, dass er das nicht erklären würde. Doch ich ließ nicht locker. In Gedanken fragte ich: *Warum ist es dir so unangenehm? Deine Eltern wären vielleicht stolz auf dich.*

Er zog eine Augenbraue hoch und seufzte höhnisch. *Wenn meine Eltern jemals erfahren, dass ich Stimmen und Bilder in meinem Kopf habe, schicken sie mich in eine Irrenanstalt am anderen Ende der Welt. Und den Journalisten erzählen sie, ich würde in Afrika humanitäre Hilfe leisten.*

Ich schluckte leer. Die Einblicke in Isaacs Welt verstörten mich. Doch ich versuchte, cool zu bleiben.

«Seit wann weißt du von der Person in deinem Kopf?»

«Keine Ahnung, ein, zwei Jahre vielleicht.»

«Hast du eine Idee, wie wir mehr herausfinden könnten?»

«Weiß ich nicht und will ich auch nicht.»

Er war so mühsam, ihm alles aus der Nase zu ziehen.

«Die Person in meinem Kopf», berichtete ich nun, «ist wahrscheinlich männlich. Es würde mich nicht wundern, wenn er – genau wie wir – am ersten Januar geboren ist.»

Ich erzählte ihm weiter von den intensiven Gerüchen nach Öl und Benzin, die ich wahrnahm, und vermutete, dass dieser *Werker* häufig in einer Werkstatt war. «Aktuell scheint er in Schwierigkeiten zu stecken. Entweder hatte er einen Unfall oder geriet in eine Schlägerei.»

Nun legte Isaac sein Phone zur Seite und sah mich an. «Bekommst du auch Bilder?»

«Nein, fast nur Gerüche und Geschmäcker. Und manchmal spüre ich Schmerzen, die nicht meine eigenen sind.» Isaac zögerte, sagte aber nichts dazu. Also fuhr ich fort: «Ich möchte, dass wir uns per Augenkontakt mit dem Flammenauge verbinden ...»

«Hey!», unterbrach Isaac mich abrupt und wies mich per Gedanken zurecht. *Solche Dinge besprechen wir auf diesem Weg.*

Na gut. Ich schlug vor, dass wir uns mit dem pochenden Flammenauge verbinden und versuchen, entweder *Werker* oder *Weirdy* zu erreichen, um mehr Informationen zu bekommen.

Wie stellst du dir das vor?, fragte Isaac skeptisch.

«Nehmen wir an, dass ...»

«Hey!» Isaac ermahnte mich nochmals, still zu sprechen.

Ah, sorry. *Also nehmen wir an, dass du mit Weirdy über Bilder kommunizieren kannst und ich mit Werker über Gerüche»*, begann ich. *«Dann sollten wir versuchen, zuerst mit Weirdy in Kontakt zu kommen. Bilder sind klarer als Gerüche. Vielleicht könnten wir ihr gedanklich ein Bild eines bekannten Wahrzeichens aus Sevenau schicken.»*

Isaac fragte irritiert: *Warum ein Wahrzeichen aus unserer Stadt?*

Nur mäßig geduldig antwortete ich. *Wenn sie es erkennt, hinterlässt sie dort vielleicht eine Nachricht mit ihrer Telefonnummer, die wir dann abholen können.*

In Isaacs Gesicht sah ich, dass er das für völligen Unsinn hielt. *Sorry, aber du spinnst!* Und schnell fügte er hinzu: *Wir können den Spuk immer noch beenden. Glaub mir, wir sollten das alles einfach vergessen und begraben.*

Natürlich hatte er keine Chance, mich zu überzeugen. Statt darauf einzugehen, fragte ich zurück: *Was ist denn dein Vorschlag?*

Isaac zuckte mit den Schultern und starrte gedankenverloren an die Wand, als hätte er nicht vor, überhaupt zu antworten. *Keine Ahnung*, hörte ich schließlich, bevor er doch noch eine Überlegung schickte: *Wenn es unbedingt sein muss, könnten wir eine Website er-*

stellen mit einem Kontaktformular. Er verstummte wieder, und ich wartete vergeblich darauf, dass er weitersprach.
Und dann?, hakte ich nach.
Isaac seufzte. *Dann senden wir ihr gedanklich die Webadresse. Wenn sie einigermaßen klar im Kopf ist – und das bezweifle ich doch sehr – klickt sie darauf und meldet sich bei uns.*
Einen Moment dachte ich über seinen Vorschlag nach – und fand ihn tatsächlich brillant. Sein Ausdruck wirkte jedoch so gelangweilt, dass ich nicht sicher war, ob er das wirklich ernst meinte.
«Und du kannst so eine Website erstellen?» Vielleicht war das auch nur sein Versuch, schnell eine Lösung vorzuschlagen, ohne wirklich daran zu glauben.
«Das ist nicht schwer. Eine halbe Stunde Arbeit, mehr nicht.»
Ich wurde das Gefühl nicht los, dass Isaac mich damit nur von dümmeren Ideen ablenken wollte. Trotzdem war ich zufrieden. Wir hatten beide, was wir wollten: Ich meine Hoffnung, Weirdy zu erreichen und dadurch auch Werker zu finden. Isaac hingegen behielt seine Zuversicht, dass es sowieso nicht funktionieren und er danach seine Ruhe haben würde. Uns war wohl beiden klar, dass wir nicht dasselbe Ziel verfolgten.
Wenigstens zeigte Isaac erstmals Eigeninitiative und versprach, die Website noch heute aufzusetzen. Er suchte bereits online nach einer einprägsamen Webadresse, die er reservieren konnte.
Also würde ich die Zeit nun mit Isaac nutzen, um uns erneut per Augenkontakt zu verbinden. Er sollte sich die Webadresse bildlich vorstellen und dieses Bild dann an Weirdy senden. Ich würde es ebenfalls versuchen.
Wir machten uns bereit. Wie schon beim letzten Mal setzten wir uns einander gegenüber und hoben fast zeitgleich den Blick. Ich wollte Isaacs Cap von seinem Kopf nehmen, doch er kam mir zuvor, und so berührten sich unsere Hände kurz in der Luft. Wir zuckten beide zusammen, denn in der Sekunde dieser Berührung loderte eine blaue Flamme auf, die wie ein Blitz durch meinen Körper fuhr.

Ich hielt inne. Verstärkte sich das Flammenauge, wenn wir uns berührten? Instinktiv griff ich nach Isaacs Händen. Die Flammen reagierten sofort und flackerten kräftiger, wie ein Feuer, das auf frische Luft traf. Isaac ließ es nur widerwillig zu. Er blieb wachsam, als würde er das leise Spektakel genauso beobachten wie ich.

Mit jedem Atemzug wurde das pulsierende Flammenauge präsenter. Mein Herz begann schneller zu schlagen und der helle, durchdringende Ton hallte durch meine Gedanken. Isaacs Blick war intensiver denn je. Wie konnte man nur so stahlblaue Augen haben? Durch die magnetische Wirkung seines Blickes breitete sich eine kraftvolle Energie in meinem Inneren aus, mein Kopf schwirrte und die Gedanken vernebelten sich, bis nur noch das Flammenauge und seine mächtige Präsenz zählten. Jetzt raste mein Herz, doch mein Verstand blieb klar – fokussiert auf unsere Mission. Ich formulierte in Gedanken meine Worte, richtete sie direkt an Weirdy und erklärte ihr unseren Plan. Dabei wiederholte ich den Namen der Website wie ein Echo in meinem Kopf: mystery-eye.com.

Bald darauf wurde die Energie so überwältigend, dass mir die Kontrolle des Moments entglitt. Die Intensität des blau flackernden Auges überkam mich wie eine Trance und erst, als Isaac seinen Kopf wegdrehte, riss die Verbindung ab – abrupt und im ganzen Körper als Leere spürbar. Sofort ließ ich Isaacs Hände los und atmete tief durch. Er sprang vom Bett auf, fuhr sich durch die Haare und lief im Zimmer auf und ab, als müsse er überschüssige Energie loswerden.

Scheiße, wie krass war das denn?!

Es dauerte eine Weile, bis sich Isaac einigermaßen beruhigt hatte. Die aufgebaute Energie war intensiver als je zuvor – und sogar körperlich anstrengend. Auch die Nähe unserer Hände fühlte sich verwirrend an.

Doch was hatten wir erreicht? Leider nichts Neues: keine Informationen, keine Bilder. Trotzdem hoffte ich, dass wir Weirdy erreichen konnten. Isaac hingegen war einfach froh, seine Pflicht erfüllt zu haben, und lenkte das Thema schnell um.

«Was machen eigentlich deine Eltern beruflich?»

«Das ist keine gute Frage», antwortete ich sogleich, denn ich mochte Fragen rund um meine Familie nicht.

Isaac blickte mich unschlüssig an und versuchte es anders. «Wo wohnt ihr?»

Hm, auch nicht gut. Was sollte ich antworten? Meine drogenabhängige Mutter hat unsere Wohnung abgefackelt und nun schlafe ich auf dem Sofa eines senilen Rentners? Niemals. Das alles hatte ich nicht einmal Sahara erzählt. Ich formulierte es so: *Ich möchte mit dir nicht über meine Familie reden. Sorry.*

Isaac nickte still. Dann fragte ich: «Warum hast du mit dem Kiffen angefangen, wenn du doch weißt, dass es Ärger bringt?» Isaac setzte sich aufs Bett, griff nach seinem Cap und gab zurück: *Darüber möchte ich mit dir auch nicht reden.*

Ich hob die Augenbrauen und betrachtete den Teil seines Gesichts, den ich unter dem Cap noch sehen konnte. Verbarg sich vielleicht doch mehr hinter seiner Fassade als Selbstsucht, Arroganz und Egoismus? Ich nickte ebenfalls und erkannte, dass wir beide keine einfachen Menschen waren.

Wir beließen es dabei. Ich verabschiedete mich und versprach, bald einen Text für die Website zu schicken, damit er alles online stellen konnte.

Beim Hinausgehen fragte ich: «Denkst du, es wird funktionieren? Wird sich Weirdy melden?»

Isaac schüttelte den Kopf, hielt jedoch sein Versprechen und baute noch am selben Abend die Website auf.

(Kapitel 12)

Am nächsten Morgen weckte mich früh der Geruch von Öl und Benzin – vielleicht, weil ich die ganze Nacht von Weirdy und Werker geträumt hatte. Spontan versuchte ich, eine Verbindung herzustellen, und experimentierte mit dem hellen Ton.
Tammy, was ist los? Das war Isaac.
Oh, sorry. Ich wollte Werker erreichen. Warum bist du schon wach?
Meine Eltern erwarten mich gleich zu dem Gespräch, das sie angekündigt haben.
Okay, viel Glück.
Ich stellte die Frequenz auf OFF, um Isaac nicht von diesem Gespräch abzulenken. Worum es wohl ging? Vielleicht bekam er erneut Medienverbot? Das wäre problematisch. Er würde Weirdys Nachricht auf der Website verpassen, sollte sie eintreffen. Ich fragte mich, welche Erwartungen die Ahams an ihren Sohn hatten. Wie weit würden sie gehen, um ihren Willen durchzusetzen? Wie groß war ihr Einfluss auf Isaac?
Kurz darauf stand ich vom Sofa auf und öffnete das Fenster zur Straße. In Sevenau war eine Hitzewelle angesagt, und jeder Hauch kühle Morgenluft würde Grummelbär helfen, den Tag in der stickigen Wohnung zu überstehen. Ich selbst hatte nicht vor, hierzubleiben. Mit Sahara war ich bereits verabredet, uns heute am See zu treffen. Wir wollten früh dort sein, bevor die Hitze unerträglich wurde.

Das war ein guter Plan, dachte ich, als ich beim Freibad neben dem Sportzentrum ankam. Die Wiese lag fast menschenleer vor mir. Sahara trug ihren sonnengelben Bikini und rieb sich eine dicke Schicht Sonnencreme auf die blasse Haut – ein Erbe ihrer schwedischen Mutter, was sie oft mit Stolz erwähnte. Ihre Eltern waren beide bekannte Reporter: Ihre Mutter engagierte sich für Menschenrechte, insbesondere für Frauenrechte und mischte damit immer mal wieder die Stadtpolitik auf. Ihr Vater machte sich für den Umweltschutz stark. Bestimmt würde Sahara einmal in die Fußstapfen ihrer Eltern treten. Schon jetzt schrieb sie viele Artikel für die Schulzeitung und reichte oft Verbesserungsvorschläge ein – vor allem, wenn es um Energieeffizienz ging. Ihre Überzeugungen vertrat sie unbeirrt, auch wenn ihre belehrende Art nicht bei allen gut ankam. Doch wer sie besser kannte, wusste, sie war tolerant, nahm die Menschen, wie sie waren, und blieb auch mir gegenüber immer loyal – anders als ich, die oft über andere herzog. Sie spielte Gitarre, las alles Mögliche und war sogar in einem Leseclub. Auch online war Sahara überall präsent und schrieb in verschiedenen True-Crime-Communities mit, in denen echte Verbrechen diskutiert wurden. Zudem musste sie immer mal wieder ihre drei kleinen Geschwister bespaßen.

Ich selbst tat nichts von all dem. Ich streamte nur Unmengen von Serien aus dem Internet und spielte stupide Handygames. Ansonsten gab es in meinem Leben tatsächlich nichts, was einem Hobby ähnelte. Meine Zeit verbrachte ich meist mit dem, was eigentlich meine Mutter im Haushalt machen sollte. Und oft hatte ich einfach keinen Bock, überhaupt etwas zu tun. Dann lag ich nur herum und hörte Musik.

Sahara war inzwischen fertig mit Eincremen und ließ die Sonnenmilch noch einziehen, bevor wir ins Wasser springen wollten.

«Wo sind eigentlich Bambus und Bambi?», fragte ich beiläufig und erntete – wie so oft – einen Kommentar zu meinen unnötig spöttischen Spitznamen.

«Sie schreiben einen Brief an die Nummer 10 des Basketballteams, da sie offenbar ein Problem mit seiner Telefonnummer haben. Später kommen sie nach.»

«Einen Brief? Ernsthaft? Findest du das Ganze nicht auch total peinlich?», fragte ich.

«Das geht uns nichts an, Tammy. Ich finde es gut, dass sie sich für etwas einsetzen, das ihnen wichtig ist – auch wenn es bei Isaac Aham kaum etwas bringen wird.»

«Du kennst Isaac?»

«Wer kennt ihn nicht?»

«Ich habe gehört, er soll ein selbstsüchtiger Idiot sein.».

«Ach, Tammy. Hör doch auf, immer so vorschnell zu urteilen. Du weißt doch nichts über ihn.»

Vielleicht täuschte ich mich, aber ich hatte das Gefühl, Sahara wusste mehr, als sie sagte. «Was weißt du denn über Isaac Aham?»

«Nun, er ist ein guter Basketballer, wohnt drüben an der Goldküste, seine Eltern sind hoch angesehen, einflussreich und sehr wohlhabend.»

Hm. Sie war gut informiert. «Und weiter?»

«Warum interessierst du dich für Isaac?»

Ich zögerte – wohl einen Moment zu lange.

«Ernsthaft, Tammy? Du stehst auf ihn? Ausgerechnet du?»

«Ey, nein! Das habe ich nie gesagt!»

Sahara ignoriert meinen Widerstand. «Er ist tatsächlich sehr attraktiv. Aber an den kommt niemand heran, das ist allgemein bekannt.»

«Allgemein bekannt?»

«Ja, klar. Es wird doch überall über ihn geredet.»

Sie schüttelte den Kopf, als könne sie nicht glauben, wie wenig ich informiert war.

«Weißt du noch mehr über Isaac?», fragte ich zögerlich. Sahara grinste – offenbar missinterpretierte sie mein Interesse noch immer. Egal, Hauptsache, sie erzählte weiter.

«Meine Mutter hatte vor einigen Jahren Ärger mit seiner Familie. Sie wollte einen Artikel veröffentlichen, in dem sie recht kritisch war mit den Ahams. Die Redaktion unterstützte ihre Sicht, doch kurz vor der Veröffentlichung wurde der Text gestoppt, und die Ahams reichten umgehend eine Strafanzeige ein.»

«Gegen deine Mutter?»

«Ja.»

«Und kamen sie damit durch?»

«Nun ja, meine Mutter wurde zum Schweigen gebracht. Nicht durch eine Verfügung, aber sie meinte, gegen das Aham-Imperium sei eine Einzelperson machtlos. Bis heute ist sie nicht gut auf die Familie zu sprechen.»

Ein mulmiges Gefühl stieg in mir auf. «Worum ging es denn im Artikel deiner Mutter?»

«Genau weiß ich es nicht. Sie kritisierte wohl die Arbeitsbedingungen in den Firmen der Ahams und deren Umgang mit den Angestellten. Außerdem fand es meine Mutter fragwürdig, wie die Familie ihre Söhne in den Medien präsentierte.»

«Söhne?» Ich sah sie überrascht an. «Isaac hat einen Bruder?»

«Ja, Eliot Aham. Er wird bald 20 sein, wohnt aber seit Jahren schon nicht mehr in Sevenau.»

«Wo lebt er denn?»

«Er ist bei einem humanitären Einsatz in Afrika. Vor ein paar Jahren hat er sich komplett aus der Öffentlichkeit zurückgezogen – online findet man kaum noch etwas über ihn.»

Mein Atem stockte, und gleichzeitig hörte ich den hellen Ton in meinem Ohr. Isaac versuchte, Kontakt aufzunehmen, aber Sahara sprach weiter.

«Meine Mutter wollte vor einiger Zeit diesen Aham-Sohn ausfindig machen. Das gelang aber nicht, was ihr merkwürdig vorkam.» Isaac versuchte noch immer, mich zu erreichen.

«Aber bitte behalte das für dich, okay? Ich will meiner Mutter keinen Ärger machen», bat mich Sahara eindringlich.

Ich nickte und stellte auf ON, während Sahara ihre Trinkflasche aus der Tasche holte.

Isaac, was ist los?

Tammy?

Ja?

Ich muss abreisen!

Sahara drehte sich wieder zu mir. «Und du so? Ich habe in den Nachrichten von einem Brand gehört, als du im Sommercamp warst. War das nicht euer Wohnblock?»

Ich fühlte mich überrumpelt und antwortete zuerst Isaac: *Moment, was? Wohin reist du?*

Meine Eltern schicken mich ins Ausland. Wohin, weiß ich noch nicht. Den Rest der Ferien werde ich an irgendeiner Academy verbringen – um über meine Fehler nachzudenken.

«Tammy?» Das war Sahara. Mein inneres Durcheinander wuchs. *Wann reist du ab?*, fragte ich Isaac. Dann wandte ich mich an Sahara und vertraute ihr – genau wie sie eben mir – etwas an, das ich sonst nie preisgegeben hätte. «Es war unsere Wohnung, die gebrannt hat.»

«Oh mein Gott, echt? Was ist passiert? Ist deine Mutter okay?»

Ich fliege morgen los.

«Ja, es geht ihr gut. Die Wohnung ist allerdings nicht mehr bewohnbar.»

«Wo lebt ihr denn nun?»

Kann ich nachher vorbeikommen?, fragte ich Isaac und hoffte, noch kurz mit ihm sprechen zu können.

«Bei Verwandten. Es ist eng, aber es geht.»

Nein, Tammy. Das will ich nicht. Wir werden uns nicht mehr sehen.

«Wie ist es zu dem Feuer gekommen?», fragte Sahara weiter.

«Das weiß ich nicht genau», brachte ich nur hervor, während ich Isaacs Worten lauschte. *Ich muss mich nun auf meinen eigenen Kram konzentrieren und werde den Kontakt nicht mehr annehmen. Hörst du? Ich will dich nicht mehr in meinem Kopf haben.*

«Tut mir leid, Tammy! Wenn ich dir irgendwie aushelfen kann, egal mit was, bitte lass es mich wissen», meinte Sahara zuvorkommend, aber das verflog in meiner Wahrnehmung.

Isaac war OFF. Seine Worte hallten in mir nach, wie ein Echo, das einfach nicht verstummen wollte. Was sollte das alles bedeuten? Schlug er mir tatsächlich so selbstsüchtig die Tür vor der Nase zu? Eine düstere Ohnmacht überkam mich, und ich wusste nicht, ob sie von mir oder von ihm stammte. Hatte er vielleicht doch mit seinen Eltern über die Telepathie gesprochen? Schickten sie ihn deswegen fort von hier? Oder war das Ganze nur ein billiger Vorwand von Isaac, um mich aus seinem Leben zu drängen, wie er es schon zuvor tun wollte? Aber wie konnte er so eine Entscheidung ohne mich treffen? Das stand ihm nicht zu!

Ich versuchte, die Fäden zusammenzuführen – Isaacs Worte, seine plötzliche Abreise, die Ahams, Saharas Erzählungen, der unauffindbare Bruder – doch nichts ergab Sinn.

Endlos überfordert stand ich auf und schlug vor, ins kühle Wasser zu springen. Mir fiel nichts anderes ein, das hoffentlich meine Gedankenspirale zu stoppen vermochte.

Später versuchte ich mehrfach, Isaac zu erreichen, aber erfolglos – die Verbindung blieb tot.

Kapitel 13

Isaac tat es tatsächlich: Er ignorierte meine Kontaktversuche seit gestern Vormittag. Das war nicht weiter schwierig. Der Ton im Ohr war nicht laut, sondern klang, als würde die zu laute Musik eines langen Abends noch im Kopf nachhallen. Es war also durchaus möglich, dass sich Isaac, wie angekündigt, endgültig aus meinem Leben und unserer Verbindung verabschiedet hatte. Doch ich konnte nicht nachvollziehen, warum er diese Entscheidung so plötzlich getroffen hatte. Seine Eltern hatten ihm bestimmt wieder das Phone weggenommen und schickten ihn allein ins Ausland... war er jetzt nicht mehr denn je auf die Telepathie angewiesen?

Was hatten seine Eltern mit ihm vor? Was war das für eine Academy, von der Isaac gesprochen hatte? Ich war unruhig. Besonders seine einstigen Worte gingen mir nicht mehr aus dem Kopf: *Wenn meine Eltern jemals erfahren, dass ich Stimmen und Bilder in meinem Kopf habe, schicken sie mich in eine Irrenanstalt am anderen Ende der Welt. Und den Journalisten erzählen sie, ich würde in Afrika humanitäre Hilfe leisten.*

Humanitäre Hilfe. Warum benutzte er genau diese Worte? Es waren dieselben, die auch Sahara gebraucht hatte, als sie gestern von Isaacs Bruder erzählte. Ich hatte noch lange recherchiert und tatsächlich: Es gab nicht nur einen, sondern zwei Söhne in der Familie Aham. Eliot Aham wurde jedoch in der Presse kaum noch erwähnt. Was war damals geschehen? Und was waren nun die Pläne mit Isaac? Würde er nach den Sommerferien wirklich zurückkommen? Oder blieb er – wie sein Bruder – für Jahre verschwunden?

Meine Erleichterung war groß, als ich in den frühen Morgenstunden den hellen Ton hörte. Ich war bereits wach, weil sich die Hitze schon wieder im Wohnzimmer staute. Sofort schaltete ich auf ON.

Isaac?

Tammy, wir haben ..., begann er, brach jedoch abrupt ab.

Was? Was haben wir?

Stille.

Isaac, was ist los?

Wir haben eben eine Nachricht über unsere Website bekommen.

Mein Herz pochte, als ich mich auf dem Sofa aufrichtete.

Sie hat sich echt gemeldet?

Sieht so aus.

Was schreibt sie?

Isaac las gedanklich vor: *Hey, are you the one in my head? I'm from London. Let's get in touch.* Dazu eine Telefonnummer.

Sie wohnt in England?

Ja, offenbar.

Aufgewühlt tigerte ich im Raum hin und her. Dann holte ich mir in der Küche ein Glas Wasser, in der Hoffnung, es würde sowohl meinen Hitzestau im Körper als auch meinen Gedankenstau im Kopf lösen.

Oh, mein Gott, Isaac. Was sollen wir denn jetzt tun?

Wir? Tammy, du weißt, ich will nichts damit zu tun haben!

Aber das ist doch der Wahnsinn. Da müssen wir reagieren!

Ich bestimmt nicht! Ich habe echt andere Probleme im Moment.

Ich leerte das Glas in einem Zug.

Also erst einmal: Wann und wohin fährst du, Isaac?

Diese Academy soll eine Art Sprachschule sein. In England. Mein Vater meinte, sie würde mich aufs Leben vorbereiten. Keine Ahnung, was mich erwartet. Heute um 16 Uhr geht der Flug.

Fliegst du nach London?

Ja. Die Academy befindet sich irgendwo außerhalb der Stadt, soweit ich weiß.

Weirdy kommt auch aus London, formulierte ich, und bevor ich ihm weitere Gedanken sendete, erkannte ich, wie sich einige Puzzleteile in meinem Kopf zu einer fixen Idee zusammenfügten.

Isaac konterte schnell. *Du glaubst doch nicht im Ernst, dass ich sie dort treffen werde.*

Isaacs Stimmung kippte rasant, als er realisierte, dass ich genau das dachte. Er erinnerte sich natürlich, wie hartnäckig ich meinen Willen durchsetzen konnte.

Vergiss das sofort wieder! Hörst du? Ich will damit rein gar nichts mehr zu tun haben. Ich bin raus, verstehst du? Ach, verdammt, ich hätte dich gar nicht mehr kontaktieren sollen.

Ey, easy. Sorry, versuchte ich, ihn zu beruhigen. Denn seine Gedankenstimme zitterte plötzlich vor wütender Entschlossenheit. Ich musste den Kontakt noch halten, bis ich wenigstens Weirdys Telefonnummer hatte.

Das Treffen war wirklich eine blöde Idee. Gib mir einfach ihre Nummer, und dann halte ich dich aus der Sache raus.

Isaac sendete nichts mehr. Geduldig nahm ich einen Stift und ein Stück Papier zur Hand, bereit, die Ziffern zu notieren.

Nein, Tammy, kamen schließlich seine Worte. *Das mache ich nicht.* Sein Frust war spürbar. *Ich habe meinen Teil der Abmachung erfüllt und genug von diesem Mist. Ab jetzt geht mich das alles nichts mehr an. Such dir Freunde oder ein Hobby. Aber kontaktiere mich nie, nie wieder!*

Isaac verschwand aus unserer Frequenz – OFF. Ich spürte, wie ernst es ihm war – das durfte doch nicht wahr sein! So gerne hätte ich ihn gedanklich angefaucht oder mich wenigstens maßlos über ihn geärgert. Aber neben seiner Wut war da auch eine Angst, die ich fühlte – vielleicht war es seine. Er hatte gerade heftigen Stress. Seine Eltern fuhren die volle Kontrolle über ihn aus und schickten ihn gegen seinen Willen ins Ausland, wo er den Rest des Sommers bleiben musste. Trotzdem fiel es mir schwer, allzu viel Mitgefühl für ihn aufzubringen. Immerhin hatte er sich diese Situation selbst eingebrockt. Niemand hatte ihn gezwungen zu kiffen. Und Empathie war ohnehin nicht Isaacs Stärke – er wusste genau, wie viel mir der Kontakt zu Weirdy bedeutete. Sie war ein wichtiger Teil des größten Abenteuers meines Lebens. Und sie wollte mit uns in Kontakt treten. Zudem war sie vielleicht der einzige Mensch auf der Welt, der mir helfen konnte, Werker zu finden. Er war in meinem Kopf, er war Teil dieser unglaublichen Geschichte, die ich erleben könnte. Und Isaac hielt den Schlüssel dazu in der Hand. Er hatte die Macht, mir das alles zu verwehren.

Mein Wille wuchs zu Wut, und ich wusste, dass ich mir diese Chance nicht entgehen lassen würde. Isaac hatte kein Recht, mir den Kontakt zu Weirdy zu verweigern. Ich hatte etwas Besonderes in mir entdeckt, etwas, das ich nicht loslassen würde – auf keinen Fall. Vielleicht konnte ich Isaac nicht zwingen, Teil meines Abenteuers zu sein, aber es stand mir zu, dafür zu sorgen, dass er meine Besonderheit nicht im Keim erstickte. Mein Herz schlug im Takt meiner aufwirbelnden Gedanken, die sich Stück für Stück zu einem waghalsigen Plan formten.

Nach etlichen Online-Recherchen stand ich unaufhaltsam entschlossen vor vollbrachter Tat. Nun, fast zumindest – mir fehlten 65 Euro, eine Kreditkartennummer und eine Idee, an wen ich mich wenden könnte, ohne zu viel erklären zu müssen. Kurz hielt ich inne. Mir war klar, lange durfte ich jetzt nicht nachdenken. Beklemmende Zweifel brodelten bereits in mir, doch mein unbändiger Wille ließ ihnen keinen Raum.

Es gab zwei Dinge, die ich über mich wusste: Erstens manövrierte ich mich viel zu schnell in unüberlegte Situationen hinein, und zweitens konnte ich mich selbst nicht davon abhalten. Sogleich fiel mir Sahara ein und ihr Hilfsangebot von gestern. Das war meine Chance. Zögernd rief ich sie an.

«Hey, Tam, alles okay bei dir?»

«Ja, alles gut. Nur ...»

«Was ist los?»

Es kostete mich unendlich viel Überwindung, doch schließlich brachte ich hervor: «Könntest du mir vielleicht etwas Geld leihen?»

«Du brauchst Geld?»

«Ich brauche eine Kreditkartennummer für eine Überweisung.»

«Wieviel brauchst du denn?»

«65 Euro.»

«Hm, was hast du vor?»

In dieser Sekunde musste ich entscheiden, wie viel ich Sahara erzählen sollte. Die Wahrheit war kompliziert, und ich wollte nicht riskieren, dass sie misstrauisch wurde. So wählte ich zwar keine Lüge, aber halt auch nicht die ganze Wahrheit.

«Ich soll für ein paar Tage nach London fliegen, zu einer fernen Verwandten. Ich versuche gerade, einen Flug zu buchen.»

Ich hatte Bedenken, dass sie mich durchschauen würde. Sahara war eine smarte Ermittlerin, die nicht nur jeden True-Crime-Fall im Internet durchleuchtete, sondern auch zuverlässig jedes verdächtige Verhalten witterte.

«Wann genau willst du fliegen?»

«Heute, um 16 Uhr.» Mein Herz pochte. Im Hintergrund hörte ich, wie Sahara ihre kleinen Geschwister aus dem Raum schickte und der Startton eines Computers ertönte. Ungeduldig wartete ich ein paar Tippgeräusche ab.

Dann sagte sie: «Es gibt einen Direktflug nach London um 16:05 Uhr. Da sind noch drei Plätze frei.»

«Genau, den hatte ich im Sinn. Kannst du mir helfen?»

Am anderen Ende der Leitung hörte ich ein kurzes Zögern, bevor Sahara sagte: «Okay, gib mir mal deine Daten durch.» Ihre Stimme klang ruhig, doch ich konnte die feine Nuance von Skepsis heraushören, die sie nicht ganz verbergen konnte. Sahara hinterfragte Dinge stets auf ihre Weise, ohne dabei aufdringlich zu wirken.

«Ich hoffe, du weißt, was du tust, Tammy», fügte sie hinzu, während das leise Tippen ihrer Finger auf der Tastatur durch das Telefon drang.

Ich schluckte und antwortete schnell: «Natürlich, keine Sorge», obwohl mein Herz wild pochte.

Sahara machte weiter, aber hin und wieder hörte ich, wie sie tief durchatmete – ein leises Zeichen dafür, dass sie nicht ganz überzeugt war. Trotzdem hielt sie sich mit weiteren Fragen zurück.

Nach der Buchungsbestätigung versprach ich ihr erneut, das Geld bald zurückzuzahlen. Und nur wenige Minuten später hatte sie sogar das Online-Check-in erledigt. Ich musste mir eingestehen, dass ich keine Ahnung hatte, was das überhaupt bedeutete. Für Sahara schien alles so selbstverständlich, als würde sie ein Zugticket lösen. Sie war routiniert, da sie mit ihrer Familie sehr oft in die Heimat ihrer Mutter reiste. So erklärte sie mir auch, wie das Prozedere am Flughafen ablaufen würde.

Zum Schluss fragte sie fast beiläufig: «Was ist mit dem Rückflug? Buchst du den von dort aus?»

Ich wusste nicht, was ich darauf antworten sollte. Also fragte Sahara weiter: «Wirst du am Sonntag zurücksein? Die Mädels wollen unbedingt zum Basketballspiel, weil Isaac Aham wieder in der Startaufstellung ist.»

War das eine Testfrage? Witterte sie, dass ich etwas Verrücktes plante? Es würde zu ihr passen. Aber sie hatte auch ein gutes Gespür dafür, wann sie ihre Fragen für sich behalten sollte. Ich antwortete nicht, bedankte mich nur freundlich und war so froh um ihre Diskretion.

Mit zitternden Fingern beendete ich den Anruf. Ich würde tatsächlich heute noch mit Isaac nach London fliegen. Er wusste nichts davon. Und Grummelbär wusste auch nichts. Aber im Gegensatz zu ihm würde Isaac es irgendwann merken. Und dann musste ich ihn dazu bringen, mir Weirdys Nummer zu geben. Sonst steckte ich wirklich in Schwierigkeiten.

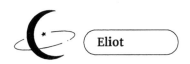

Eliot

Die Situation im Hause Aham verschärfte sich, als Eliots Bruder Isaac geboren wurde. Zu diesem Zeitpunkt war Eliot fünf Jahre alt. Ellen konnte nicht nachvollziehen, warum die Ahams überhaupt ein weiteres Kind bekamen, obwohl sie doch bereits zu ihrem ersten Sohn keine wirkliche Beziehung hatten. Die Ankunft des Babys machte Ellens Leben dann auch erheblich komplizierter. Sie war inzwischen 25 Jahre alt, beruflich engagiert und erwartete zudem ihr eigenes Kind. Sie wusste, dass sie Eliots Bruder nicht auch noch vor der emotionalen Distanz seiner Eltern retten konnte, selbst wenn es von ihr erwartet worden wäre. Für die Ahams stand jedoch fest, dass das zweite Kind, genau wie das erste, von einem eigenen Kindermädchen betreut werden würde. Schließlich funktionierte das Modell aus Sicht der Eltern hervorragend, ihr Erstgeborener zeigte sich nach außen mustergültig. Dass Eliot in Ellens Nähe manchmal wütend tobte, schrie, stampfte und sich dann wieder in ihre verständnisvollen Arme fallen ließ, blieb den Ahams verborgen.

Ellen verbrachte weiterhin viele Nachmittage und Abende mit Eliot, schenkte ihm Nähe und Geborgenheit, beantwortete seine neugierigen Fragen und sprach mit ihm über Gott und die Welt. Häufig trug sie dabei den kleinen Isaac auf dem Rücken, besonders dann, wenn wieder einmal ein Kindermädchen den herzlosen Job aufgegeben hatte oder nach Meinungsverschiedenheiten über die Babybetreuung entlassen worden war.

Zwei Jahre später, als Eliot fast acht war, kam es schließlich zum Eklat im Hause Aham. Ellen hatte gewusst, dass dieser Tag irgendwann kommen würde – der Tag, an dem Eliot sich zum ersten Mal gegen seine Eltern auflehnte.

Kapitel 14

Ich kam viel zu früh am Flughafen an und wartete geduldig über eine Stunde, bis ich Isaac in der großen Halle entdeckte. Er wurde von einem Mann begleitet, der nicht sein Vater war – vielleicht ein Mitarbeiter seiner Eltern? Der Begleiter brachte Isaac zum Eingang des Abflugbereichs und verabschiedete sich sachlich und distanziert. Ohne sich noch einmal umzudrehen, scannte Isaac sein Ticket und betrat den Bereich hinter der Glasfront. Er trug graue Sportshorts, einen dunklen, unauffälligen Hoodie und wie immer ein Cap auf dem Kopf. Mit einem Rucksack und Kopfhörern um den Hals steuerte er auf das Förderband zu. Ich scannte schnell mein eigenes Ticket und folgte ihm durch jede Station, stets mit genügend Abstand, bis er sich am Abflug-Gate niederließ und auf seinem Phone herumtippte.

Bisher hatte er mich nicht bemerkt. Kurz überlegte ich, den hellen Ton zu senden – doch das schien mir zu riskant. Seine Reaktion könnte heftig ausfallen und mir in meiner Nervosität den Mut rauben. Ich beschloss, auf einen besseren Moment zu warten, um ihn anzusprechen und nach Weirdys Telefonnummer zu fragen.

Im Flugzeug hatte ich zufällig einen Platz nur drei Reihen hinter Isaac. Wir saßen beide am Gang. Er hatte inzwischen den Kopfhörer aufgesetzt und schottete sich damit von allem ab. So konnte ich unbemerkt an ihm vorbeigehen. Unruhig setzte ich mich – dies war mein erster Flug, und ich hatte mindestens drei Schreckmomente überstanden, bis die Maschine endlich ruhig in der Luft flog.

Neben mir saß ein älteres Ehepaar aus Südengland. Wir führten ein wenig Smalltalk, was mir jedoch nur vor Augen führte, wie holprig mein Schulenglisch war. Was, wenn ich Weirdy gar nicht verstehen würde? Ein kleines, blondes Mädchen lenkte mich von meinen Sorgen ab. Es lief im Gang hin und her und griff mit seinen Patschhändchen mehrmals nach mir, woraufhin sich seine Eltern sofort entschuldigten. Ich fand es aber süß. Die Kleine streckte mir ein Buch entgegen und blickte mich erwartungsvoll an. Ich mochte jedoch kein Kinderbuch vorlesen, stattdessen kam mir spontan eine andere Idee.

Schnell schrieb ich auf eine Serviette: «Nimm den Kopfhörer ab, Isaac, ich muss dich kontaktieren. Gruß Tammy.» Ich reichte dem Mädchen die Nachricht und deutete an, dass sie diese Isaac überbringen sollte. Stolz marschierte sie los, mein Herz pochte heftig. Sie hielt Isaac die Serviette entgegen, doch er beachtete die Kleine nicht. Fragend schaute sie zurück zu mir, und ich nickte ihr ermutigend zu. Schließlich zog sie frech an seinem Hoodie. Überrascht schaute Isaac sie an, nahm den Kopfhörer von den Ohren und das Mädchen übergab ihm die Nachricht, bevor sie lächelnd zurück zu ihren Eltern ging. Ich konnte Isaacs Gesicht nicht sehen, aber spürte förmlich, wie er die Nachricht verarbeitete. Lange tat sich nichts. Dann stand er auf, sah sich suchend um und entdeckte mich.

Bist du völlig verrückt geworden? Der schockierte Ausdruck in seinen Augen spiegelte sich in seinen Gedankenworten wider. Ich antwortete nicht. Was hätte ich auch sagen sollen? Ein Anflug von Fassungslosigkeit ließ seine Mundwinkel beben, während er die Hände kurz zu Fäusten ballte und gleich wieder öffnete. *Was zum Teufel tust du hier?*, hallte seine Stimme erneut in meinem Kopf, diesmal schärfer, eindringlicher. *Oh Mann, du hast sie echt nicht mehr alle.* Mit einem genervten Seufzen ließ er sich zurück in den Sitz fallen, sendete aber weiter seine Gedanken.

Tammy, ernsthaft, was willst du erreichen?
Ich will nur eins: Weirdys Telefonnummer.
Ich fass es nicht. Du bist komplett durchgeknallt!

Isaac setzte die Kopfhörer wieder auf und versank in seiner Musik. Es war offensichtlich ein Schock für ihn, und seine Reaktion war alles andere als vielversprechend. Was hatte ich anderes erwartet?

Provokativ behielt Isaac den Kopfhörer auf und würdigte mich keines Gedankens mehr – selbst, als wir die Maschine längst verlassen hatten und er vorne beim Gepäckband auf seine Reisetasche wartete. Den Gepäckwagen mit dem Rucksack ließ er etwas weiter hinten stehen. Dreist und ohne zu zögern, öffnete ich das Außenfach. In der Hoffnung, Weirdys Telefonnummer zu finden, prüfte ich zwei gefaltete Dokumente. Leider erfolglos.

Mit meinem Handgepäck verließ ich die Gepäckausgabe, blieb aber in der Ankunftshalle stehen, sodass Isaac an mir vorbeigehen musste, wenn er gleich heraustrat. So war es dann auch. Er kam auf mich zu, behielt noch immer den Kopfhörer auf und vermied konsequent jeden Augenkontakt. Daraufhin nahm er sein Phone zur Hand. Nach kurzem Tippen streckte er mir wortlos das Display entgegen. Ich begriff und zückte geistesgegenwärtig mein Phone, um die Telefonnummer zu fotografieren, die ich so dringend haben wollte. Schon schob Isaac seinen Gepäckwagen an mir vorbei und ging auf einen Mann zu, der ein Schild in den Händen hielt: *Isaac Aham.*

Ja, Isaac Aham. Das war sie nun wohl, unsere gemeinsame Geschichte. Ich hatte bekommen, was ich wollte. Nun war ich auf mich allein gestellt.

Verloren in meiner eigenen unbändigen Sturheit saß ich lange im Wartebereich. Ich suchte den Mut, den ich nur wenige Stunden zuvor gespürt hatte – und die Lust auf das Abenteuer, das mir bevorstand. Ich fand beides nicht mehr. Stattdessen hatte mich die Angst im Griff, lähmte meine Gedanken und ich ärgerte mich halt doch über Isaac, der nicht einmal in Erwägung gezogen hatte, mich zu unterstützen. Denn im Grunde war meine Mission auch seine. Doch die leise Hoffnung war zerplatzt – die Hoffnung, er würde sich doch noch auf mich einlassen, wenn er realisierte, was ich auf mich genommen hatte. Aber nein. Er war weg. Und ich starrte auf die Nachricht, die ich eben verfasst, aber noch nicht an Weirdys Nummer gesendet hatte.

Hello Mystery Eye. I came to London today.
Ich schloss die Augen und tippte auf Senden. Kaum hatte ich mir überlegt, was alles schiefgehen könnte, vibrierte mein Phone. Verblüfft starrte ich auf die Nachricht.
Whaaaaat???? How exciting! Happy me! Where are you?
Mit jedem ihrer Worte stieg mein Mut. Sie klang begeistert und wirkte supernett. Schnell schrieb ich ihr wo ich war: **I am at the airport London Heathrow.**
Okay. I will pick you up with a friend. Give us some time to organize that.
Es schien ihr völlig klar zu sein, wer ich war, und sie bot sofort an, mich abzuholen. Wahnsinn! Obwohl ich mir ziemlich sicher war, die Antwort zu kennen, fragte ich sie noch nach ihrem Alter.
Sure. By the way: How old are you?
I am 14 :-].
Genau das hatte ich erwartet. **Your date of birth?**
First of january. Why?
Same as me! Same day. I am also 14.
Crazy! Can't wait to see you!!!
Erleichtert atmete ich auf – sie war am genau gleichen Tag geboren wie Isaac und ich. Das konnte nur bedeuten, dass sie tatsächlich das Mädchen aus Isaacs Kopf war und mit uns verbunden sein musste. Meine Angst verflüchtigte sich ein wenig, die Aufregung aber stieg.
Schnell schrieb ich noch: **How can I recognize you?**
I'm wearing a plain blue shirt, and my friend, as I see, is wearing a green shirt with a turtle on it! :-)
Okay, schrieb ich und sendete ein lachendes Smiley hinterher. Eigentlich hatte ich erwartet, sie würde mir ein Selfie schicken, damit ich sie in der Menge leichter erkennen konnte. Doch ein grünes Schildkröten-T-Shirt würde als Erkennungsmerkmal auch funktionieren. Wieder vibrierte es in meinen Händen.
Go to the coffeeshop MOCCA. That's the only place I know.

Okay, I will do that.
How many people are you?
It's only me.
You came all alone??? Okay, see you sooooon!

Emotional ziemlich durcheinander, scrollte ich den Nachrichtenverlauf noch einmal durch. Weirdy war überhaupt nicht seltsam, wie Isaac sie beschrieben hatte, sondern zuvorkommend, herzlich, und so ... so viel offener als er.

Die Wartezeit verging schnell, hauptsächlich, weil ich ewig lange den Coffeeshop MOCCA suchte, bei dem Weirdy mich treffen wollte. Der Flughafen war unvorstellbar groß, und ich irrte durch die Hallen – zeitweise hoffnungslos verloren –, bis ich das Café schließlich mit Hilfe des Flughafenpersonals fand. Mehrmals vibrierte mein Phone: Weirdy wollte wissen, ob ich eine Unterkunft hätte, was ich verneinte. Dann teilte sie mit, dass sie in einer Stunde ankommen würden. Auch Bambi schrieb mir, ob ich abends ins Kino mitkäme, was ich unter einem Vorwand ebenfalls verneinte.

Schließlich erhielt ich noch eine Nachricht von Weirdy: **My friend does not know the thing about our minds.** Sie sendete dazu ein Augenzwinkern, was ich mit demselben Emoji beantwortete. Offenbar sprach auch sie nicht mit allen über das mysteriöse Phänomen in unseren Köpfen.

Nun mussten die beiden jeden Moment hier sein. Ich spürte eine unerklärliche Verbundenheit zu diesem fremden Menschen. Aber ich war auch fürchterlich nervös. Alle paar Minuten versagten meine Nerven und ich wünschte, ich wäre nie von Grummelbärs Sofa aufgestanden. Gefolgt von panischen Anflügen, in denen ich verfluchte, allein in dieses Land gereist zu sein. Doch dann beruhigte ich mich wieder und redete mir ein, dass dies meine erste und einzige Chance auf ein großes Abenteuer war – eine, die ich ewig bereut hätte, wenn ich sie nicht genutzt hätte. In meiner Zerrissenheit saß ich an einem Hochtisch beim Coffeeshop und hatte die Menschenmenge im Blick. Konzentriert suchte ich nach einem blauen und einem grünen

T-Shirt und da sah ich die Schildkröte. Sie gehörte einem freundlich aussehenden Jungen in meinem Alter – rotblonde Haare, Sommersprossen und nur wenig grösser als ich. Fast gleichzeitig bemerkte ich den Freund an seiner Seite – Dreadlocks, strahlendes Lachen, in Arbeitskleidung. Seine Augen fanden meine sofort, und wir zuckten beide zusammen. Mein Herzschlag setzte aus, nur um gleichzeitig mit den blauen Flammen in die Höhe zu schnellen. Er trotzte dem visionsartigen Feuer, kam auf mich zu und nahm mich überschwänglich in die Arme. «I am so happy to see you!»

Die Umarmung erinnerte mich an Frau Rot, die meist den Moment verpasste, den Körperkontakt zu beenden. Er hielt mich so lange fest, bis sein Freund ihn ermahnte: «Hey, man, that's enough. She's a girl, not your grandma.»

«Oh, yes, sorry.» Amüsiert über sich selbst und gleichzeitig etwas unbeholfen klopfte er mir den Staub von den Kleidern, den seine Arbeitsjacke möglicherweise hinterlassen hatte. Ich grinste, vor allem weil der Junge mit dem Schildkröten-T-Shirt angesichts des Übereifers seines Freundes scherzhaft mit den Augen rollte.

Es dauerte einen Moment, bis ich realisierte, wer mich eben in die Arme geschlossen hatte. Sein verschlagenes Gesicht hätte mir ein Hinweis sein können – blaue Flecken, eine geplatzte Lippe und auf seiner Stirn eine verheilende Kruste. Und dennoch strahlte vor allem die Herzlichkeit aus seinem charmanten Gesicht. Das war definitiv nicht Weirdy! Es war Werker, der sich gemeldet hatte. Sein Name war *Bendix*.

Er nahm meine Hand, als gehörte ich zu seiner Familie, und führte mich sicher durch das Labyrinth des Flughafens. Am Ausgang wies er uns an, zu einem nahegelegenen Treffpunkt zu gehen, dann verschwand er.

«Was hat er vor?», fragte ich auf Deutsch. Mittlerweile hatten die beiden erzählt, dass Bendix' Freund mit dem Schildkröten-T-Shirt – *Lucas* – dank seiner Großmutter recht gut Deutsch sprach, was die Kommunikation erheblich erleichterte.

«Er holt den Kleintransporter meines Vaters», meinte Lucas. Und weil ich nicht glauben konnte, dass Bendix mit einem Wagen vorfahren würde, fügte Lucas hinzu: «Bendix arbeitete in einer Werkstatt und kennt sich mit jedem Fahrzeug bestens aus.»

Die Werkstatt, genau ... Plötzlich ergab alles Sinn: Es waren Bendix' Schmerzen und sein Schweiß, die sich mit dem Geruch von Benzin und Öl vermischten.

An diesem Tag war ich nicht nur das erste Mal geflogen, ich saß auch das erste Mal in einem Kleintransporter. Bendix lenkte den Wagen souverän durch die Straßen, als hätte er sein Leben lang nichts anderes getan. Das Fahrzeug war alt, der Lack abgeblättert, die Fenster undicht, und eine Radkappe fehlte – doch es fuhr. Lucas saß in der Mitte, während Bendix, aus meiner Sicht auf der falschen Seite des Fahrzeugs, hinter dem Steuer saß.

Unglaublich – ich hatte tatsächlich Werker gefunden! Die Neugier auf dieses Abenteuer pochte wieder heftig in mir, und ich war mehr vorfreudig als ängstlich, obwohl ich mit zwei unbekannten Jungs in einem knatternden Fahrzeug saß. Wie selbstverständlich hatten die beiden mich aufgenommen, als wäre es das Normalste der Welt, mit einem fremden Mädchen durch London zu fahren. Ich wusste, ich hätte zweifeln sollen – doch ich konnte es einfach nicht. In meiner naiven Zuversicht fühlte ich mich zu wohl, als würde mein Herz mit jedem Schlag eine Portion Vertrauen durch meinen Körper pumpen. Mir schien, ich war genau am richtigen Ort. Zwar noch nicht, solange wir in der Nähe des Flughafens waren. Da war ein dichtes Netz aus Straßen und viel Verkehr. Auch die Jungs wirkten angespannt. Lucas navigierte Bendix mit konzentriertem Blick und der Unterstützung seines Phones an den stark befahrenen Routen vorbei. Er gab kurze Anweisungen, die Bendix sofort verstand. Ihre Blicke wanderten immer wieder prüfend umher. Schon klar – es war offensichtlich illegal, was wir hier taten. Bendix hätte diesen Wagen niemals steuern dürfen. Doch er tat es mit großer Selbstverständlichkeit. Ich konnte meinen Blick nicht von den beiden abwenden, fasziniert von der stillen Vertrautheit zwischen ihnen. Mehrmals fing ich Bendix' herzlichen Augenkontakt auf, den er bestimmt genauso wie ich als blauen Flammenschub spürte, der zwischen dem hellen Ton flackerte.

Als wir ein ruhigeres Viertel erreichten, begann Bendix, mir Frage um Frage zu stellen. Anfangs wirkte er etwas unbeholfen, vielleicht war er den Umgang mit einem Mädchen nicht gewohnt – doch seine Neugier war stärker. So erzählte ich ihm, dass ich aus einer deutschen Stadt namens Sevenau kam, mich zu Hause niemand vermissen würde, meine Abreise sehr spontan gewesen war und ich weder Geld noch Unterkunft hatte. Nichts davon trübte seine Stimmung. Er grinste optimistisch, wobei ich eine charmante, schmale Lücke zwischen seinen Schneidezähnen entdeckte. Wie konnte ein zerschlagenes Gesicht nur so herzlich strahlen?

«You came all by yourself?», fragte Bendix weiter.

Ich zögerte und entschied mich dann, den beiden zu erzählen, dass ich mit Isaac nach London gekommen war. «No, I came with Isaac.»

«Ah yes, Isaac! I've heard that name before!»

Lucas runzelte die Stirn und fragte verwundert: «You did what?»

Spontan lachte Bendix auf. Natürlich konnte Lucas nicht wissen, warum Bendix schon von Isaac gehört hatte.

«Oh sorry, man», meinte er und erklärte seinem Freund, dass gerade sehr verrückte Dinge in seinem Leben passierten und er ihm bald alles erzählen würde.

«Where is Isaac now?», wollte Bendix wissen.

In brüchigem Englisch versuchte ich, die kurze Geschichte mit Isaac Aham zu umreißen, wobei ich den mysteriösen Teil großzügig ausließ, um Lucas nicht zu verwirren. Ich erwähnte aber seine strengen Eltern, die für diesen Aufenthalt in England verantwortlich waren. Wohin genau Isaac ging, konnte ich Bendix zunächst nicht beantworten. Doch dann erinnerte ich mich an eine Adresse, die ich auf einem der gefalteten Dokumente in Isaacs Rucksack gesehen hatte, als er beim Gepäckband stand.

«It was somewhere called Bluefield.»

«Oh, really?», meinte Bendix erstaunt und ich erfuhr, dass wir auf dem Weg dorthin waren, da die beiden seit jeher in diesem Vorort lebten. Doch plötzlich verfinsterte sich Bendix' Gesicht. «Where did his parents send him?», fragte er bedrückt. Ich wusste nicht genau, wohin seine Eltern ihn geschickt hatten, und wiederholte einfach, was Isaac mir gesagt hatte: «It's kind of a Language School.»

«Ah, perfect.» Meine Antwort ließ Bendix aufatmen. Ich verstand nicht, warum.

Lucas fragte nach: «Hm, ... you thought of Kingsstep?»

«Yes, I was worried about that.»

«Why?», fragte ich vorsichtig, da ich nicht verstand, worüber sich die beiden sorgten. Bendix schwieg. Nicht so, wie Isaac manchmal aus Trotz schwieg, sondern eher, weil er nicht wusste, ob und wie er die Antwort formulieren sollte. Lucas übernahm und erzählte mir auf Deutsch von Kingsstep, einer berühmt-berüchtigten Institution in Bluefield, die mit einem Drill-Programm Jugendliche aus ganz Europa zum Gehorsam zwang. Es kursierten offenbar heftige Geschichten von Gewalt und unerbittlicher Härte über diesen Ort.

Bendix wandte sich wieder an mich. «Did you see the name of the Language School? There are lots of them in this area.»

Leider hatte ich nicht auf den Namen der Sprachschule geachtet, doch die Adresse war mir im Gedächtnis geblieben.

«Which address?», fragte Bendix interessiert.

«I think, it was Mount Davis Road, number 24.»

Lucas, der bereits sein Phone zücken wollte, um die Adresse zu suchen, ließ die Hand sinken: «There's definitely no Language School there.» Hm. Wenn er sich so sicher war, hatte ich mich mit der Adresse vermutlich geirrt. Somit hatte ich keinen weiteren Anhaltspunkt, wo Isaac sich aufhalten könnte.

Auf dem letzten Teil der Fahrt erfuhr ich noch so einiges. Bendix war erst gestern bei Lucas untergekommen, nachdem er aus der Werkstatt seines Stiefvaters ausgebrochen und von zu Hause weggelaufen war. Lucas' Eltern, Mom and Dad Campbell, führten in Bluefield ein irisches Pub, in dem auch Lucas gelegentlich aushalf. Zur Familie gehörte außerdem Lucas' jüngere Schwester. Da sie alle auf engem Raum wohnten, hatten die Campbells Bendix ihren kleinen Lieferwagen angeboten, der einst rudimentär für Übernachtungen ausgebaut worden war. Lucas überließ ihm außerdem sein altes Smartphone, damit er erreichbar war. Im Nachhinein wurde mir bewusst, wie viel Glück wir damit gehabt hatten – ohne dieses Phone hätte Bendix sich gar nicht bei Isaac melden können.

Der Lieferwagen war ab jetzt auch meine Bleibe, erklärte Bendix. Es gäbe zwei Matten, Decken und Vorräte, und damit würde es uns an nichts fehlen. Das war natürlich in Ordnung für mich. Ich war froh, überhaupt eine Übernachtungsmöglichkeit zu haben.

Im Augenwinkel bemerkte ich das Ortsschild von Bluefield und verlor den Faden meiner Gedanken darüber, was gestern wohl alles in Bendix' Leben passiert sein musste. Durch das Fenster betrachtete ich die gepflegten Straßen dieses Vororts. Es reihten sich kleine Läden und Fachgeschäfte aneinander: eine Bäckerei mit einem handgeschriebenen Angebotsschild im Fenster, ein Blumenladen, vor dem bunte Sträuße auf hölzernen Ständern ausgestellt waren, und ein winziger Friseursalon mit einer altmodischen Leuchtreklame. Ein paar Menschen schlenderten mit Einkaufstaschen an den Schaufenstern vorbei. Bluefield wirkte freundlich und überschaubar, ein Ort, an dem die Zeit etwas langsamer zu vergehen schien.

Nur wenig später, wir standen gerade an einem Rotlicht, deutete Bendix mir an, auf die gegenüberliegende Straßenseite zu schauen. Dort sah ich ein dunkelgrünes Pub mit hohen Fenstern, einer großen Schiefertafel vor dem Eingang und einigen Tischen und Stühlen, die durch grüne Hecken von der Straße abgeschirmt waren. Darüber thronten goldene Buchstaben: THE OLD CAMPBELL.

Eine rundliche Frau balancierte drei hohe Biergläser auf einem Tablett, als sie durch die Tür trat. Ihr Lächeln erhellte ihr Gesicht bereits, bevor sie den Tisch der Gäste erreichte. Es wirkte, als hätte sie echte Freude an dem, was sie tat. Am Tisch angekommen, plauderte sie fröhlich los und gestikulierte dabei lebhaft.

«Mama Campbell?», fragte ich. Die Frau hatte wie Lucas rotes Haar und eine helle Haut, genau so, wie ich mir Menschen aus Irland vorstellte. Lucas nickte, während Bendix bereits das Fenster herunterkurbelte.

«Please don't.» Lucas wollte offensichtlich verhindern, dass Bendix über die Straße hinweg seiner Mutter zurief. In diesem Moment wechselte die Ampel auf Grün, und Bendix ließ den Transporter weiterrollen. Gleichzeitig schwärmte er von Lucas' Eltern.

«Mom and Dad Campbell are the best ever.»

Er mochte die Campbells sehr, die ihn offenbar schon als Kind regelmäßig zu einer warmen Mahlzeit einluden, wenn es bei ihm zu Hause wieder einmal Stress gab. Und wenn man seinen Worten glauben konnte, erlaubten sie Lucas so gut wie alles, was er wollte.

«Nun, sie arbeiten viel, und oft fehlt ihnen einfach die Zeit, mich zu kontrollieren», erklärte Lucas. «Aber sie wären ganz sicher nicht begeistert, Bendix am Steuer ihres Lieferwagens zu sehen!»

«They love me, and I love them!», meinte Bendix, der Lucas' deutsche Worte nicht verstanden hatte. Ich lächelte zufrieden und warf einen letzten Blick auf Mama Campbell, die auf mich wie ein wahrer Menschenfreund wirkte, bevor sie aus meinem Blickfeld verschwand. Kurz darauf bog Bendix in eine Nebenstraße ein und parkte vor einem Mehrfamilienhaus, das Grummelbärs Wohnblock überraschend ähnlich sah. Hier stieg Lucas aus. Es war keine wohlhabende Gegend, aber sie wirkte gepflegt. Die Büsche waren ordentlich geschnitten, die alte Bushaltestelle sauber, und vor dem Eingang blühte ein einzelnes Geranium in einem Topf. Lucas besprach mit Bendix das weitere Vorgehen und erkundigte sich, ob wir noch etwas für die Nacht brauchten. Dann verabschiedete er sich.

Kapitel 15

Bendix fuhr auf einen Schotterplatz am Rand eines kleinen Parks, der von ein paar alten, knorrigen Bäumen umgeben war. Die weiten Rasenflächen wirkten makellos gepflegt, und zwischen den hohen Bäumen ragten vereinzelt schmiedeeiserne Laternen hervor, deren Licht den Abend erhellte. Der Park lag verlassen vor uns, kaum ein Mensch war zu sehen – kein Wunder, es zogen schwere, graue Wolken auf. Hier fühlten wir uns geschützt für das, was vor uns lag. Ich bemerkte, dass Bendix ohne Lucas etwas unsicherer war, aber er brannte darauf, alles zu erfahren, was ich ihm über unsere Besonderheit erzählen konnte. Wir setzten uns auf den Rasen, und Bendix suchte fasziniert immer wieder meinen Augenkontakt, der jedes Mal die blauen Flammen lodern ließ. Er war genauso aufgeregt wie ich, und doch spürte ich in seiner Nähe eine ungewohnte Leichtigkeit. Ich musste nicht drängen, nicht betteln und kein schlechtes Gewissen haben. Vielmehr lag eine Mischung aus Demut, Ehrfurcht und ein Hauch von Magie in der Luft, die mir immer wieder Schauer über den Rücken jagte.

Mit meinem holprigen Englisch erzählte ich Bendix alles, was ich wusste, und in Worte fassen konnte: vom blauen Flammenauge, dem Punkt auf unserer Stirn, dem hellen Ton und den seltsamen Bildern von Weirdy. Auch Isaacs Widerstand erwähnte ich.

Zwischendurch schien Bendix mehr auf mein Gesicht zu achten als auf meine Worte. Er musterte jede meiner Regungen, meine Mimik und immer wieder meine Augen – als würde er darin etwas sehen, das ich selbst noch nicht verstand. Vielleicht erkannte er zudem meine Neugier auf dieses Abenteuer – oder spürte eine unausgesprochene Einsamkeit. Beides spiegelte sich auch in seinen Augen. Ja, in mancher Weise waren wir uns ähnlich: Wir hatten auch beide den Mut und die sture Entschlossenheit, uns auf das einzulassen, was uns bevorstand.

So gut wie möglich bereitete ich Bendix darauf vor, was ihn bei der Verlinkung erwartete, doch keine Worte konnten jemals beschreiben, wie überwältigend dieses Wunder wirklich war. Die nächsten drei Minuten zählten zu den unglaublichsten Momenten meines Lebens – und sicher auch zu seinen. Der helle Ton klang durchgehend, während die blauen Flammen in mir funkelten und flackerten. Das Auge zeigte sich mir so klar wie nie zuvor und schien mich anzusehen, als wollte es mir danken. Erstmals fühlte sich die Begegnung leicht, natürlich und erwünscht an, was mich tief berührte. So konnte ich mich mit der pulsierenden Kraft in mir verbinden, als wäre sie längst ein Teil meines Lebens. Vertrauensvoll ließ ich mich sogar auf die Trance ein, die mich begleitete, und erlebte die mächtige Implosion dieses Mal wie ein Feuerwerk, das helles Licht durch meinen Körper strömen ließ.

Mein Herz raste, und ich sah, wie überwältigt auch Bendix war. Glücklich, aber erschöpft ließ er sich ins Gras fallen und schloss die Augen. Einen Moment verharrten wir still, mitten in dieser magischen Atmosphäre. Schließlich wagte ich eine telepathische Frage: *Bendix, kannst du mich verstehen?*

Wow! Ja. Klar und deutlich! Bendix fuhr sich mit beiden Händen durch die Dreadlocks. Ich grinste.

In welcher Sprache hörst du mich?, wollte ich wissen.

«Keine Ahnung», sagte er, setzte sich auf und seine schmale Zahnlücke blitzte. «Ich verstehe einfach deutlich, was du sagst.»

Sofort wurde mir klar: Die Telepathie funktionierte unabhängig von Sprachen! Bendix kommunizierte zwar Englisch, doch ich verstand ihn ohne Mühe.

«Das ist genial!», rief ich. «Ich spreche deutsch, aber du verstehst, was ich sage, nicht wahr?»

Er strahlte mich an. «Das tue ich, Tammy!»

Und telepathisch verstehst du mich ebenso?

Bendix lachte und ich sah, es funktionierte! Wie krass war das denn? Dann meinte er: «Weißt du, ich habe nie überlegt, welche Sprache du sprichst, wenn ich dich in meinem Kopf hörte.»

«Wie hast du mich denn gehört?»

«Nun, es klingelte in meinem Ohr. Und wenn ich den Kontakt entgegennahm, konnte ich einige Worte hören, die aber selten einen Sinn ergaben. Die Website hast du allerdings so oft wiederholt, dass ich sie verstehen konnte.»

«Faszinierend», sagte ich. «Ich konnte dich nie hören, sondern meist nur riechen.»

«Riechen?» Bendix lachte laut heraus. «Wie reizvoll!» Ohne zu zögern fragte er weiter: «Und was ist mit Isaac? Du bist mit ihm genauso verlinkt wie mit mir?»

«Ja, das bin ich.» Bendix stellte daraufhin unzählige Fragen zu Isaac und unserer Verbindung. Ich seufzte, denn das war eine verworrene Geschichte ohne Happy End. Während wir den dichter werdenden Wolken zusahen, erzählte ich Bendix, dass Isaac kein Teil von uns sein wollte. Vielleicht nannte ich ihn dabei *arrogant*, *egozentrisch* – und vermutlich auch einen *Arsch*. Bendix grinste nur.

Meine Erzählung über Isaac, der mich vor wenigen Stunden wütend abserviert hatte, endete, als die ersten Regentropfen fielen. Bendix reichte mir die Hand, um mich hochzuziehen, und wir eilten zum Kleintransporter. Die Tropfen verwandelten sich in kürzester Zeit in einen heftigen Regenguss, der nun auf die Frontscheibe des Transporters prasselte. Bendix stemmte seine Hände auf das große Lenkrad und warf mir einen verstohlenen Blick zu.

«Was hast du vor?», fragte ich.

Kurz verzog er das Gesicht, als würde er etwas abwägen, bevor er entschlossen sagte: «Lass uns zur Mount Davis Road fahren und schauen, ob Isaac da ist.»

Ich blinzelte überrascht. «Echt jetzt?»

Er nickte. «Ich will einfach wissen, ob er da ist. Vielleicht ... keine Ahnung. Vielleicht hat er ja doch Bock, dabei zu sein. Es wäre ... ich weiß nicht. Er gehört einfach zu uns.»

Das überraschte mich, besonders nachdem ich ihm eben erst schonungslos von Isaacs Launenhaftigkeit erzählt habe. Ich überlegte, Bendix zu widersprechen, ihm erneut klarzumachen, dass Isaac nicht zu uns gehören wollte. Doch letztlich zuckte ich nur mit den Schultern, unsicher, ob ich seine Hoffnung wirklich zerstören sollte. Bendix nahm es als Zustimmung und startete den Motor.

Die Fahrt dauerte trotz des Regens nur wenige Minuten. Schon drosselte Bendix das Tempo und bog im Schritttempo in eine Quartierstrasse ein. Ich las die Hausnummern laut vor und Bendix stoppte bei der Nummer 24. Dort lenkte er den großen Wagen souverän in eine Parklücke, und wir starrten beide auf die Hausfront der gegenüberliegenden Seite. Es waren Reihenhäuser – eines nach dem anderen, lückenlos aneinandergereiht. Manche Eingangstüren waren bunt bemalt, bei anderen überwucherten Pflanzen die Mauer zum Nachbarhaus. Die Nummer 24 hingegen wirkte an diesem späten Abend schlicht und schnörkellos.

«Lass uns nachsehen», sagte Bendix aufgeregt und stieg aus dem Transporter. Ich folgte ihm. Gemeinsam überquerten wir die Straße und stampften durch den winzigen Vorgarten. Der Regen hatte mittlerweile etwas nachgelassen. Bendix wagte einen vorsichtigen Blick durchs Fenster.

«Ist er das?», flüsterte er.

Ich spähte unauffällig durch den durchsichtigen Vorhang direkt in ein Wohnzimmer. Dort stand ein Sofa vor einem großen Fernseher, auf dem eine Sportsendung lief.

Und tatsächlich: Isaac saß da, die Beine entspannt auf den Salontisch gelegt, und schaute fern.

«Ja, das ist Isaac Aham», bestätigte ich.

Oh, wow! Hübscher Bursche, hörte ich telepathisch von Bendix. Ich grinste und war mir nicht sicher, ob dieser Kommentar wirklich für mich bestimmt war. Dann fragte er: *Könntest du ihm jetzt auch einen Gedanken senden?*

Ich könnte ihn schon kontaktieren, ja. Aber er würde es nicht wollen.

Bin ich denn auch mit ihm verbunden?

Hm. Irgendwie verbunden seid ihr bestimmt, aber meines Wissens gibt es keine direkte Kommunikation zwischen euch.

Du meinst, so wie bei uns vor der Verlinkung?

Genau, oder so wie bei Isaac und Weirdy ...

Und der helle Ton? Konntest du ihn an Isaac senden, bevor ihr euch verlinkt habt?

Das konnte ich tatsächlich – allerdings erst, nachdem Isaac und ich das Flammenauge zum ersten Mal gemeinsam gesehen hatten.

Bendix probierte es aus und experimentierte mit dem hellen Ton. Er schaltete ihn auf ON, dann wieder auf OFF, und zwischendurch hörte ich vereinzelte telepathische Worte durch die Frequenz rauschen, auf der er den Zugang zu Isaac suchte. Er kam aber nicht durch, was mich nicht erstaunte. Trotzdem hatte er diesen fabelhaft euphorischen Ausdruck im Gesicht.

«Ach, Tammy, das ist wirklich der beste Tag meines Lebens!»

Bendix fühlte es noch mehr als ich – diese Begeisterung und dieses Gemeinschaftsgefühl. In seinem Kopf waren wir bereits ein Superkräfte-Quartett, bereit, die Welt zu retten. Mir wurde noch an diesem Abend bewusst: Er wollte uns alle vier unbedingt zusammenführen. Ich konnte ihn so gut verstehen und wäre genauso bereit gewesen für dieses Abenteuer wie er. Doch er kannte den bockigen Isaac Aham nicht.

Kapitel 16

Am nächsten Vormittag saßen Bendix und ich lange auf ein paar Stufen gegenüber der Hausnummer 24. Die Sandwiches von Dad Campbell waren köstlich, und wir rätselten, was Isaac allein in diesem Haus tat. Eigentlich war es mehr Bendix, der spekulierte. Er hatte noch die Hoffnung, dass Isaac irgendwann kooperieren und sich alles zum Guten wenden würde.

Natürlich wollte Bendix auch heimlich hinterher, als Isaac überraschend das Haus verließ – mit Kopfhörern auf den Ohren und dem Phone in der Hand. Also folgten wir ihm mit etwas Abstand auf der schnurgeraden Straße bis zum Quartierzentrum. Der gepflasterte Platz wirkte wie aus einem Film – ich sah ein Café mit bunten Sonnenschirmen und die kleinen Läden, die ihre Schaufenster mit verspielten Dekorationen schmückten. Heute erfüllten die Stimmen der Besucher den Platz, während sie sich durch die engen Reihen der Fahrradbörse drängten. Alte und neue Räder standen dicht nebeneinander.

Bendix und ich beobachteten, wie Isaac einen Shop betrat, und warteten etwas abseits der Menschenmenge. Mir war nicht klar, was Bendix vorhatte. Wollte er Isaac etwa ansprechen? Das wäre keine gute Idee. Auch wenn ich ihm Bendix nur zu gerne vorgestellt und ihn darum geben hätte, mit uns Kontakt zu Weirdy aufzubauen. Nur er war mit ihr verbunden, und ohne seine Hilfe hatten wir keine Chance, sie zu erreichen.

Kurz darauf kam Isaac gedankenverloren auf uns zu – zu meiner Überraschung mit einer Bierflasche in der Hand.

Sollen wir ihn ansprechen?, hörte ich prompt von Bendix.

Nein, tu das bloß nicht. Er wird wütend, wenn er uns sieht.

Bendix schien kaum zuzuhören. Starrte er Isaac etwa an? Ich vergaß manchmal, dass dessen Attraktivität einen durchaus faszinieren konnte. Die Mischung aus Coolness und Unsicherheit ließ selbst mich für einen Moment zögern, bis es zu spät war – Isaac erblickte uns. Ich spürte sofort die Energie, die sich im Dreieck zwischen uns aufbaute und sah, wie Isaacs Blick sich verdüsterte.

Verdammt, Tammy, du bist eine einzige Katastrophe!

Das ist Werker, schickte ich einen Gedanken zu Isaac. Alles andere versuchte ich zu ignorieren. *Sein Name ist Bendix.*

Begreif es doch: Es – interessiert – mich – nicht!

Dennoch schaute er kurz, aber gleichgültig zu Bendix. Ich sah, wie die Jungs zeitgleich zusammenzuckten. Bestimmt reagierten die blauen Flammen in ihnen, und sie spürten die Verbindung, die sie nun mal hatten. Isaac war gereizt und genervt, Bendix hingegen erfreut und sehr ergriffen.

Ich selbst versuchte einfach, die Situation unter Kontrolle zu behalten. *Mit deiner Hilfe könnten wir Weirdy finden!*

Vergiss es! Ich wünschte, ich wär dir nie begegnet!, schimpfte Isaac gedanklich. Seine heftige Reaktion enttäuschte mich erneut und ich verlor Bendix einen Moment aus meiner Aufmerksamkeit. Schon ging er voller Herzlichkeit und mit offenen Armen auf Isaac zu.

«Nein, Bendix, tu das nicht!» Hektisch packte ich ihn am T-Shirt und konnte die Umarmung nur knapp verhindern. Isaac wich schockiert zurück. Er war empört über Bendix' freundliche Geste und ganz ehrlich, das brachte mich innerlich zum Kochen.

«Ey, Isaac, du bist so ein Idiot!», schoss es aus mir heraus. Er fetzte gedanklich zurück. Eine explosive Wut überrollte mich förmlich. Seinetwegen, aber auch, weil ich mir selbst gerade die letzte Gelegenheit auf seine Unterstützung verspielte.

«Isaac, sei nicht so selbstsüchtig», versuchte ich, die Situation zu retten, «gib uns nur zwei Minuten deiner Zeit.»

Das aber war zu viel für den Schönling. Seine Finger umklammerten die Bierflasche so fest, dass ich dachte, sie würde gleich in seiner Hand zerbersten.

«Das werde ich verdammt noch mal nicht tun!», schrie er mich an und schleuderte die Flasche voller Wut auf den Steinboden. Das Splittern des Glases hallte über den Platz, das Bier zischte und die Scherben flogen in alle Richtungen. Seine Aktion zog die Blicke der Menschen auf uns, von denen keiner den Kampf verstand, den wir gerade führten. Eine unkontrollierte Energie staute sich in meinem Kopf – und das war der Moment, als mir die Sicherungen durchbrannten. Ich ging auf Isaac zu und griff nach seiner Hand.

Bendix, schnell, nimm meine Hand. Denk an Weirdy. Versuch, etwas zu empfangen – wir haben nicht viel Zeit! Kaum hatte er meine Hand ergriffen, schoss ein unfassbar intensives Kribbeln durch meinen Körper. Es war, als würde elektrischer Strom von Isaac, durch mich bis zu Bendix und zurück zirkulieren, heiß und pulsierend. Ich konnte mich nicht mehr bewegen – und den Jungs ging es vermutlich ebenso. Die Welt um uns herum verblasste, als das leuchtende Blau der Flammen stärker und unberechenbarer wurde. Aufgewühlt von diesem blauen Energiesturm versuchte ich, mich auf Weirdy zu konzentrieren. Bendix' Griff wurde fester, und ich ahnte, wie er ebenfalls in diesen Strudel aus Gefühlen und Kraft hineingezogen wurde. Isaac hingegen kämpfte gegen die Verbindung an, doch selbst sein Widerstand schien die Kraft nur weiter anzuheizen. Die Energie pochte, bis es ihm schließlich doch gelang, sich ruckartig loszureißen. Damit stoppte der Energiefluß. Ich war erschöpft, aber auch fasziniert. Isaac hingegen war stinksauer. Er kickte den angebrochenen Flaschenboden zwischen Bendix und mir hindurch, machte einen Bogen um uns und ging die schnurgerade Straße zurück.

Noch immer völlig durch den Wind ließ ich mich auf eine nahegelegene Bank fallen. Bendix setzte sich zu mir.

«Hast du diese blauen Augen gesehen?», fragte er, und ich wusste echt nicht, ob ich lachen oder heulen sollte.

«Das war mutig von dir», meinte er dann anerkennend.
«Isaac wird es mir nie im Leben verzeihen.»
«Vielleicht. Aber ich hab' die Infos, die wir brauchen!»
Überrascht blickte ich Bendix an.
«Weirdy heißt wohl Kim», begann er und ich spürte, wie mir für einen Moment die Luft wegblieb. «Sie lebt bei einem Mr. Miller an einem Ort namens Leuktenschein.»
Verblüfft starrte ich Bendix an, der strahlte, als hätte er gerade die Welt gerettet.
«Das ist unglaublich. Du hast es wirklich geschafft», brachte ich schließlich hervor, während sich ein Knoten aus Angst und Hoffnung langsam in mir löste. Seine Informationen hallten in meinem Kopf nach, gleichzeitig vertraut und fremd, wie ein verlorenes Puzzlestück, das plötzlich vor uns lag.
«Ich wusste, dass wir das hinkriegen, Tammy», sagte er voller Überzeugung. Sein Gesichtsausdruck war wunderbar. Endlich hatten wir einen Anhaltspunkt – eine Spur zu Weirdy.

Mehrmals versuchte ich, mit Isaac telepathisch Kontakt aufzunehmen. Ich wollte mich entschuldigen für den Überfall auf ihn. Und ich hätte ihm zu gerne erzählt, dass sich das Ganze wenigstens gelohnt hatte. Bendix hatte entscheidende Hinweise empfangen – ein echter Durchbruch. Aber Isaac weigerte sich natürlich. Ich hatte keine Chance mehr, zu ihm durchzudringen.
Mittags brachte Bendix uns ins Pub The Old Campbell. Wir wurden von Lucas' Vater freundlich empfangen und bekocht. Schließlich blieben wir den ganzen Nachmittag dort, was mir half, den Streit mit Isaac für einen Moment zu vergessen. Die Stimmung war heiter und gelöst. Lucas und Bendix harmonierten miteinander in einer Mischung aus Loyalität, Humor und Ehrlichkeit, was das Duo so erstaunlich machte. Man spürte den festen Boden ihrer Freundschaft und die tiefe Vertrautheit zwischen ihnen war fast greifbar.

Irgendwann fragte ich Bendix gedanklich: *Wirst du Lucas von unserer Verbindung erzählen?*
Natürlich, Tammy. Morgen rede ich mit ihm über alles.

Der Nachmittag brachte noch mehr Gutes: Lucas erkannte, dass weder Bendix noch ich eine Internetverbindung auf dem Phone hatten und somit in der Kommunikation stark eingeschränkt waren. Dank der Unterstützung von Mom und Dad Campbell konnten wir uns ein europaweites Datenabo für einen Monat leisten. Das war Gold wert! Nun hatten wir die Möglichkeit zum Navigieren, Recherchieren, Kommunizieren und allgemein den Anschluss an die Welt zurück.

Am gleichen Abend noch – nachdem Bendix uns zurück zur Mount Davis Road gefahren hatte – checkte ich meine Social-Media-Kanäle und informierte die Sozialfrau kurz, dass mit Grummelbär alles prima lief. Danach öffnete ich den Gruppenchat mit den Mädels. 128 ungelesene Nachrichten! Mindestens 100 davon drehten sich um das bevorstehende Basketballspiel. Genau genommen darum, dass Isaac Aham aus der Startaufstellung gestrichen und auch nicht mehr als Spieler aufgeführt war. Bambi, Bambus und einige andere weibliche Fans hatten eine Lawine der Entrüstung losgetreten. Niemand wusste, wo Isaac Aham war, und die wildesten Gerüchte machten die Runde.

Sahara sah wohl meinen Online-Status und schrieb mir sofort eine persönliche Nachricht.

Tammy, warum hör ich nie was von dir?

Sorry, musste ein paar Dinge regeln. Eigentlich wollte ich sie nicht länger anlügen.

Mach mir nichts vor. Bist du überhaupt in London?

Ja.

Aber doch nicht bei einem Verwandten, richtig?

Nein.

Mit wem bist du in London?

Ich zögerte, bevor ich schrieb: **Mit Isaac Aham.**

Der Chat blieb einen Moment still.

Bitte wie?, sah ich dann Saharas Worte.

Es ist leider kompliziert. Ich kann es dir nicht erklären. Noch nicht.

Was hast du mit Isaac Aham zu tun?

Hör zu, ich brauche deine Hilfe, kann dir aber leider nichts Genaues sagen.

Worum geht es?

Wir müssen ein Mädchen finden und es könnte überall auf der Welt sein. Es ist total wichtig.

Was für ein Mädchen? Komm zum Punkt!

Okay, sie heißt Kim.

Kim? So heißen allein etwa 15 Millionen Koreaner. Ich hoffe doch, du hast noch ein paar weitere Infos?

Nun, sie ist am gleichen Tag geboren wie ich.

Am 1. Januar?

Ja genau. 2011. Und es muss in ihrer Familie oder ihrem Umfeld einen Mann namens Miller geben.

Und weiter...?

Sie wohnt in einem Ort namens Leuktenschein.

Leuktenschein? Soll das ein Witz sein? Das liegt sicher nicht in Asien.

Mehr habe ich leider nicht. Kannst du versuchen, etwas herauszufinden?

Hm. Bekomme ich im Gegenzug die ganze Wahrheit?

Ja, ich verspreche es!

Alles klar, ich nutze die Recherchetools meiner Mutter und lege los! Bitte bleib dieses Mal erreichbar!

Das mache ich. Danke und gute Nacht!

Kapitel 17

Bendix weckte mich am nächsten Morgen und flüsterte, dass er kurz ins Quartierzentrum gehen würde, um Wasser zu kaufen. Nachdem ich noch einmal eingeschlafen war, schnappte ich mir ein trockenes Brötchen aus den Campbell-Vorräten und setzte mich wieder draußen auf die Stufen.

Ich blickte zum Haus Nummer 24 auf der anderen Straßenseite. Warum war nur alles so kompliziert? Und weshalb hatte Isaac mich wegen der Sprachschule angelogen? Um mich abzulenken, scrollte ich eine Weile durch meine Apps, bis plötzlich ein gelbes Taxi direkt vor mir hielt. Langsam stand ich auf und schaute über das Wagendach. Dort stand Isaac mit seiner Sporttasche – sichtlich überrascht, mich zu sehen.

Ich nutzte die Gelegenheit: *Isaac! Es tut mir leid.*

Er hatte es wohl gehört, reagierte aber nicht. Sein Anblick erinnerte mich kurz an den Basketballplatz, wo er in seinem Element gewesen war, den Ball perfekt herumwirbelte und mir zulachte. An diesem Tag hatten wir echt Spaß gehabt an unserer Fähigkeit – und das war nicht lange her. Jetzt war Isaac nur noch voller Wut und Widerstand. Ich startete einen weiteren Versuch, ihn zu erreichen.

Fliegst du wieder zurück? Er schüttelte nur kurz den Kopf und stieg wortlos ins Taxi.

Wohin gehst du? Keine Antwort.

Isaac, wo wirst du hingebracht? Keine Antwort.

Wir haben übrigens Weirdys Namen ... Aber das empfing er vermutlich nicht mehr. Das Taxi fuhr los, und Isaac kappte die Verbindung. Ich verstand diesen Typen einfach nicht und konnte mich nicht entscheiden, ob ich mich frustriert, schuldig oder versöhnlich fühlen sollte. Nachdem das Taxi am Ende der Quartierstrasse abgebogen war, kontaktierte ich gedanklich Bendix. Das funktionierte im Grunde wie bei Isaac, über den hellen Ton. Aber Bendix' Frequenz fühlte sich anders an – wie eine versetzte Ebene. Mein Kontakt verhallte jedoch im Nichts. Bendix, der schon ziemlich lange weg war, reagierte nicht. Vielleicht hatte er einfach vergessen, auf Empfang zu bleiben. Also schickte ich ihm eine Nachricht aufs Phone und fragte, wo er war. Nach einer weiteren halben Stunde hörte ich endlich den hellen Ton.

Bendix?

Nein, ich bin's, Isaac. Das kam überraschend.

Isaac? Was ist los?

Hast du mir diesen Mist aufs Phone geschickt?

Ich verstand nicht, was er meinte. *Auf dein Phone? Nein! Ich hab' nicht mal deine Nummer.* Danach hörte ich lange nichts.

Tammy, verarsch mich nicht! Was soll der Scheiß? Seine Gedanken kamen scharf und fordernd.

Im Ernst, ich habe dir nichts gesendet. Ich wartete auf eine Reaktion, doch die Verbindung blieb bedrückend still.

Plötzlich, fast so, als wolle er mich testen, fragte er: *Woher weißt du von Eliot?*

Von deinem Bruder? Ich verstand nicht... *Eine Freundin hat mir von ihm erzählt. Was ist denn los?*

Keine Antwort. Ich fühlte eine Unsicherheit in der Verbindung. Etwas musste passiert sein, sonst hätte er sich nicht gemeldet.

Isaac, wo bist du denn gerade?, fragte ich vorsichtig, bemüht, ihn nicht zu drängen.

Schließlich antwortete er: *Beim Eingang von Kingsstep. Doch jetzt bekam ich eine Warnung – als anonyme Nachricht.*

Kingsstep? Oh, shit! Bendix und Lucas hatten mir davon erzählt. Isaac steckte wirklich in Schwierigkeiten.

Geh nicht hinein, Isaac – auf keinen Fall! Ich versuchte, ruhig zu bleiben und die Verbindung stabil zu halten. *Worum ging es in dieser Warnung?* Er schwieg. Sein Misstrauen war spürbar, doch immerhin – die Frequenz blieb offen.

Bitte, Isaac, sprich mit mir. Lass uns den Streit für einen Moment vergessen. Nichts. *Hör zu, Bendix hat mir von Kingsstep erzählt. Es soll ein schlimmer Ort sein – voller Drill und Gewalt. Haben deine Eltern dich da hingeschickt?* Isaac schwieg beharrlich. *Ganz ehrlich, ich hätte dir eine Warnung gesendet, wenn ich von diesen Plänen gewusst hätte. Aber ich wusste es nicht.* Die Stille verunsicherte mich zunehmend. *Isaac? Bist du noch da?*

Ja.

Immerhin eine Antwort. Ich musste bedacht vorgehen.

Wann hast du die Nachricht bekommen?

Als mich das Taxi hier absetzte, antwortete Isaac.

Was genau steht denn darin?

Endlich lenkte er ein und las: *Geh auf keinen Fall nach Kingsstep! Kümmere dich um die wichtigen Dinge in deinem Leben. Geh nicht rein!*

Hm. Und hast du darauf geantwortet?

Ja. Ich habe zurückgeschrieben, du sollst mich in Ruhe lassen. Ich war mir sicher, die Nachricht kam von dir.

Ich war das echt nicht. Aber ich versteh auch nicht ... was hat denn diese Warnung mit deinem Bruder zu tun?

Es gab noch eine zweite Nachricht.

Eine zweite Nachricht? Wann?

Gerade eben.

Lies sie vor!

Isaac zögerte, doch schließlich hörte ich, was er vorlas: *Sei nicht dumm. Eliot ging vor fünf Jahren auch durch diese Tür!*

Oh mein Gott! Stimmt das denn?

Nein. Eliot reiste vor fünf Jahren für einen humanitären Einsatz nach Afrika.

Hm. Ruf ihn doch an und frag, ob er Kingsstep vielleicht doch kennt.

Nein, das mache ich nicht.

Warum nicht? Es ist wichtig zu wissen, ob die anonyme Information stimmt. Womöglich war es sogar Eliot selbst, der dich warnen will.

Gewiss nicht, nein.

Woher willst du das so genau wissen?
Ich weiß es einfach.

Ich hatte schon fast vergessen, wie stur Isaac sein konnte. Nun musste ich aber vorsichtig sein, damit er nicht wieder abblockte.

Bist du noch vor Ort?
Ja, beim Haupteingang.
Isaac, ich hab' ein superschlechtes Gefühl. Bitte verschwinde von dort! Bendix und ich holen dich so bald wie möglich ab!
Unmöglich, Tammy. Meine Eltern würden durchdrehen.
Du kannst diese Warnung doch nicht ignorieren. Lass uns herausfinden, wer dahintersteckt.

Isaac zögerte. Natürlich sah ich sein Dilemma, aber ich wusste auch, dass er auf keinen Fall nach Kingsstep gehen durfte.

Scheiße, Tammy, ich weiß echt nicht, was ich tun soll.

Okay, seine Zweifel schlugen langsam in Verzweiflung um.

Ey, ich weiß, du vertraust mir nicht. Aber bitte, geh nicht rein. Lass uns dich abholen und hör dir an, was Bendix über diesen Ort weiß. Falls es Ärger mit deinen Eltern gibt, sag einfach, ich wäre zufällig hier und hätte Hilfe gebraucht. Deine Mutter kennt mich. Wir können ihr Beweisfotos schicken. Das wird funktionieren. Sei vernünftig – lass uns dich abholen.

Isaac überlegte weniger lange, als ich erwartet hatte, und willigte dann ein. Ich war unglaublich erleichtert.

Bendix ist noch unterwegs. Ich melde mich, sobald wir losfahren.

So verblieben wir. Während der Wartezeit fragte ich mich, wer hinter den Nachrichten stecken könnte. Sahara vielleicht? Sie war die Einzige, der ich von Isaac und England erzählt hatte. Aber warum sollte sie so etwas tun? Ich schrieb ihr eine Nachricht.

Es ist wichtig: Hast du Isaac heute kontaktiert? Oder irgendjemandem erzählt, dass er in London ist? Er hat anonyme Nachrichten erhalten. Weißt du etwas darüber?

Ich wartete, doch Sahara kam nicht online.

Nach einer Weile ging ich die schnurgerade Mount Davis Road hoch bis zum Quartierplatz. Dort war heute nichts mehr los. Und von Bendix fehlte jede Spur. Selbst telepathisch erreichte ich ihn nicht – seine Frequenz blieb absolut still. Noch einmal wählte ich seine Nummer. Es dauerte einen Moment, dann hörte ich den Klingelton – zweimal! Einmal an meinem Ohr und einmal … irgendwo hinter mir. Schnell drehte ich mich um – doch niemand war da. Das Klingeln führte mich in die Nähe eines Lebensmittelgeschäfts. Und von dort zu einem Container. Da lag es – zwischen Scherben auf dem Boden: Bendix' Phone! Oh, shit! Meine Hände zitterten, und mein Kopf malte die wildesten Szenarien, was passiert sein könnte. Hilflos griff ich auf die einzige Person zurück, die mir einfiel: Lucas!

«Er wollte nur Wasser kaufen?», fragte Lucas, nachdem ich ihm alles erzählt hatte.

«Ja. Vor etwa zwei Stunden.»

«Crap. Das ist nicht gut.»

«Was, glaubst du, könnte passiert sein?»

«Bendix hatte einen schlimmen Streit mit seinem Stiefvater und ist danach von zu Hause abgehauen.»

«Denkst du, er ist auf seinen Stiefvater getroffen?»

«Könnte sein. Der hätte ihn sicher rabiat gepackt. Gewalt ist die einzige Sprache, die der Mann kennt.»

Panik stieg in mir auf. «Was sollen wir tun?»

Vielleicht hat sein Stiefvater ihn wieder in die Werkstatt gesperrt», überlegte Lucas. «Ich nehme das Mofa und schau nach, ob ich ihn rausholen kann.»

«Kann ich mitkommen?»

«Nein, besser nicht. Ich weiß, was zu tun ist, und brauche den Platz auf dem Mofa für Bendix. Sobald ich mehr weiß, melde ich mich bei dir.»

«Lucas ... kannst du vorher noch Isaac abholen und herbringen?»
Das wurde eine verwirrende Angelegenheit. Lucas erinnerte sich zwar an Isaac, da wir gestern über ihn gesprochen hatten. Warum er nun aber doch bei Kingsstep war, konnte er natürlich nicht nachvollziehen. Doch es funktionierte: Isaac stieg zu Lucas aufs Mofa, und die beiden fuhren direkt zu mir in die Mount Davis Road. Das war geschafft. Jetzt zählte nur noch, Bendix zu finden. Lucas machte sich sofort wieder auf den Weg.

Der Nachmittag war weit fortgeschritten, als Isaac und ich uns in den Transporter zurückzogen. Es war ein improvisiertes Zuhause auf Rädern. Die abgenutzten Matten erfüllten ihren Zweck, und dünne Vorhänge schützten uns vor Blicken.

Isaac lag auf einer der Matten, die Arme hinter dem Kopf verschränkt, während ich mich auf die gegenüberliegende Seite setzte. Die Enge des Transporters ließ keinen Raum für Distanz. Es war eindeutig ein Moment des Übergangs – zwischen der Anspannung der letzten Tage und der Ungewissheit, die vor uns lag. Erschöpfung breitete sich in mir aus, doch ich konnte sie nicht zulassen. Bendix war noch immer verschwunden, und obwohl Isaac jetzt hier war, fühlte sich nichts wirklich gelöst an.

Schließlich durchbrach Isaac die Stille: «Kannst du diesen Bendix nun auch im Kopf hören?» Seine einigermaßen freundliche Frage wirkte wie ein Friedensangebot. Unsere letzten Begegnungen waren ja alles andere als versöhnlich verlaufen. Er und ich, wir waren vielleicht einfach nicht kompatibel. Aber ich gab mir Mühe.

«Ja, wir haben uns verlinkt. Genau wie du und ich.»

«Warum machst du das, Tammy? Wie willst du so jemals ein normales Leben führen?»

«Ein normales Leben? Was soll das sein? Die Telepathie ist doch eine besondere Gabe.»

«Bullshit. Du guckst einfach zu viele Fantasy-Filme!»

Ich seufzte. Schon wieder hatte er mich an den Punkt gebracht, wo er mich nervte. Doch bevor ich etwas sagen konnte, vibrierte mein Phone. Eine neue Nachricht – von Sahara. Endlich ihre Antwort auf meine Frage.

Tammy, ich habe mit dieser Nachricht an Isaac nichts zu tun, Ehrenwort!

Hm. Wer konnte denn sonst noch wissen, dass Isaac überhaupt in England war?

«Kann ich die anonymen Nachrichten sehen?», fragte ich. Isaac hielt mir tatsächlich sein Phone hin, ließ es aber nicht los. «Das sind drei Nachrichten. Ich dachte, es wären nur zwei.»

«Die erste kam schon letzte Woche.»

«Echt? Vom gleichen Absender? Und das fandest du nicht seltsam?»

Isaac zuckte nur mit den Schultern und nahm das Phone zurück.

«Und was stand in der Nachricht von letzter Woche?»

«Jemand hat mir ein Bild von dir geschickt – mit der Aufforderung, dich zu kontaktieren.»

«Ein Bild von mir?» Ich konnte nicht glauben, was er da sagte. «Das ist unmöglich. Niemand weiß, dass ich dich überhaupt kenne.»

«Genau das dachte ich auch …»

«Zeig mal das Foto, das du bekommen hast.»

Isaac ließ mich noch einmal auf sein Display blicken. Ich erkannte das Bild sofort. Es war das Gruppenfoto vom Sportplatz aus der Aham-Reportage, das veröffentlicht worden war. Ich stand in der zweiten Reihe und schaute unaufgeregt in die Kamera. Jeder konnte dieses Bild online finden. Aber wer hatte mich ausgeschnitten und es an Isaac geschickt? Und woher wusste diese Person etwas über Isaacs Bruder? Die Situation wurde immer rätselhafter.

«Darf ich die Nachrichten dazu sehen?», fragte ich, und Isaac zeigte sie mir.

«Das sind ja englische Texte!», stellte ich überrascht fest.

«Ja, ich hatte sie dir doch vorgelesen!»

Ich schmunzelte, als mir klar wurde, was passiert war: «Wenn man verlinkt ist, übersetzt unser Kopf automatisch alles, was der andere denkt oder sagt, in die eigene Sprache.»

«Wie soll das gehen? Hörst du diesen Bendix etwa auf Deutsch sprechen?»

«Nein, ich höre ihn natürlich auf Englisch. Ich verstehe die Worte noch immer nicht, aber seit wir verlinkt sind, weiß ich einfach, was er meint.» Zögernd fragte ich: «Willst du dich nicht doch mit ihm verlinken?»

«Natürlich nicht! Nie im Leben! Hör auf, danach zu fragen, das nervt!»

«Wie du willst ... Aber was machst du jetzt mit den Nachrichten?»

«Ich will erst mal hören, was Bendix weiß. Im Netz habe ich nichts Nützliches über Kingsstep gefunden. Aber wie es aussieht, bleibt mir nichts anderes übrig, als hinzugehen. Meine Eltern lassen nicht mit sich diskutieren.»

«Ach was!» Ich war schockiert über seinen fehlenden Kampfgeist. «Du musst doch herausfinden, ob du dieser anonymen Person vertrauen kannst. Dazu musst du wissen, ob die Information über Eliot stimmt.»

«Und wie soll ich das bitte herausfinden?»

«Wenn du Eliot nicht fragen willst, dann schreib zurück und frag nach einem Beweis.»

Isaac überlegte wohl, ob er meinem Rat folgen sollte. Da vibrierte mein Phone erneut. Lucas!

Schnell öffnete ich die neue Nachricht: **Die Werkstatt scheint seit Tagen verlassen zu sein. Bendix ist nicht hier!**

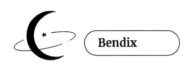

Bendix

Benommen wachte Bendix in einem Raum auf, der wirkte, als hätten die Handwerker mitten im Bau aufgegeben. Boden und Wände waren da, die Fenster auch, aber der Feinschliff fehlte und überall hingen Kabel aus dem Beton. Die Fenster ließen kaum Tageslicht hinein, da sie von außen mit Zeitungspapier zugeklebt waren.

Nur langsam kehrten Bendix' Erinnerungen zurück. Er wusste noch, wie er den Lebensmittelladen mit einer Wasserflasche in der Hand verlassen hatte. Danach ging alles sehr schnell. Plötzlich hatte ihn jemand von hinten gepackt, ihm etwas in den Hals gestochen, und er war bewusstlos geworden.

Nun lag er auf einer improvisierten Liege. Seine Hände waren vor dem Körper gefesselt, sein Mund zugeklebt. Zwei stämmige Männer, beide in einem hellblauen Overall, standen mit dem Rücken zu ihm. Bendix' Puls raste, doch er zwang sich, ruhig und tief zu atmen. Er musste klar denken und dem Telefongespräch lauschen, das gerade geführt wurde.

«Ja, das ist eindeutig der Junge aus dem Video.»

«Nein, man kann das Merkmal nicht erkennen.»

«Seine Stirn ist verletzt, deshalb. Was machen wir jetzt?»

«Wie lange dauert das?»

«Sechs Tage? So lange sollen wir ihn hierbehalten? Das war so nicht vereinbart.»

«Okay, und wann kommt sie hierher?»

Bendix' Blick huschte durch den Raum, suchte nach einem Ausweg – nach etwas, das er nutzen konnte. Die kahlen Wände boten keine Hilfe, doch ihn hielt dennoch nichts mehr auf der Liege. Noch bevor der Typ den Anruf beenden konnte, schoss Bendix hoch, nutzte den Überraschungsmoment und rammte ihm den Ellbogen ins Gesicht. Das Telefon schlitterte über den Betonboden. Der zweite Mann drehte sich überrascht um. Bendix stürmte auf ihn zu und stieß ihm mit voller Wucht die Stirn gegen den Kopf. Ein stechender Schmerz durchfuhr Bendix, als seine alte Wunde wieder aufriss. Blut lief über sein Gesicht, dennoch rannte er zur Tür – vergeblich. Er hatte keine Chance. Der erste Overalltyp bekam ihn zu fassen. Ein muskulöser Arm legte sich wie ein Schraubstock um seinen Oberkörper und drückte seine gefesselten Arme zurück.

«Schnell, spritz ihm was!», brüllte der Mann. Der andere taumelte noch, griff aber nach einer Tasche am Boden. Bendix tobte, trat mit den Beinen um sich und riss den Kopf hin und her, um dem Griff zu entkommen.

«Mach schon, der dreht komplett durch!»

«Die Spritze ist fast leer!»

«Scheißegal, gib ihm, was du hast. Los.»

Der Stich in Bendix' Hals brannte, Schwindel überkam ihn. Er spürte, wie sein Körper nachgab und die Kraft wich, doch diesmal blieb er bei Bewusstsein. Mit geschlossenen Augen hörte er den Gesprächen zu, um irgendwie zu begreifen, was hier vor sich ging.

Kapitel 18

Endlich! Bendix meldete sich telepathisch bei mir, noch während ich mit Isaac im Lieferwagen auf Lucas' Rückkehr wartete. Mit jedem Satz, den ich von ihm hörte, wuchs meine Anspannung.

Bendix berichtete von einer Entführung – von zwei Männern im Overall und einer Frau im Hosenanzug, die später dazukam. Die Frau sprach mit südländischem Akzent und schien die Chefin zu sein. Offenbar wussten die drei von Bendix' telepathischen Fähigkeiten. Ein Schauer lief mir über den Rücken, als ich das erfuhr. Wie konnte das sein? Soweit Bendix verstanden hatte, wussten die Leute sogar von Isaac und mir – unsere Namen kannten sie jedoch nicht. Und immer wieder rätselten sie, wer von uns die *Nummer 1* mit dem *Zugang zum Auge* sein könnte. Sie nannten uns ein *Scharonn*, was mich dazu veranlasste, Isaac um Stift und Notizzettel zu bitten, damit ich all die Informationen mitschreiben konnte. Bendix hatte den Eindruck, wir seien das Ergebnis einer langen Suche, und erwähnte auch, dass er in sechs Tagen irgendwohin gebracht werden sollte. Meine Gedanken überschlugen sich. Er hingegen blieb erstaunlich gelassen. Er war überzeugt, nicht in direkter Gefahr zu sein. Die Boss-Frau hatte offenbar befohlen, ihn gut zu behandeln. Sie war überhaupt nicht erfreut über sein blutendes Gesicht. Er durfte nicht mehr gefesselt werden und sollte in den Tagen bis zur Abreise ordentliches Essen bekommen. Wohin sie ihn bringen wollten, blieb unklar.

Bendix hielt alles für ziemlich improvisiert. Auch der Raum, in dem sie ihn später unterbrachten, wirkte wie eine Notlösung – offenbar ein Bereich desselben unfertigen Gebäudes. Die Fenster waren vergittert und ebenfalls zusätzlich von außen mit Zeitungen beklebt. Davor hatten wohl Obdachlose dort gelebt. Bendix schilderte den Raum: dreckige Matten, alte Zeitschriften, überall Müll und ausrangierte Möbel.

Bis auf die Einstiche am Hals und leichte Kopfschmerzen fehlte ihm zum Glück nichts. Außer eindeutig jede realistische Vorstellung davon, was das Ganze für uns bedeutete. Ich war erschlagen von allem, er hingegen blieb optimistisch.

Lucas erreichte bald darauf die Mount Davis Road. Mir war klar: Wir hatten einiges zu besprechen. Dazu vereinbarten wir, ins Pub der Campbells zu fahren. Isaac übernahm das Mofa, mit dem Lucas vergeblich nach Bendix gesucht hatte, und kämpfte sich durch den englischen Linksverkehr. Und Lucas setzte sich hinter das Steuer des Lieferwagens, den er genauso sicher durch die Straßen von Bluefield fuhr wie Bendix. Im Pub trafen wir uns wieder. Mr. Campbell trocknete sich gerade die Hände an der Küchenschürze ab, als er seinen Sohn erblickte.

«Hi Lucas. Are you hungry?»
«Yes, very! May I order for my friends as well?»
«Of course. Bring the order in the kitchen as soon as you have chosen. And could you please serve table seven?»

Lucas nickte. Zuerst begleitete er Isaac und mich zum abgelegensten Tisch des Lokals – wohl der ruhigste Ort hier. Dann band er sich eine Schürze um, griff nach Stift und Block und erledigte, was sein Vater ihm aufgetragen hatte. Souverän nahm er die Bestellung der vier Gäste an Tisch 7 auf, zapfte an der Bar drei Pints, garnierte ein Mineralwasser mit Eis und Zitrone und trug alles zurück zu den Gästen. Beeindruckt beobachtete ich, wie präzise jeder Handgriff saß. Hinter der Bar mixte Lucas routiniert drei weitere Getränke, die er danach an unseren Tisch brachte. Er hängte die Schürze über den Stuhl und sah mich auffordernd an.

«Du sagtest, Bendix hat sich bei dir gemeldet? Did he call you?»

Isaac starrte mich ungläubig an. *Das willst du ihm jetzt nicht ernsthaft erzählen?!*

Zeitgleich meldete sich Bendix aus dem Kabelhaus. *Sag Lucas unbedingt alles. Er ist clever und wird wissen, was zu tun ist.*

Ich ignorierte beide Stimmen in meinem Kopf.

«Nein, Bendix hat mich nicht angerufen. Er kann nicht telefonieren – er wird gefangen gehalten.»

«What?! Wer hält ihn gefangen?»

Seid ihr im Old Campbell's? Ist Isaac auch da?

Ja, sind wir und ja, ist er. Ich sollte mich nun aber auf das Gespräch konzentrieren.

Ich sah Lucas an. «Es gibt offenbar Menschen, die gezielt nach Bendix suchen, weil ...»

Tammy, tu das nicht! Das glaubt er dir nie!

Isaac konnte es nicht fassen. Ich beendete: «... weil Bendix eine besondere Fähigkeit hat.»

Lucas hob fragend die Augenbrauen, und ich klärte gedanklich mit Isaac: *Wir können das nicht ewig verheimlichen. Es ist Zeit, jemandem zu vertrauen. Bleib locker.*

Hast du es Lucas schon gesagt? Er wird zweifeln und dir garantiert Testfragen stellen. Das wiederum war Bendix.

«Welche Fähigkeiten? Und welche Menschen?» Ich schaute kurz zu Isaac und hätte zu gern etwas Unterstützung von ihm erhalten. Oder wenigstens ein bisschen Mut. Er aber schüttelte nur den Kopf, als wollte er sagen: *Was rede ich hier eigentlich? Du machst ja doch, was du willst.* Damit hatte er natürlich recht.

Wieder wandte ich mich an Lucas. «Ich bin nach England gekommen, weil Bendix und ich Gedanken übertragen können.»

Lucas zögerte. «Telepathie? Bendix?» Nein, er war kein misstrauischer Mensch, aber – wie Isaac – eher vernünftig und realistisch, weniger – wie Bendix – blindlings optimistisch.

Falls er zu kritisch ist, sollte er sich einen Lunix mixen. Dieses Getränk haben wir vor Jahren im Pub erfunden und unseren ersten Rausch damit gehabt. Das wird ihn auflockern.

Ich musste lachen, auch wenn es gerade nicht zur Situation passte. Isaac realisierte sofort, was los war.

Ist Bendix ON? Ich nickte und versuchte, mich wieder auf Lucas zu konzentrieren – der mich inzwischen aufmerksam musterte.

«Ja, Bendix und ich können telepathisch miteinander kommunizieren und ...»

Oh, ich habe eine noch bessere Idee. Bendix schon wieder. *Unser erster Roadster, den wir aufgemöbelt und knallorange besprüht haben, hieß Lucy. Mit ihr haben wir fahren gelernt. Sag ihm das als Beweis. Ach ja, und Lily war die Erste, die er küssen wollte, als er 12 war. Doch dann kam Lauren dazwischen und küsste ihn auf Lucys Rücksitz. Das musst du unbedingt erwähnen.*

Bendix steigerte sich in immer schneller werdenden Worten in einen Redeschwall hinein. Ich hatte allerdings meine eigenen Gedanken für dieses Gespräch vorbereitet.

Und gleichzeitig mischte sich Isaac ein: *Er textet dich zu, richtig? Siehst du, wo das hinführt? Spätestens in zwei Wochen bist du ein nervliches Wrack.*

«Tammy? Was ist denn nun mit dieser Telepathiesache?» Lucas wartete noch auf eine Antwort.

Oh, da fällt mir ein ... ihr müsst unbedingt den Campbell-Burger probieren, der ... OFF. Ich schaltete einfach auf OFF. Sorry, Bendix.

«Tammy, what's going on?» Lucas sah mich irritiert an und versuchte, mein Verhalten zu deuten. Unerwartet setzte Isaac ein, der das Chaos kaum noch ertrug, und erzählte trocken, aber in hervorragendem Englisch, dass Telepathie recht anstrengend sei. Bendix überschütte mich wohl gerade mit Gedanken und lasse mich nicht zu Wort kommen.

Ich war überrascht. «Wow, ich wusste gar nicht, dass du fließend Englisch sprichst!» Isaac zuckte nur mit den Schultern und versteckte ein Schmunzeln in den Mundwinkeln seines sonst doch eher mürrischen Gesichts. Um die Aufmerksamkeit wieder etwas zu sammeln, klopfte Lucas mit der flachen Hand ein paarmal leicht auf den Tisch.

«Leute, was geht hier vor? Habt ihr irgendeinen Beweis?»

Ich versuchte, Bendix' Informationen irgendwie zu ordnen. «Du hast Lauren geküsst», begann ich etwas unbeholfen und erntete einen verwirrten Blick von Lucas. «Nein, Moment – du wolltest Lucy küssen, aber dann kam Lauren dazwischen und küsste dich auf dem Rücksitz des knallorangen Roadsters.»

Lucas prustete los. «Das hat dir Bendix gesagt?»

«Er ist total aufgeregt. Für ihn ist das ein großer Moment – dich endlich einzuweihen.»

«Er redet immer etwas viel, wenn er nervös ist.» Ich hatte das Gefühl, Lucas wollte mir sehr gerne glauben – aber so ganz gelang es ihm nicht. «Ernsthaft – die Stimme, von der Bendix früher gesprochen hat, die gibt es wirklich? Du bist diese Stimme in seinem Kopf? Und du kannst hören, was er telepathisch sendet?»

Ich nickte. Dann – zu meiner Rettung – drehte Lucas sich zu Isaac, der sich am liebsten rausgehalten hätte. «Und du etwa auch?»

Isaac erklärte widerwillig, dass das alles verrückt, aber real sei, auch wenn er Bendix selbst nicht hören könne.

«Frag Tammy irgendetwas, das nur Bendix wissen kann. Sie wird ihm die Frage weiterleiten.»

Lucas nahm einen Schluck von seinem Ice-Tea und begann, Fragen zu stellen, die ich an den aufgeregten Bendix weiterleitete.

«Wie hieß unser Lehrer, dem Bendix die Stimme in seinem Kopf anvertraute?»

«Mr. Harrington.»

«Wann wurde Bendix' Mutter aus England abgeschoben?»

«Vor acht Jahren.»

«Wie heißt meine Schwester?»

«Olivia.»

«Was will Bendix tun, sobald er genügend Geld hat?»

«Er will endlich das Meer sehen, mit einem Kleinbus durch fremde Länder reisen und unbedingt einmal auf einem hohen Berg stehen.» Oh cool, diese Antwort gefiel mir sehr.

«Das ist alles richtig. Eine letzte Frage noch. Sag ihm, dass wir im Pub sind, und frag ihn, was ich gerade berühre.»

Bendix überlegte nicht lange. «Einen Lunix?»

«Gute Antwort, aber falsch. Er soll nicht zu voreilig antworten.» Ich übermittelte die Anweisung von Lucas und Bendix versuchte es erneut: «Den Pokémon-Schlüsselanhänger in deiner Hosentasche.»

«Nein, auch das nicht. Aber die Antworten klingen tatsächlich sehr nach Bendix. Er soll mal um die Ecke denken, sag ihm das.»

Bendix stockte kurz – aber dann begriff er, worauf Lucas hinauswollte.

Lucas hat wohl Tisch 23 für euch gewählt, weil es der ruhigste Platz im ganzen Pub ist. Unter diesem Tisch hatte ich mich vor sieben Jahren eine ganze Nacht versteckt, als ich von zu Hause abgehauen war. Mit einer Münze ritzte ich damals ein B unter die Holzplatte. Das kann man heute noch ertasten.

Damit hatten wir erreicht, was wir wollten – Lucas glaubte uns. Mehr noch: Er war richtiggehend fasziniert von all dem, was er heute über uns erfahren hatte. Genau wie ich war auch Lucas an allen Details interessiert. Er übertrug die Infos, die ich ihm anvertraute, ordentlich in ein Notizheft. Gleichzeitig realisierte er die Gefahr, in der sein Freund steckte. Trotzdem vergaß er nicht, unsere Bestellung aufzunehmen. Doch selbst als er zur Küche ging und uns später die Burger servierte, war ihm anzusehen, dass er gedanklich noch bei dem Rätsel festhing.

Isaac schwieg. Neben seinem gewohnten Widerstand spürte ich auch so etwas wie Überraschung. Lucas' Reaktion auf die Telepathie beeindruckte ihn wohl. Er bat mich aber noch einmal mit Nachdruck, niemanden sonst davon zu erzählen. Lucas war derselben Meinung und fand es ebenfalls viel zu riskant.

Somit war es nicht gerade der beste Zeitpunkt, um zu gestehen, dass ich Sahara längst eingeweiht hatte – und dass sie bereits über die vierte Person unserer Verbindung recherchierte. Gerade hatte ich eine Nachricht von ihr bekommen – sie war bereit, ihre Ergebnisse zu präsentieren. Also entschied ich mich, die Diskussion über die Geheimhaltung zu unterbinden und kurzerhand den FaceTime-Anruf von Sahara anzunehmen, damit Lucas und Isaac gleich mithören konnten.

«Hey Tam, wo bist du gerade?» Sahara winkte mir über FaceTime zu. Wie so oft trug sie ein gelbes T-Shirt – es passte nicht wirklich zu ihrer blassen Haut, aber umso mehr zu ihrem zielstrebigen Wesen.

«Ich sitze in einem Pub.»

«Bist du allein?»

«Nein.» Ich drehte das Phone zu Lucas, der rechts von mir saß. «Das hier ist Lucas, ein charmanter Brite. Er ist klug und hat ein Händchen für komplexe Themen. Er wird dir gefallen. Übrigens versteht er unsere Sprache ziemlich gut.» Sahara lächelte. «Und hier haben wir Isaac Aham.» Ich schwenkte das Phone nach links.

Sag jetzt bloß nichts Peinliches!

Ich ließ mich nicht beirren. «Er ist unser ruhmreicher Basketball-Star – abgesehen davon aber meist ziemlich zerknittert.»

Tammy, lass den Scheiß. Ich hörte Isaac natürlich in meinem Kopf, ignorierte ihn aber.

«Humor ist nicht so sein Ding. Doch wir sind uns alle einig, sein Gesicht ist einigermaßen attraktiv.» Lucas lachte. Isaac grummelte genervt vor sich hin. Sahara blickte in die Kamera, als hätte sie die Sprache verloren.

«Und, meine Herren – das hier ist die brillante Svea Erikson: Eine clevere Internetdetektivin und True-Crime-Spezialistin, etwas ungeduldig bei dummen Fragen, aber wenn es drauf ankommt, ist sie der zuverlässigste Mensch auf der Welt.»

Lucas schmunzelte. Isaac hatte noch immer nicht begriffen, dass er längst mitten in unserem Abenteuer steckte – ob er wollte oder nicht. Sahara zupfte an ihrem bananengelben T-Shirt, bereit, das Wort zu übernehmen.

Ich lehnte mein Handy quer gegen den Serviettenhalter und drehte die Lautstärke auf. So konnten wir alle Sahara gut sehen und hören. Ich brannte jetzt noch mehr darauf zu erfahren, ob sie etwas über Kim herausgefunden hatte. Weirdy war vielleicht der Schlüssel, um Bendix zu finden! Sahara räusperte sich und zog einen Notizzettel hervor – perfekt vorbereitet, wie immer. Es hätte mich nicht gewundert, wenn sie ihre Infos strukturiert und durchnummeriert hätte.

«Also, Punkt eins», begann sie und ich musste schmunzeln. «Es gibt keinen Ort auf der Welt namens ‹Leukenschein›. Aber: Briten tun sich ja bekanntlich schwer mit unserem CH – oft wird daraus ein K. Deshalb liegt die Vermutung nahe, dass es sich nicht um ‹Leukenschein›, sondern eher um eine Ortschaft namens ‹Leuchenschein› handelt. Nur: Diesen Ort gibt es auch nicht. Jetzt die Frage an dich, Tammy: Kann es sein, dass die Information ungenau übermittelt wurde?»

Isaac und Lucas warfen mir gleichzeitig Blicke von beiden Seiten zu. Sie wussten natürlich, dass Bendix die Information telepathisch empfangen hatte. Ich überlegte, wie ich es Sahara erklären konnte – da hörte ich Isaac.

Tammy, sei nur einmal vernünftig! Es ist völliger Irrsinn, ihr von der Telepathie zu erzählen! Also wich ich fürs Erste aus.

«Eine ungenaue Übermittlung wäre tatsächlich möglich, ja.»

Sahara wirkte erleichtert. «Sehr gut. Dann habe ich die richtige Spur verfolgt. Wenn wir eine akustische Problematik einbeziehen, ist die Wahrscheinlichkeit am höchsten, dass ‹Liechtenstein› gemeint ist – das kleine Binnenland zwischen Österreich und der Schweiz.» Sahara hielt kurz inne – vielleicht, um uns Zeit zu geben, die Informationen zu verarbeiten.

«Kommen wir zu Punkt zwei, die Namen ‹Kim› und ‹Mr. Miller›. Liechtenstein ist zum Glück nicht Asien. Die Anzahl der Möglichkeiten ist also überschaubar. Aber wir müssen wieder mit einer fehlerhaften Übermittlung rechnen. Denn ‹Miller› ist in Liechtenstein ein seltener Name – ich habe nichts Passendes gefunden.»

Kann sie nicht einfach vorspulen und zum Punkt kommen? Isaac wurde ungeduldig.

«‹Müller› dagegen ist einer der häufigsten Namen in Liechtenstein. Wenn dieser Name gemeint ist, gibt es unzählige Treffer.»

Isaac funkte noch einmal dazwischen. *Wenn du mich fragst, ist diese Kim komplett verpeilt. Sie lebt in ihrer eigenen Welt – mit Brotkrümeln, Ratten und Sandalen.* Ich schmunzelte, sah aber nicht zu ihm rüber.

«Wenn wir den Namen ‹Miller› außen vor lassen und uns nur auf ‹Kim› konzentrieren, dann passt eure Beschreibung am besten zu einem Mädchen aus der Nähe von Vaduz. Ihr genaues Alter konnte ich nicht herausfinden, weil sie wohl adoptiert wurde. Aber nach allem, was ich weiß, könnte es passen. Allerdings – und das ist vielleicht keine gute Nachricht – lebt sie derzeit in einer psychiatrischen Jugendanstalt ...»

Isaac schnippte mit den Fingern und zeigte auf Sahara. «Das ist sie! Garantiert! Gut gemacht, Svea.»

Jetzt war ich es, die staunte. Er konnte also doch höflich sein. Sahara nahm seine Reaktion gelassen auf und ergriff noch einmal das Wort.

«Dann hätte ich unter Punkt drei noch die vollständige Liste mit allen Kontaktinformationen, sortiert nach Kategorien, Wahrscheinlichkeiten und meinen persönlichen Empfehlungen.»

Mir fehlten die Worte. Also strahlte ich Sahara einfach an.

Kapitel 19

Letztlich war es Lucas, der mit mir alles durchging, um Lösungen zu finden. Isaac trug zwar zu Beginn auch seinen Teil bei, indem er für mich ins Englische übersetzte. Dadurch konnten wir Missverständnisse vermeiden. Doch später wurde seine Stimmung immer trüber. Er starrte lange auf sein Phone und verschwand mehrmals aus dem Pub. Mir war schon klar, dass ihn etwas beschäftigte. Vielleicht hätte ich früher nachsehen sollen, was los war. Doch erst einmal wollte ich mit Lucas alle Notizen durchgehen. Er ging dabei ähnlich strukturiert vor wie Sahara.

«Wir brauchen ein System. Was wissen wir? Was vermuteten wir? Und wo tappen wir im Dunkeln?» Wir sammelten also alle Informationen und notierten unsere dringendsten Fragen:

1. Warum wussten wildfremde Menschen von der telepathischen Verbindung, die wir selbst nur zufällig und vor erst rund zwei Wochen entdeckt hatten?

2. Weshalb wussten diese Menschen, wo Bendix war? Er, der die Werkstatt sonst kaum je verließ und erst seit einem Tag verlinkt war? Konnte jemand unsere telepathischen Gespräche mithören? Und warum war ausgerechnet Bendix entführt worden?

3. Wohin würde Bendix in sechs Tagen gebracht werden?

Laut Lucas hatte Bendix das Muttermal auf der Stirn genau wie Isaac und ich, es war aber durch die Verletzung nicht sichtbar. Es könnte ein Erkennungszeichen sein. Somit lautete die Frage 4: War auch Kim an diesem Punkt erkennbar?

5. Die Leute nannten uns *Scharonn*. Aber was war das? Lucas und ich suchten lange online nach dem Begriff in allen erdenklichen Schreibweisen, fanden aber nichts, das uns weiterbrachte.

6. Was meinten die Entführer damit, einer von uns sei die *auserwählte Nummer 1*? Was sollte das für ein *Zugang zum Auge* sein? Wir alle, Bendix, Isaac und ich, konnten das blaue Flammenauge zwar sehen, aber niemand von uns hatte einen Zugang dazu. Wir vermuteten also, dass Kim diejenige mit den stärksten Kräften war. Ob wir damit richtig lagen?

Wir waren inzwischen die letzten Gäste im Pub. Dad Campbell war dabei, die Küche aufzuräumen. Noch hatten wir keine Lösung für das weitere Vorgehen. Wir, das waren vor allem Lucas und ich. Isaac wurde zunehmend merkwürdiger. Nicht mürrisch, eher sarkastisch. Gerade kam er wieder zurück ins Pub und setzte sich zu uns an den Tisch. Dieses Mal roch er eindeutig nach Bier.

«Du trinkst heimlich Alkohol?», fragte Lucas erstaunt, aber ohne Vorwurf.

«Na, hättest du mir denn ein Pint gebracht, wenn ich es bestellt hätte?», entgegnete Isaac trocken.

«Nein, das ist in England nicht legal.»

«Siehst du? Deshalb habe ich es selbst mitgebracht.»

Der Alkohol erklärte Isaacs Verhalten. Er schien das Bier nicht gut zu vertragen, also beschlossen Lucas und ich, den Abend bald zu beenden. Warum Isaac plötzlich so viel trank, war mir nicht klar. Später in dieser Nacht sollte ich noch verstehen, dass Isaac Aham nur dann Alkohol trank, wenn er seine Probleme hinunterschlucken wollte.

Zunächst fasste Lucas unsere Lage zusammen: «Wir haben noch fünf Tage, um Bendix zu finden.»

«Genau! Eine Befreiungsaktion, super Plan», warf Isaac ironisch ein. Lucas und ich tauschten fragende Blicke. Dann sagte Lucas ruhig: «Wir wissen, das ist riskant, aber die Polizei würde uns doch nicht glauben. Was wäre denn eine realistischere Alternative?»

«Ja, ja. Lasst uns das BlaBla abkürzen», meinte Isaac ungeduldig. «Wir sollten alle nach Liechtenstein jetten und diese durchgeknallte Kim finden, die unser Boss ist. Dann verlinken wir uns, werden alle von den Flammen knallblau.» Er grinste er über seine eigenen Worte. «Dann schaltet sich in unseren Ohren eine neue Fähigkeit frei, und wir teleportieren uns zu Bendix, wo wir mit unseren avatarfarbenen Körpern die Entführer erschrecken und dann – dann schlagen wir sie kaputt!»

Isaac untermalte seine Worte mit wilden Gesten, und ich musste unweigerlich grinsen. Lucas hingegen warf einen prüfenden Blick zu seinem Vater, der zum Glück außer Sichtweite war. Isaac war eindeutig betrunken, was wohl sogar der friedliebende Mr. Campbell nicht tolerieren würde.

Zu meiner Überraschung sagte Lucas: «Vermutlich hat Isaac ja recht und wir brauchen Kim, um Bendix zu finden. Wenn sie diesen *Zugang zum Auge* hat, erfahren wir womöglich durch sie mehr über die Entführer und den Ort, an dem Bendix festgehalten wird.»

Wir waren uns einig, dass wir damit einen wichtigen Schritt weiter wären. Aber uns war klar, wie unrealistisch das war und wir bei Weitem nicht das Geld für den Flug nach Liechtenstein hatten, auch wenn wir uns die Reise zutrauen würden. Müde bedankten wir uns bei Mr. Campbell, und Lucas brachte uns zum Kleintransporter, der in einer Seitenstraße parkte. Wir verabredeten uns für den nächsten Tag, um weiter nach einer Lösung zu suchen.

Der Abend wurde aber noch lang. Kaum hatte ich mich auf meiner Seite des Transporters zum Schlafen hingelegt, fing Isaac wieder an zu reden.

«Eigentlich bist du ganz okay!», sagte er ohne ersichtlichen Grund. Ich grinste durch die Dunkelheit und fragte mich, was der Alkohol mit Isaac machte – sprach er aus, was er wirklich dachte, oder waren es nur leere Floskeln? Egal. Er würde eh bald einschlafen.

«Du willst nicht mit mir reden?», fragte Isaac provokativ, etwas resigniert, aber keineswegs lallend. Ich blieb still.

«Weißt du, meine Eltern lügen mich an.» Aufmerksam folgte ich seinen Worten. Warum erzählt er mir das?

«Für meine Eltern ist alles ein großes Geheimnis. Niemand darf etwas Persönliches über die Ahams wissen, weil es an die Presse gelangen und den guten Ruf gefährden könnte. Das oberste Aham-Gesetz ist Schweigen. So verhindern wir, dass die Presse sich über uns das Maul zerreißt.»

Seine Wut blitzte durch die bittere Ironie. Der Alkohol machte ihn wohl tatsächlich offener. Ich machte mir sogar Sorgen, dass er zu viel preisgeben und es morgen bereuen könnte.

«Ich weiß, was du denkst», fuhr Isaac fort. «Ich bin ein reicher, arroganter Arsch. Wahrscheinlich hast du recht. Aber trotzdem bin ich wütend. Meine Eltern haben mich belogen ... weißt du, Tammy ... Eliot wusste es schon viel früher. Er stellte sich dagegen, sagte seine Meinung und stand zu seinen Überzeugungen. ‹Ihr habt kein Recht, zu entscheiden, wer ich bin.› Das waren seine Worte. Er war vehement, hat aber nie geschrien, so wie mein Vater.»

Vorsichtig fragte ich: «Ist Eliot deshalb nach Afrika gegangen?»

Isaac schwieg kurz, dann murmelte er: «Mein Vater meinte, Eliot wolle seinen eigenen Weg gehen. Und meine Mutter sagte, Afrika würde ihm guttun. Das klang für mich vernünftig. Ich verstand bloß nicht, warum ich mich nicht verabschieden durfte. Wäre ich nur ein bisschen mehr wie Eliot gewesen, hätte ich damals gewagt, Fragen zu stellen. Warum ging er quasi über Nacht zu einem humanitären Einsatz, von dem zuvor nie die Rede gewesen war? Ich war so dämlich! Und feige ... und dann wurde ich immer mehr zu diesem dummen, folgsamen Aham-Bravi. Aber sie haben gelogen. Meine Eltern haben mir mitten ins Gesicht gelogen.»

Isaac lehnte noch immer an der Wagenwand, das ausgeschaltete Phone in der Hand.

«Wie meinst du das?»

«Eliot war tatsächlich in Kingsstep. Vor fünf Jahren. Sie haben ihn gegen seinen Willen dorthin gebracht.»

Ich setzte mich auf. «Woher weißt du das?»

Isaac schwieg. Würde er mir noch mehr von dem erzählen, was er mir in nüchternem Zustand nie anvertraut hätte? Er schaltete sein Phone ein und begann darauf zu tippen.

Telepathisch hörte ich ihn sagen: *Ich habe heute eine vierte Nachricht von dieser anonymen Nummer bekommen.*

«Eine vierte Nachricht?»

Ja. Du hast doch gesagt, ich soll nach einem Beweis fragen – das habe ich getan. Ich sah Isaac, der nur eine Armlänge entfernt war, fragend an.

«Der Unbekannte hat mir ein Foto geschickt.»

Isaac reichte mir sein Phone. Langsam nahm ich es entgegen und starrte auf das Bild. Zuerst sah ich nur fünf Soldaten und ein Datum, das fast fünf Jahre zurück lag. Doch es dauerte nicht lange, bis ich die Situation erfasste. Im Hintergrund war der Schriftzug *Kingsstep* zu sehen. Und die Soldaten in ihren Uniformen waren jung, vielleicht zwischen 15 und 25. Alle hatten rasierte Köpfe. Sie standen stramm da, die Arme verschränkt. Die Gesichter verrieten überhaupt nichts. Als wären sie passend zu ihrer Einheitsuniform auch zu einem Einheitsblick verdonnert worden.

«Erkennst du Eliot auf dem Bild?», fragte Isaac.

«Natürlich», antwortete ich. Das war nicht schwer. Am rechten Bildrand stand ein Soldat, der wie die anderen die Arme verschränkt hatte, aber provokativ den Mittelfinger zeigte. Beim flüchtigen Hinsehen fiel die dezente Geste kaum auf, aber der zweite Blick verriet Eliot Aham sofort.

«Hat er dir denn nie erzählt, dass er in Kingsstep war?»

«Nein.»

«Aber inzwischen ist er in Afrika?»

«Das ist ein Aham-Familiengeheimnis», antwortete Isaac, hörbar frustriert.

«Hast du Kontakt zu ihm?»
«Nein.»
«Seid ihr zerstritten?»
«Überhaupt nicht, nein!», kam die Antwort prompt. Und dann, telepathisch, ergänzte Isaac: *Eliot ist weitaus der wichtigste Mensch in meinem Leben.*
«Wann hast du zuletzt mit ihm gesprochen?»
«Vor knapp fünf Jahren.»
«Ihr habt seit fünf Jahren keinen Kontakt mehr?»
«Nein, haben wir nicht.»
«Vielleicht ist er noch immer in Kingsstep. Sollten wir versuchen, das herauszufinden?»
«Nein, er ist nicht mehr dort.»
«Weißt du das sicher?»
«Ja.»
Bevor ich etwas sagen konnte, redete Isaac weiter: «Ein humanitärer Einsatz in Afrika, sagten sie. Bullshit! Alles gelogen! Eliot passte einfach nicht in ihr Bild. Er hätte ihrem tollen Ruf schaden können. Das wäre natürlich eine Katastrophe gewesen. Also war Kingsstep die logische Konsequenz. So konnte er endlich der perfekte Aham werden... Tammy, verstehst du? Sie haben ihn einfach abgeschoben, weil er nicht der Sohn war, den sie wollten. Wie krank ist das?»

Ich konnte Isaac verstehen. Es musste furchtbar sein, das zu begreifen. Jetzt wurde mir auch klar: Er hatte das Bild schon Stunden zuvor im Pub bekommen. Der Schock hatte den ganzen Abend in ihm gearbeitet. Kein Wunder, dass er zum Alkohol gegriffen hatte.

Nun ließ mich die Frage überhaupt nicht mehr los: Wer war der Absender dieser Nachrichten? Wer hatte all die Zeit gewusst, dass Eliot in Kingsstep war? Und woher stammte das Foto der fünf uniformierten Jungs?

«Ich hätte mehr wie Eliot sein sollen!»
Wollte diese Person Isaac helfen? Oder war es eine Falle?

«Ich will nicht mehr ihr Vorzeigesohn sein. Ab jetzt treffe ich meine eigenen Entscheidungen!»

Wir sollten mit dieser Person Kontakt aufnehmen und mehr herausfinden. Vielleicht konnte sie uns auch bei Bendix weiterhelfen.

«Tammy, weißt du was? Wir fliegen nach Liechtenstein. Ich bezahle mit der Kreditkarte meines Vaters! Der wird mich dafür in die Hölle jagen, aber bis er es merkt, bin ich ein knallblauer Avatar mit Superkräften, und es ist mir scheißegal. Morgen geht's los. Und Lucas kommt mit!»

Ich blinzelte und versuchte, Isaacs Worte zu sortieren. Meinte er das ernst? Oder war es nur der Alkohol, der ihn für einen Moment unbesiegbar machte?

Etwas in mir wollte ihn sofort bremsen. Aber da war diese Entschlossenheit in seiner Stimme, die mich mitriss. Ich spürte eine Mischung aus Angst und Nervenkitzel. Isaac mochte betrunken sein, aber vielleicht spürte er instinktiv den richtigen Weg.

Morgen also.

Liechtenstein.

Kapitel 20

Spät in derselben Nacht rief Isaac Lucas an und bot an, die Reise nach Liechtenstein für uns drei zu buchen und zu bezahlen. Lucas wiederum meldete sich sofort bei mir. Er hielt es für bedenklich, Isaac in angetrunkenem Zustand eine solche Entscheidung treffen zu lassen. Ich war weniger kritisch. Einerseits vermutete ich inzwischen, dass Isaac längst nicht so betrunken war, wie es schien, sondern vor allem schwer enttäuscht und frustriert. Andererseits zeigte er erstmals den Mut, sich gegen seine Eltern aufzulehnen. Klar, er hatte die Konsequenzen bestimmt nicht durchdacht. Trotzdem fand ich es vertretbar. Und ja, natürlich, ich wollte diese Reise unbedingt machen. Es fühlte sich richtig an.

Schließlich waren wir noch vor dem Morgengrauen im Besitz von drei Flugtickets.

Viel geschlafen hatte ich nicht mehr. Lange noch hatte ich mich mit Bendix unterhalten, um ihm alles zu erzählen. Danach hielt mich ein heftiges Gewitter wach, das mehrere Stunden um den Kleintransporter herumpolterte und pralle Regentropfen gegen das Blech hämmerte.

Am Morgen ging es Isaac und mir aber erstaunlich gut. Ich fühlte mich fit für die Reise und Isaac hatte keine Nachwirkungen vom Vorabend. Es war wohl tatsächlich nicht nur der Alkohol, der gestern eine andere Seite seiner Persönlichkeit hervorgebracht hatte. Isaac fühlte sich von seinen Eltern verraten und für dumm verkauft. Deshalb schien er seine nächtliche Entscheidung weder anzuzweifeln noch zu bereuen. Ich war erleichtert, denn wir waren bereits auf dem Weg zum Flughafen. Isaac war allerdings längst nicht mehr so gesprächig und zugänglich wie gestern, sondern verschlossen wie eh und je – was schade war. Ich ertappte mich dabei, mehrmals an die Nacht zu denken, in der Isaac und ich beinahe Freunde waren. Eigentlich mochte ich meine Wut auf ihn nicht. Doch ich konnte seine gleichgültige Art kaum ertragen und war bald genervt, weil er wieder jedem Gespräch aus dem Weg ging. Ich fand zumindest keine Möglichkeit mehr, mit ihm über die anonymen Nachrichten zu sprechen. Ich wollte ihm unbedingt vorschlagen, die unbekannte Person direkt zu konfrontieren.

Während des Fluges meldete sich Bendix mit einem Update. Er hatte hinter einer der Obdachlosen-Matratzen eine Eisenstange gefunden und wollte bei der nächsten Gelegenheit den Overallmann damit niederschlagen. Zum Glück half mir Lucas, Bendix davon abzuhalten.

«Sag ihm, er soll unbedingt seine Füße stillhalten und keine unüberlegten Aktionen riskieren. Er weiß doch, dass wir auf dem Weg sind, ihm zu helfen. Also soll er die Stange verstecken und auf keinen Fall kopflos handeln.»

Die Botschaft kam an, und wir waren zuversichtlich, Bendix zur Vernunft gebracht zu haben. Kurz darauf setzte der Flug zur Landung an und ich war immer noch nicht dazu gekommen, mit Isaac über die vier Nachrichten zu sprechen.

Wir landeten in der Schweiz, da es in Liechtenstein offenbar keinen Flughafen gab. Von dort fuhren wir mit dem Zug weiter nach Vaduz, der Hauptstadt Liechtensteins. Wir nutzten zu dritt zwei

Viererabteile, Isaac saß mir gegenüber. Zum Glück war es ein moderner Zug, und wir konnten unsere Phones aufladen.

Langsam überkam uns die Müdigkeit, und wir versanken alle hinter unseren Phones mit Kopfhörern in oder über den Ohren. Ich schlief sogar eine Weile. Doch dann stieg eine große Gruppe Jugendlicher ein, nur wenig jünger als wir. Ein Sportclub, ein Verein, ein Sommerlager – ich wusste es nicht. Aber es war so gar nicht, was ich wollte. Plötzlich war alles überfüllt. Sie besetzten nicht nur die freien Plätze um uns herum, sondern auch die Armlehnen und den Boden zwischen den Abteilen. In Kürze war der ganze Wagon voll von Halbstarken. Die meisten hatten wie wir ihre Phones in der Hand, waren aber total aufgedreht. Sie machten Selfies und scrollten sich durch irgendwelche Kurzvideos, die irgendeiner irgendwo aufgenommen und online gestellt hatte, um möglichst viele Likes zu generieren. Es war so laut im Zug, dass ich Isaacs Stimme in meinem Kopf fast überhört hätte. Neben ihm waren ebenfalls zwei Mädchen und Isaac beobachtete, wie sie Clips hin und her schickten. Seine Gedanken schrien mich regelrecht an.

Tammy, Tammy! Sieh auf das Display des Mädchens neben dir!

Ich verstand nicht, warum ich das tun sollte, tat es aber und erntete einen skeptischen Blick. Das war mir herzlich egal, ich wollte nur kurz den Clip sehen. Zum Spaß hatte jemand eine Videoszene in einer Endlosschleife zusammengeschnitten. Immer wieder zersplitterte Glas, gefolgt von ... – von Isaacs fluchender Stimme: ‹Das werde ich verdammt noch mal nicht tun! – Das werde ich verdammt noch mal nicht tun! – Das werde ich verdammt noch mal nicht tun!›

Schockiert las ich den Titel des Videos: **Kommunikation mit Außerirdischen mitten in Bluefield.** Ach, du Scheiße. Ich tippte die Worte ins Suchfeld ein – der Clip tauchte sofort auf: 473'000 Likes. Mein Herz setzte einen Moment aus.

Sofort sendete ich den Link an Isaac, der vermutlich schon vor mir realisiert hatte, was passiert sein musste. Jemand auf dem

Quartierplatz in Bluefield hatte gehört, wie Isaac die Bierflasche auf den Boden geknallt hatte, und daraufhin die Kamera auf uns gerichtet. Auf dem Video sah man Isaac von hinten. Ich stand mehrheitlich von ihm verdeckt, aber mit dem Gesicht Richtung Kamera, und Bendix, der am besten zu sehen war, stand zwei Schritte neben uns. Mir stockte der Atem, als ich die Aufnahme weiter anschaute. Ich spürte noch einmal den unendlichen Hass, den Isaac in diesem Moment auf mich und die Welt hatte. Und ebenso meinen dramatischen Ehrgeiz, ihm meinen Willen aufzuzwingen. Als wir uns berührten, lief plötzlich alles wie in Zeitlupe. Es sah vollkommen surreal aus, wie uns die Energie sturzbachartig erfasste und in eine andere Dimension schleuderte. Um uns herum bildete sich tatsächlich ein blauer Schimmer, der wirkte, als wäre er mit KI generiert worden. Man hätte effektiv meinen können, wir würden gerade mit Außerirdischen kommunizieren.

Verstört sah ich zu Isaac, der im Gegensatz zu mir einigermaßen gefasst blieb – oder es zumindest vorgab.

Besorgt fragte ich: *Was, wenn die uns hier erkennen?*

Niemals, man erkennt nur Bendix auf dem Video.

Zum Glück dauerte es nicht lange, bis die Gruppe den Zug wieder verließ. Erst jetzt konnten wir Lucas die Aufnahme zeigen. Nach einem langen, ungläubigen Blick begann er, die Ereignisse zusammenzusetzen und zog kurz vor der Ankunft in Vaduz ein Fazit.

«Well, das erklärt so einiges», sagte er langsam. «Kein Wunder, wurde Bendix geschnappt.»

Isaac lehnte sich nach vorn. «Wie viele Aufrufe hat das Ding?»

«Schon über zweieinhalb Millionen», antwortete ich und versuchte, diese Zahl zu ignorieren. Denn mein Magen zog sich zusammen.

Lucas rieb sich die Stirn. «Das ging offensichtlich viral. In wenigen Stunden. Und genau so gelangte es vermutlich zu jenen, die wissen, dass Telepathie tatsächlich existiert.»

«Aber das ist doch garantiert nachbearbeitet», meinte Isaac.

Lucas hob eine Braue. «I don't think so. Und selbst wenn – für die, die nach Beweisen suchen, ist es perfekt.» Er deutete auf den Titel. «Bluefield steht sogar im Upload. Und Bendix ist deutlich zu erkennen. Er lief am nächsten Morgen nichtsahnend über denselben Platz. Sie mussten nur auf ihn warten.»

Meine Kehle wurde trocken. «Also sollten Isaac und ich Bluefield besser meiden?»

«Definitiv», bestätigte Lucas. Er schüttelte den Kopf und murmelte: «Oh my God… what a story.»

Der Zug fuhr in Vaduz ein. Ab hier brauchten wir unsere volle Konzentration und Isaacs Reiseerfahrung, um das Hotel zu finden, das er letzte Nacht mit der Aham-Kreditkarte gebucht hatte. Es lag in Gehdistanz zur Jugendpsychiatrie, in der wir Kim vermuteten.

Kapitel 21

Das Einchecken im Hotel verlief problemlos, die Bezahlung wurde direkt über die Kreditkarte von Isaacs Vater abgebucht. Durch die bodentiefen Fenster war der große Eingangsbereich des Hotels lichtdurchflutet, und man hatte einen großartigen Blick auf die majestätischen Berge der Region. Ich musste sofort an Bendix denken, der davon träumte, einmal hoch oben auf einem Berg zu stehen. Gemütliche Sessel und kleine, runde Tische luden vor der spektakulären Kulisse zum Verweilen ein. Bei unserer Ankunft waren die Sitzbereiche bereits von mehreren Personen besetzt. Drei junge Italiener waren in angeregte Gespräche vertieft. Ein kleiner Junge stand daneben und verfolgte mit großen Augen ihr eifriges Parlieren. Der Kleine gehörte zu den beiden Frauen am Nebentisch, die Snacks auspackten, während mehrere Kinder um sie herumschwirrten. An einem dritten Tisch saß ein älteres Ehepaar in Wanderausrüstung. Offenbar gab es die unterschiedlichsten Gäste in diesem Haus, und ich hätte mich am liebsten dazugesetzt, um alles zu beobachten. Ich wagte nicht, es den Jungs zu sagen, aber ich hatte noch nie in einem Hotel übernachtet.

«Come on, Tammy!», hörte ich nun Lucas und folgte ihm und Isaac die breite Treppe nach oben. Auf jeder Etage sah ich mich kurz um. Es sah überall zum Verwechseln ähnlich aus, doch − und das fand ich besonders hübsch − in jeder Etage herrschte eine andere Farbe vor: ein waldiges Braun in der ersten Etage, ein sattes Grün in der zweiten und orange-gelb, wie das Laub an den Herbstbäumen, in der dritten Etage, wo unser Zimmer auf halbem Weg den Flur hinunter lag.

Lucas − und vor allem Isaac − wollten nach der Reise erst mal im Zimmer entspannen und dann etwas essen. Außer ein wenig Knäckebrot aus Campbells Vorrat und ein paar Erdnüssen im Flugzeug hatten wir heute noch nichts gehabt. Ich aber wollte baldmöglichst zu dieser Jugendpsychiatrie gehen, die zu Fuß rund 2.5 km von uns entfernt am Fuße eines Hügels lag. Ich musste einfach erfahren, ob Sahara die richtige Kim gefunden hatte. Wenn nicht, brauchten wir innerhalb kürzester Zeit einen Plan B. Ich drängte also und wusste, dass ich meinen Willen durchsetzen würde. So war es dann auch. Isaac stand leicht genervt vom Bett auf.

«Sie bekommt eh was sie will. Machen wir es uns nicht unnötig schwer und gehen einfach mit.»

Na, geht doch. Hungrig navigierte Isaac uns mit seinem GPS durch das Städtchen. Ehrlich gesagt hatte ich es mir etwas malerischer vorgestellt, mitten in der Berglandschaft. Tatsächlich war der Ort ein einziges Labyrinth aus Baustellen. Viele Straßen waren gesperrt, die Umleitungen strapazierten Isaacs Nerven, und nachdem das GPS zum dritten Mal den Weg neu berechnen musste, fluchte er laut. Ich reichte ihm wortlos eine Handvoll Erdnüsse, die ich im Flugzeug vorsorglich eingepackt hatte. Der Nachschub zeigte Wirkung − zehn Minuten später hatten wir unser Ziel erreicht.

Ich hatte mir nie überlegt, wie diese Psychiatrie wohl aussehen würde. Aber wenn, dann hätte ich etwas erwartet, das eher einem Jugendknast mit hohen Mauern und Stacheldraht gleicht. Umso überraschter war ich, als wir ein altehrwürdiges Gebäude erreichten, das sich harmonisch in die umliegende Architektur einfügte. Bei genauerem Hinsehen fiel auf, dass das gesamte Areal tatsächlich eingezäunt war – der Zaun verschwand jedoch beinahe in den hohen Hecken.

Ich schaute hinüber zum Eingang und sah, dass die Tür weit offenstand – das kam unerwartet.

«Was ist denn nun dein Plan, Tammy?», wollte Isaac wissen, und das war insofern eine schwierige Frage, weil ich keine Antwort darauf hatte. Ich beschloss zu improvisieren. Also ließ ich die Jungs stehen und ging zum Eingang, wo mich bald eine junge Frau mit einem eigenartigen Dialekt begrüßte.

«Willkommen zum Besuchstag! Bei wem darf ich dich anmelden?»

Tammy, bring uns jetzt bloß nicht in Schwierigkeiten!, hörte ich Isaac über die Distanz in meinem Kopf. Seine ewige Vorsicht half mir nicht weiter.

Ohne nachzudenken, sagte ich: «Ich und die Jungs da drüben sind Freunde von Kim.»

«Ah, okay. Freunde aus der Schulzeit?» Ich nickte sicherheitshalber – und es schien zu genügen.

«Kommt herein, macht es euch im Garten gemütlich und bedient euch am Buffet. Ich sage Kim Bescheid, dass ihr hier seid. Sie ist noch in ihrem Zimmer. Wie lauten denn eure Namen?»

«Isaac Aham, Lucas Campbell und Tamara Neumann», antwortete ich wahrheitsgemäß – und schickte Isaac sofort die frohe Botschaft: *Es gibt ein Buffet zur Selbstbedienung!*

Damit war Isaac wieder an Bord. Zu dritt gingen wir in den Garten und ich setzte mich an einen der letzten freien Tische. Isaac stürmte zum Buffet, und Lucas brachte Wasser und vier Gläser an den Platz. Als ich mir etwas zu essen holte, lief mir die Empfangsfrau erneut über den Weg.

«Kim ist bei Mr. Miller. Sie braucht noch zehn Minuten, kommt dann aber gleich zu euch.»

Ich nickte und hätte am liebsten einen Luftsprung gemacht, als ich den Namen ‹Miller› hörte. Das konnte nur die richtige Kim sein.

Isaac und Lucas freuten sich ebenfalls über die Nachricht – aber fast noch mehr über die zehn Minuten, die sie nutzten, um sich über das Buffet herzumachen.

So waren sie wenigstens satt, wenn das Abenteuer durch die Begegnung mit Kim gleich in ein neues Kapitel starten würde.

Kapitel 22

Kim kam auf uns zu – klein, zierlich, mit einem zaghaften Lächeln im Gesicht und dem Muttermal genau dort, wo wir es erwartet hatten. Ihr Aussehen war jedoch, anders als vermutet, indigen – nicht asiatisch. Sie wirkte deutlich jünger als wir, aber wir zweifelten keine Sekunde daran, die richtige Kim gefunden zu haben. Mit dem breitesten Dialekt der Region begrüßte sie uns.

«Hallo, meine Freunde aus der Schulzeit! Schön, dass ihr mich besucht.»

Wir warfen uns fragende Blicke zu, da niemand sicher sagen konnte, ob sie das sarkastisch-ironisch oder verwirrt-freundlich meinte. Sie verkeilte ihre nervösen Finger vor sich, obwohl sie sonst nicht unruhig wirkte. Im Gegenteil – sie setzte sich auf den Platz, den wir für sie freigehalten hatten, und lächelte in die Runde, als ob nichts Eigenartiges an der Situation wäre.

«Wie fühlt ihr euch?», fragte sie und unsere Irritation wuchs.

Ich hatte dich gewarnt, sie ist durchgeknallt!, hörte ich Isaac in meinem Kopf. *Sei nicht so gemein*, gab ich zurück. *Siehst du denn auch die Flammen flackern?*

Ja, schon. Sie kommuniziert auch, sendet Bilder von dir, von Lucas und von der Situation hier – vermutlich ohne es zu realisieren.

Da weder Isaac noch ich auf Kims Frage antworteten, übernahm Lucas.

«Well, ich bin etwas nervös, freue mich aber, dich kennenzulernen», sagte er und fand damit genau die richtigen Worte.

Sie rückte etwas näher zu ihm, senkte den Blick und sagte leise: «Ich erinnere mich leider nicht an euch, es tut mir leid.»

Lucas, der Gute, schob Kim ein Glas zu und füllte es mit Wasser. Dann meinte er: «Das macht nichts. Du erinnerst dich nicht, weil wir einander noch nicht kennen.»

Kim strahlte erleichtert. Dann neigte sie ihren Kopf leicht zu Lucas. «Falls ich etwas Seltsames sage oder tue, musst du mich darauf hinweisen. Ich will einen guten Eindruck hinterlassen bei meinen Freunden aus der Schulzeit.»

Isaac seufzte – natürlich nur gedanklich. Ich selbst war etwas überfordert. Lucas aber reagierte meisterlich.

«Das ist okay», sagte er. «Werde ich tun. Aber ich finde es nicht schlimm, wenn man etwas seltsam ist.» Da Kim langsam sprach, hatte Lucas keine Schwierigkeiten, sie zu verstehen. Und ihr schien auch nicht aufzufallen, dass er einen englischen Akzent hatte.

Er fuhr fort: «Wie fühlst denn du dich im Moment?»

Wieder lächelte Kim selig. Ich konnte nur nicht erahnen, warum. Hatte sie einen glücklichen Tag? Freute sie sich über Lucas' Frage oder war das einfach ihr Standardlächeln?

«Ich bin etwas durcheinander, weil ich nicht wusste, dass ich heute Besuch bekomme. Eigentlich war ich noch mit Mr. Miller verabredet. Er wartet oben auf mich.»

«Oh, entschuldige. Wir wollten dich nicht stören. Sollen wir warten, bis der Termin vorbei ist?», fragte Lucas.

«Nein, das ist nicht nötig. Mr. Miller ist geduldig. Er wird nur grantig, wenn er Hunger hat. Aber mit ein paar Erdnüssen kann man ihn besänftigen.»

Dieses Mal strahlte Kim zu Isaac hinüber, was mich verwirrte. Wusste sie etwa von den Erdnüssen, die ich dem tatsächlich grantigen Isaac auf dem Hinweg gegeben hatte? Oder war ihre Wortwahl reiner Zufall? Auch Lucas bemerkte den Blick zu Isaac und fragte ruhig und sanft: «Du schaust zu Isaac. Weißt du, wer er ist?»

«Ja.»

Isaac beugte sich vor: «Du kennst mich?»

«Nein.»

Schroff meinte er: «Ja, was denn nun?»

Lucas hob beschwichtigend die Hand: «Kim kennt dich nicht, Isaac. Aber sie weiß, wer du bist, nicht wahr?» Kim strahlte und Isaac seufzte – natürlich wieder nur gedanklich.

«Schau, Kim», sagte Lucas weiter, «uns geht es ähnlich. Wir kennen dich nicht, aber wir wissen, wer du bist. Du bist ein Teil eines Scharonns.»

«Ja, das stimmt.»

Lucas blinzelte überrascht. «Du weißt das?»

«Ja, gewiss», meinte Kim und trank von ihrem Wasser.

Ungeduldig ging Isaac dazwischen. «Na, dann komm schon, erzähl uns alles, was du darüber weißt!»

Kims Laune verdüsterte sich und trocken kam die Aufforderung: «Iss ein paar Erdnüsse!»

Ich lachte leise. Anscheinend gab es noch jemanden, der Isaacs Arroganz nicht tolerierte. Und ich war so froh über Lucas' einfühlsame Art. Ich selbst war total überfordert mit Kim.

Lucas wandte sich nun mit hochgezogener Braue an Isaac und meinte in seinem wunderschönen Englisch: «May I please have a talk with this girl without your nervous interruption, my friend?» Isaac stand kopfschüttelnd auf und ging noch einmal zum Buffet hinüber.

Kim hingegen war wieder zufrieden: «Oh Sir, your English is simply marvelous. Where did you learn to speak in such an euphonious way?»

Das entlockte Lucas ein Grinsen, und er freute sich sichtlich darüber, dass Kim – warum auch immer – lupenreines britisches Englisch sprach. «Ich bin Engländer – und heute Morgen aus London angereist, um dich zu finden, Kim.»

«Oh, was verschafft mir denn die Ehre? Du gehörst ja gar nicht zu meinem Scharonn.»

Fasziniert beobachtete ich, wie Lucas bei jeder überraschenden Aussage von Kim noch mehr Freude an dem Gespräch fand.

«Weißt du denn, wer zu deinem Scharonn gehört?», fragte er vorsichtig.

«Also, Sir, eigentlich darf man hier nicht über solche Dinge sprechen. Sie halten einen schnell für verrückt und stecken einem Pillen in den Mund. Aber du bist ja ein Schulfreund – dann geht das bestimmt in Ordnung. Ich verrate dir etwas: Du musst immer prüfen, wer den Punkt hier auf der Stirn hat.» Sie legte theatralisch eine Hand auf ihre Stirn, als wollte sie ein Geheimnis bewahren, und zeigte mit der anderen auf ihr Muttermal – so auffällig, dass wirklich jeder es sehen musste.

Dann sprach sie weiter: «Sie hat den Punkt.» Mit einem Blick deutete sie auf mich. «Und der ungeduldige Schönling da drüben, der gehört auch dazu.» Sie drehte ihren Kopf in Richtung Isaac.

Lucas schwieg, vermutlich in der Hoffnung, dass sie weitersprechen würde. Tatsächlich zog Kim die Augenbrauen hoch, als würde ihr gerade erst etwas einfallen. «Oh! Und dann gibt's da noch einen lustigen Gesellen. Der hat sich kürzlich eingemischt ... aber ich kenne ihn nicht wirklich.»

Lucas' Augen leuchteten auf. «Genau! Das ist Bendix, mein bester Freund.»

Kim strahlte Lucas an, während Isaac an den Tisch zurückkam. Lucas gab ihm ein Zeichen, sich zu setzen und ruhig zu bleiben, um zu verhindern, dass er wieder das Gespräch störte. «Bendix wurde leider entführt. Wir wissen nicht, von wem.»

«Ja, das war bestimmt die Organisation. Aber Sir, auch darüber darf man hier nicht sprechen.» Kim legte den Finger auf ihre Lippen. Lucas gab mir mit einer Handbewegung zu verstehen, die Informationen im Notizheft mitzuschreiben, was ich sofort tat. Dann fragte er weiter.

«Was für eine Organisation ist das?»

«Schwer zu sagen!»

«Wie meinst du das? Darfst du hier mit niemandem darüber reden?»

«Oh doch, doch. Mit Mr. Miller kann ich alles besprechen. Er weiß auch über das blaue Flammenauge Bescheid.»

«Du siehst also auch dieses blaue Auge?»

«Natürlich.»

«Und wer ist dieser Mr. Miller? Dein Therapeut?»

Kim überlegte kurz und sagte dann nur: «Ja.»

«Hat Mr. Miller dir all die Dinge über das Scharonn erzählt?»

«Nein.»

«Von wem hast du es dann erfahren?»

«Von No-In.»

«Von No-In?» wiederholte Lucas. «Wer ist das?»

«Er ist mein Urgroßvater.»

«Und er weiß all diese Dinge?»

«Ja.»

«Und warum weiß er all das?»

«Na, No-In hatte früher natürlich sein eigenes Scharonn. Aber all die anderen davon? Tja, aus die Maus – alle tot und begraben.»

Lucas blinzelte irritiert. «Und No-In weiß also etwas über eine Organisation?»

«Ja.»

«Was weiß No-In denn genau?»

«Oh, so ziemlich alles, würde ich sagen.»

«Du etwa auch?»

«Nein, nein. Weißt du, ich bin ein bisschen krank im Kopf.»

Isaac kommentierte diese Aussage mit einem Verdrehen der Augen, was außer mir aber niemand sehen konnte. Lucas reagierte anders. Er musterte Kim mit ernster Miene.

«Oh no, my Lady. I won't accept phrases like this.»

Sie lachte herzlich und erklärte: «Excuse me, Sir. Ich konnte mir nur nicht alles merken, was No-In über diese Organisation sagte.»

Lucas lächelte zufrieden und kam endlich zu der Frage, die uns alle brennend interessierte.

«Kim, hör zu, das ist wichtig. Weißt du – oder No-In – irgendetwas darüber, wie wir Bendix aus den Fängen dieser Organisation befreien können?»

«Also, *ich* weiß es nicht. Aber No-In hat eigentlich immer eine Antwort.» Flüsternd ergänzte sie: «Aber ich kann ihn nur verstehen, wenn ich meine Augen schließe.»

«Du hörst ihn also telepathisch?», fragte Lucas leise.

«Nein.»

«Wie kommunizierts du denn mit ihm?»

«Ich höre ihn als Gedanken in meinem Kopf.»

«Oh, I see!» Lucas lächelte geduldig. «Wenn ich aber meine Augen schließe, bringen sie mir gleich die Pillen. Deshalb kann ich No-In momentan leider nicht fragen.»

Isaac warf ein: «Dann geh halt aufs Klo und frag ihn dort.»

«Ich muss nicht pinkeln.»

«Du gehst ja nicht zum Pinkeln. Geh einfach, damit du die Augen unbemerkt schließen kannst.» Isaac konnte kaum fassen, dass er gerade das Offensichtlichste ausgesprochen hatte.

Kim aber grinste ihn überrascht an. «Was für eine prächtige Idee! Ich mag dich zwar nicht, aber du bist schön und klug. Wartet hier, ich bin gleich zurück.» Sie stand auf und ging ins Haus.

Isaac platzte heraus: «Sorry, aber ich bin hier komplett im falschen Film. Ich habe euch gewarnt, die ist total durchgeknallt!»

Ich traute mich nicht, darauf etwas zu erwidern.

Lucas aber sehr wohl. «Leben und leben lassen, mein Freund. Genie und Wahnsinn liegen oft näher beieinander, als man denkt. Zumindest sagt meine Mutter das. Sie hat ein gutes Gespür für Menschen, die aus der Reihe tanzen.»

«Und du anscheinend auch», meinte ich anerkennend.

Lucas lächelte. «Hast du alles notiert?»

«Ja, das habe ich. Was denkst du, ist dieser No-In tatsächlich ein Mensch, mit dem sie telepathisch verbunden ist? Oder ist er dieser *Zugang zum Auge*, von dem die Entführer gesprochen haben?»

«Das frage ich mich auch.» Dann wandte er sich an Isaac. «Kannst du mal nach No-In suchen?»

Isaac zog sein Phone hervor, tippte etwas ein – schüttelte aber schon bald den Kopf. «Nichts. Kein Treffer, der passen könnte.»

«Okay», meinte Lucas. «Dann warten wir ab, was Kim uns gleich mitteilen wird.» Freudestrahlend kam Kim zurück, und setzte sich dicht neben Lucas auf die Bank. Sie sagte aber nichts.

«Hast du etwas von No-In erfahren?», fragte Lucas freundlich.

«Ja», strahlte Kim.

Schon wieder ließ sie eine Ja-Nein-Antworten ohne Erklärung stehen. Isaac machte das halb wahnsinnig, Lucas aber meisterte es mit Bravour. «*Was* hast du von No-In erfahren?»

Das war Kims Stichwort, sie begann zu erzählen. «Sehr gut, dass du fragst. No-In lässt euch herzlich grüßen. Er war überaus glücklich zu hören, dass ihr euch bei mir gemeldet habt. Er meinte, so früh hätte sich in der ganzen Geschichte noch nie ein Scharonn gefunden. Leider hatte ich eure Namen vergessen, aber ich sagte ihm, ihr wärt meine Schulfreunde.»

«Mann, begreif's doch!» Isaac schlug ungestüm mit der Hand auf den Tisch. «Wir sind keine Schulfreunde. Weißt du nun, wie wir Bendix finden können?»

Kim, die gerade so schön im Redefluss war, verstummte und blickte streng und böse zu Isaac.

Lucas wandte sich ebenfalls an ihn. «Hol doch noch etwas vom Buffet – please.» Isaac verstand natürlich die indirekte Aufforderung, sich ruhig zu verhalten, stand auf und stapfte genervt davon.

Gedanklich meldete er sich noch bei mir. *Nie im Leben verlinke ich mich mit ihr! Eher renne ich nackt durchs nächste NBI-Spiel!*

Kim sah wohl, wie ich schmunzelte, als ich ihm hinterherschaute. Verschwörerisch lehnte sie zu mir über den Tisch und flüsterte: «Ich kenn ihn schon länger. Er ist ein bisschen durchgeknallt – und ich mag ihn nicht. Ich hoffe, der rennt nicht wirklich nackt herum. Das wäre unangemessen, oder?»

Ich war perplex. Bevor ich realisierte, dass Kim offenbar Bruchstücke aus Isaacs Gedanken aufschnappte, lenkte Lucas ihre Aufmerksamkeit wieder auf sich. Dabei berührte er sanft ihre Hand. Die aufrichtig freundliche Geste ließ Kims Gesicht strahlen.

«Was meinte No-In zu Bendix? Wie können wir ihn finden?»

Kim war sofort bei der Sache und berichtete: «Oh, ja! No-In sagte, ich solle besonders gut zuhören und mir merken, was er erklärt. Es sei sehr, sehr, sehr wichtig. Bendix müsse unbedingt aus den Händen der Organisation befreit werden. Dort sei es furchtbar gefährlich, nicht nur für ihn, sondern für viele, viele Menschen. Deshalb müsse ich mich nun sehr gut konzentrieren.»

«Okay, Kim.» Lucas war angespannt und mahnte mich erneut, schreibbereit zu sein. «Was war sein Ratschlag? Was sollen wir tun?»

Kim sah ihn mit großen Augen an – und schwieg. Plötzlich zuckte ihr Gesicht leicht, Tränen füllten ihre Augen. Sie presste die Lippen zusammen – und begann leise zu schluchzen.

«Ich weiß es leider nicht mehr. Es war so anstrengend, sich bis hierher alles zu merken. Nun habe ich vergessen, was sein Ratschlag war.» Eine Träne rollte über ihre Wangen, und sie begann plötzlich, sich mit beiden Händen hart gegen den Kopf zu schlagen. «Ich bin so dumm ... so dumm!», schluchzte sie aufgebracht.

Lucas konnte noch nicht reagieren, da stürmte bereits ein Mann herbei, packte Kims Handgelenk mit erschreckend festem Griff und versuchte, ihre Arme nach unten zu zwingen, um sie vom Schlagen abzuhalten. Kim schrie auf und der Grobian schob ihr sofort eine kleine Pille in den Mund, die sie aber sofort wieder ausspuckte. Sie tobte immer wilder.

Der Pfleger wies uns streng an, sofort zu gehen. Ich stand auf. Doch Lucas griff energisch ein.

«Hey! Step back. Now.» Seine Anweisung war sehr klar und bestimmt. Sowohl der Grobian als auch Kim hielten für eine Sekunde inne. Lucas berührte in diesem Moment noch einmal sanft Kims Hand, woraufhin sie sich etwas entspannte.

«Nicht anfassen!», rief der Pfleger gereizt und wollte Lucas von Kim wegziehen. Das ließ Isaac jedoch nicht zu. Gerade vom Buffet zurück, packte er den Pfleger an der Schulter und hielt ihn mit festem Griff zurück. Ich wagte nicht zu atmen und starrte auf Lucas, der achtsam und mit großer Herzlichkeit seinen Arm um die kleine Kim legte. Sie verharrte reglos. Ihre Atmung ging unregelmäßig, und ein unbestimmter Ausdruck huschte über ihr Gesicht – Misstrauen, Erschöpfung... oder vielleicht Dankbarkeit? Dann, zögerlich, entspannte sich ihre Haltung. Erst ein wenig, dann mehr, bis sie schließlich in Lucas' Arme sank und ihren Kopf erschöpft auf seine Schulter legte. Ein paar Mal schluchzte sie noch, doch das war nur das Ausklingen ihres Anfalls. Lucas hielt sie so lange fest, bis wir uns alle wieder hingesetzt und der Pfleger sich zurückgezogen hatte. Er gab uns noch höchstens fünf Minuten, dann mussten wir den Ort verlassen.

Als Lucas sich von Kim löste, war ihr Gesicht wieder hell – als hätte jemand das Licht eingeschaltet. Ein Lächeln huschte auch über sein Gesicht und still wischte er ihr die Tränen von den Wangen.

Kim runzelte plötzlich die Stirn. Ihre Augen weiteten sich, und dann sah sie Lucas mit neuer Entschlossenheit an.

«Sir, ich erinnere mich wieder!» Lucas hielt ihren Blick aufmerksam. «No-In sagte, es brauche *drei* Scharonn-Menschen und *zwei* Verlinkungen – dann würde eine neue Fähigkeit erwachen: der Radar. Dieser gebe über den Schargall den drei Menschen ein Zeichen, wenn die vierte Person aus dem Scharonn in der Nähe ist. Je lauter der Schargall, desto näher ist die Person.» Kim machte eine Sprechpause und Isaac meldete sich telepathisch bei mir.

Ein Schargall? Ist das der helle Ton im Ohr, den wir für die Verbindung nutzen?

Das vermute ich auch, sendete ich zurück.

Der Grobian drüben beim Eingang tippte ungeduldig auf die Uhr, ein unmissverständliches Zeichen, den Besuch zu beenden. Lucas fing kurz meinen Blick auf, um sich zu vergewissern, dass ich alles mitgeschrieben hatte. Mit einem Daumenhoch bestätigte ich es ihm. Dann wandte er sich noch einmal an Kim. «Es tut mir leid, aber wir müssen nun gehen.»

«Kommst du morgen wieder her?», fragte Kim und blickte Lucas in seine hellen Augen.

«Auf jeden Fall, ja. Um welche Zeit?»

«Morgen ist kein Besuchstag. Dann dürfen Schulfreunde nur nachmittags zwischen 4 und 6 hier sein.»

«Okay. Hast du ein Phone, auf dem wir dich erreichen können?»

«Oh, Sir. Das ist eine Irrenanstalt. Sowas ist hier nicht erlaubt.»

Lucas sah sich nervös nach dem Pfleger um, dessen Geduld offenbar langsam erschöpft war – er warf uns einen scharfen Blick zu. Schnell fragte er Kim: «Darfst du den Ort hier mal für ein paar Tage verlassen?»

«Kinder, Kinder. Ihr handelt euch sehr großen Ärger ein, wenn ihr versucht, abzuhauen. Seid vernünftig.»

Kim zitierte offenbar die Hausregeln, fügte aber noch hinzu: «Ich war schon mehrmals unvernünftig und habe das Gelände verlassen. Aber ich gehe niemals ohne Mr. Miller aus dem Haus. Niemals.»

Das war das letzte, was Kim noch sagen konnte, bevor wir uns unter dem strengen Blick des Pflegers in Windeseile verabschiedeten und mit liechtensteinerischer Konsequenz vor die Tür gesetzt wurden. Es klang nicht danach, als wären wir bald wieder willkommen in diesem Haus.

Kapitel 23

Keiner von uns hatte die Begegnung mit Kim so erwartet, wie sie verlaufen war. Doch unser Plan ging erstaunlich gut auf. Wir hatten Kims Antwort und wussten nun, wie wir Bendix finden konnten. Damit der Radar funktionierte und uns zu ihm führen konnte, musste sie wie geplant mit uns nach England reisen.

An diesem Punkt machte Isaac aber einen Rückzieher. Er war strikt dagegen, Kim mit nach England zu nehmen – er hielt das für sträflich riskant. Immer wieder versuchte er uns klarzumachen, wie gefährlich die Telepathie sein konnte. Kim sei deswegen in der Psychiatrie gelandet. Hatte er tatsächlich Angst, dass ihm dasselbe passieren könnte? Oder war er einfach angespannt, weil er noch andere Sorgen hatte? Die Kreditkarte seines Vaters wurde im Verlauf des Nachmittags gesperrt. Seine Eltern hatten also von seiner Aktion erfahren. Isaac machte sich Sorgen, weil wir somit kein Geld mehr hatten. Die Rückflugtickets waren aber bereits gebucht, und zwei Nächte im Hotel waren bezahlt. Da seine Eltern auf Geschäftsreise waren, glaubte Isaac, dass sie uns bis Ende der Woche keine Probleme machen würden.

Lucas wiederum war sichtlich bewegt von dem, was wir in der Psychiatrie erlebt hatten. Er hatte es tatsächlich geschafft, eine Brücke zu Kim zu bauen – sie zu erreichen. Und er hatte auch keine Bedenken, sie für ein paar Tage mit nach England zu nehmen. Gerade mit ihrem Therapeuten Mr. Miller als Begleitung hielt er es für vertretbar. Seiner Meinung nach hatten wir eh keine andere Wahl. Er erinnerte uns immer wieder an No-Ins Worte: Bendix war in großer Gefahr. Wir mussten alles daransetzen, ihn zu befreien.

Ich selbst hatte kein Problem mit Kim – wusste nur nicht, wie ich mit ihr umgehen sollte. Umso mehr beeindruckte mich, wie Lucas auf sie reagierte. Er bewegte sich mit seinen sozialen Fähigkeiten in einer Liga, die für mich unerreichbar schien.

Für unsere weiteren Pläne ging ich – wie Lucas – davon aus, morgen mit Kim und Herrn Miller das Vorgehen zu besprechen, damit wir gemeinsam am Tag darauf nach England zurückreisen konnten. Meiner Meinung nach war nicht Kim oder die gesperrte Kreditkarte von Vater Aham unser größtes Problem, sondern dass wir keinen Anhaltspunkt hatten, wo Bendix sich aufhielt. War er überhaupt noch in Großbritannien? Selbst wenn alles klappte und wir in zwei Tagen nach London zurückkehrten, wo sollten wir anfangen, nach ihm zu suchen?

Die Jungs zogen sich sofort nach unserer Rückkehr im Hotel ins Zimmer zurück. Ich nutzte die Gelegenheit und setzte mich im Empfangsraum auf einen der wunderbaren Sessel, sodass ich die ganze Halle überblicken konnte. Ich schloss die Augen und kontaktierte Bendix, um ihm von allem zu berichten, was passiert war. Er war gerührt über die Erzählung von Lucas und Kim und betonte immer wieder, wie gerne er bei uns wäre, um uns zu helfen. Ausgerechnet Bendix saß in diesem Kabelhaus fest. Er, der so gerne Neues erleben wollte. Er, der auf einer Insel lebte und trotzdem noch nie das Meer gesehen hatte, und er, der vor Freude strahlen würde beim Anblick dieser Bergkulisse.

Danach beobachtete ich die anderen Gäste in der Halle. Dank der durchdringenden Stimme der Rezeptionistin, die jeden der fremdklingenden Namen laut und freundlich wiederholte, konnte ich rätseln, woher die Leute wohl anreisten. Ich wollte aber auch sehen, wer an der Bar ein Getränk bestellte oder bereits Richtung Speisesaal ging, wo bald das Abendessen serviert wurde. Wir hatten kein Geld dafür, deshalb kaufte ich auf dem Heimweg Brot und Käse, um für uns Sandwiches zu machen.

Von meinem Sessel aus blickte ich durch die bodentiefen Fenster auf eben jene beeindruckenden Berge im Hintergrund, die Bergbahnen und den großen Vorplatz, der als Parkplatz diente und auf dem auch der Ortsbus wendete. Meine Gedanken schweiften ab. Wie Bendix sehnte ich mich danach, verschiedene Orte zu sehen und das Gefühl von Freiheit zu erleben. Sich um niemanden kümmern zu müssen, außer um sich selbst. Wenn Bambi und Bambus jeweils den Jungs hinterherschmachteten, verstand ich nie, was sie damit bezweckten. War es ihr Lebenswunsch, eine Beziehung zu haben und sich ewig darum zu sorgen, wie es dem anderen ging? Gleichzeitig fürchtete ich, emotional kaputt zu sein, weil ich mir überhaupt nicht vorstellen konnte, mich je wirklich auf jemanden einzulassen.

Etwas wehmütig holte ich mein Phone aus der Tasche, steckte mir den Kopfhörer ins Ohr und klickte mich durch die wichtigsten Apps. Oh nein! Das Video aus Bluefield ging weiter viral – 200'000 Views mehr als heute Mittag im Zug. Die Kommentarspalte war übervoll – ich musste wegklicken. In den Social-Media-Kanälen zeigte sich das Sommerloch, indem quasi alle aus der Schule irgendwelche Ferienbilder teilten und die Sache mit dem verschwundenen Isaac Aham zu einem Großprojekt mutierte. Ob Isaac selbst den Rummel um seine Person schon mitbekommen hatte, wusste ich nicht. Ich hatte ja noch immer keine Gelegenheit gehabt, mit ihm zu reden. Das Einzige, was ich wirklich las, waren die Nachrichten von Sahara. Natürlich wollte sie wissen, was bei mir los war, und ich wusste, dass ich ihr noch immer die überaus komplizierte Wahrheit schuldete.

Ich tippte als Antwort: **Bin heute mit Isaac und Lucas nach Liechtenstein gereist. Du hattest recht – es war die richtige Kim in der Psychiatrie. Wir konnten sogar mit ihr reden.**

Kaum hatte ich die Nachricht abgeschickt, wurde sie als gelesen markiert. Und ehe ich mich versah, rief Sahara bereits an. Ich nahm den Anruf über meine Kopfhörer an.

«Hey, Tam. Wo bist du?»
«In einem Hotel in der Hauptstadt von Liechtenstein.»
«In Vaduz?»
«Genau. Wie geht es dir?»
«Es ist heiß und langweilig hier. Was habt ihr nun vor?»

Gute Frage. Um sie zu beantworten, musste ich Sahara nun mit der ganzen Wahrheit konfrontieren. Ohne lange nachzudenken, tat ich genau das. Ich erzählte ihr einfach alles – chaotisch und ohne Reihenfolge. Von der Telepathie und dem Scharonn, von Isaac und Bendix, von der Gefangenschaft und unserem Plan mit Kim. Sahara hatte verständlicherweise Mühe, mir zu folgen. Dank ihrer unbändigen Neugier führte sie mich aber mit geschickten Fragen durch die Irrwege dieser verrückten Geschichte, bis sie sich ein Bild machen konnte. Und ja, sie wollte mir glauben. Sie wollte es wirklich glauben. Doch jede Vernunft sprach dagegen. Um ihr einen Beweis zu liefern für das Unerklärliche, das sich in meinem Leben auftat, sagte ich: «Such mal nach: Kommunikation mit Außerirdischen mitten in Bluefield.»

Sahara antwortete prompt. «Ich kenne das Video.»
«Du kennst es?»
«Natürlich. Sowohl die True-Crime- als auch die Paranormal-Community rätselt, ob es echt ist. Faszinierend ist es auf jeden Fall.» Ich war mir nicht sicher, ob ich mich beschämt oder erleichtert fühlen sollte. Schnell fragte ich: «Und? Was hältst du davon?»
«Ich hab's bestimmt hundert Mal angesehen und bin zu 96 Prozent sicher, dass es echt ist.»
«Svea, ... auf dem Video sind Isaac, Bendix und ich.»

Sahara verstummte. Ich hatte schon Sorge, dass sie nie wieder etwas sagen würde. Doch dann erwachte sie aus ihrem Schock, voller Elan, und jeder Zweifel, den sie bisher gehabt hatte, war verflogen. Mit detektivischem Eifer ging Sahara alles noch einmal durch, was sie über die Telepathie, das Scharonn, die Entführung und Bendix' Aufenthaltsort von mir erfahren hatte.

Dann sagte sie: «Verstehe ich das richtig, du bist gedanklich mit Bendix verbunden? Du hast eine direkte Leitung in seinen Kopf?»

«Ja, das stimmt.»

«Wenn ich also etwas wissen will, kannst du die Frage weiterleiten, und wir bekommen live eine Antwort aus dem Raum, in dem er gerade festgehalten wird?»

«Ja.»

«Würde ich also fragen, ob es im Raum Steckdosen gibt, könnte er nachschauen und dir das telepathisch beantworten?»

«Warum solltest du wissen wollen, ob es Steckdosen im Raum gibt?»

«Das war nur ein Beispiel. Wären es englische Steckdosen, so wüssten wir, dass er noch in Großbritannien ist.»

Da verstand ich, was Sahara vorhatte – und es war sehr klug von ihr. Sie wollte anhand von Bendix' Hinweisen seinen ungefähren Aufenthaltsort ermitteln, was mein größtes Problem lösen würde. Begeistert blätterte ich durch mein Notizheft, um ihr alle Infos über das Kabelhaus zu geben, die ich bisher von Bendix bekommen hatte. Gerade wollte ich ihn kontaktieren, als meine Aufmerksamkeit auf die Rezeption gelenkt wurde. Zwei Männer in dunklen Anzügen betraten ohne Gepäck das Gebäude. Instinktiv beobachtete ich sie aus dem Augenwinkel. Ich verstand nicht, was sie sagten, aber dann erklang die durchdringende Stimme der Rezeptionistin: «Isaac Aham?»

«Oh, shit!», flüsterte ich zu Sahara. «Da sind zwei Männer, die nach Isaac fragen! Ich muss ihn schnell warnen. Bleib dran.»

Isaac! Isaac! Isaac!

Hey, langsam, Tammy. Was ist los?

Hastig erklärte ich ihm die Situation, ohne einen Plan zu haben, was er tun sollte. Zum Glück war Sahara noch in der Leitung.

«Kann Isaac das Zimmer unbemerkt verlassen?», fragte sie.

«Ich glaube nicht, nein. Einer der Männer geht gerade die Treppe hoch, der andere wartet beim Aufzug.»

«Okay, sag Isaac, er soll sich verstecken und Lucas muss die Männer hinhalten. Wir brauchen Zeit! In welchem Hotel seid ihr?»

Ich beantwortete Saharas Frage und übermittelte Isaac hektisch ihre Anweisung, ohne den Plan wirklich zu verstehen. Die Männer verschwanden aus meinem Sichtfeld.

«Soll ich den Typen hinterher?»

«Nein. Geh nach draußen. Da sehe ich einen großen Parkplatz auf dem Satellitenbild. Passt eines der Fahrzeuge zu den Männern?»

Tammy? Was ist los bei euch?

Huch, das war Bendix. Ich rannte nach draußen und erklärte ihm schnell die Situation. Die Verbindung zu ihm ließ ich offen, um schneller zwischen den Frequenzen hin und her zu wechseln.

Zu Sahara sagte ich: «Ein Firmenwagen der Aham-Immobilien steht direkt vor dem Haupteingang, quer über dem Platz.»

Welche Marke?, fragte Bendix, der offenbar meine Worte gehört hatte.

«Sitzt jemand im Wagen?», wollte Sahara wissen.

«Nein, niemand.»

Rasch beantwortete ich auch Bendix' Frage.

Sahara überlegte laut. «Wir müssen den Wagen lahmlegen, damit sie nicht mit Isaac wegfahren können. Kannst du die Reifen zerstechen?» Ich sah mich um, fand aber nichts Passendes.

Nun wechselte ich zu Isaac. *Was ist da oben los?*

Ich verstecke mich im Schrank. Lucas gibt sein Bestes, die Typen fernzuhalten. Aber sie lassen nicht locker!

Tammy? Das war jetzt wieder Bendix. *Mach genau, was ich sage.* Er sprach ruhig und ich wiederholte für Sahara seine Anweisungen. *Check, ob der Wagen offen ist.* Er war offen. *Öffne die Fahrertür.* Ich tat, was er sagte. *Greif nach dem Hebel, links unten neben dem Lenkrad und zieh daran.* Es klappte – die Motorhaube sprang auf.

So erledigte ich Schritt für Schritt, was Bendix mir sagte, bis ich mit aller Kraft an einem Schlauch unter der Motorhaube zog. Mein Herz schlug wild und ich hatte eine Riesenangst, dass gleich jemand kommen und mich verhaften würde. Ich hatte vielleicht sämtliche Regeln des Jugendamtes ausgehebelt, aber ich wollte mir nicht die Finger am Gesetz verbrennen. Das hier überschritt weit meine moralischen Grenzen.

Doch niemand beachtete mich. Ich tat es wahrscheinlich so offensichtlich, dass keiner Verdacht schöpfte. Auf Bendix' Anweisung klappte ich die Motorhaube wieder runter und schlug die offene Tür auf der Fahrerseite zu. Bendix gab uns eine kurze Erklärung: *Damit wird der Wagen nur noch knapp fünf Kilometer weit fahren, dann beginnt der Motor zu stottern, vielleicht zu rauchen und das Fahrzeug bleibt stehen.*

Sahara führte den Fluchtplan fort. «Okay, sehr gut. Nun brauchen wir etwas, womit ihr entweder fliehen könnt, bevor Isaac in den Wagen steigt, oder ihr verfolgt den Wagen, falls Isaac nicht rechtzeitig davonkommt.» Ihre Gedanken überschlugen sich. «Tammy, sag Isaac unbedingt, er dürfe keinerlei Widerstand leisten, wenn sie ihn im Schrank finden. Er soll sich reuig zeigen. So gelingt die Flucht danach viel einfacher. Nun brauchen wir Fahrräder.»

«Moment», sagte ich ins Mikrofon meiner Kopfhörer, «ich kümmere mich zuerst um die Nachricht an Isaac.» Sie kam gerade rechtzeitig. Genau in diesem Moment öffnete einer der Typen die Schranktür und Isaac schlüpfte in die reumütige Rolle, die Sahara ihm vorgeschlagen hatte. Ich konnte mich aber nicht länger auf Isaac konzentrieren. Rasch gab ich ein Update an Sahara und Bendix. «Sie haben ihn!»

«Bleib ruhig, Tammy.» Sahara blieb gefasst. «Ich habe einen Plan! In eurem Hotel gibt es einen A-A-E-I …»

Verdammt, ich verstand kein Wort. Direkt hinter mir standen die beiden Frauen mit den vielen Kindern – eins davon brüllte so laut, dass ich Sahara nicht mehr hören konnte. Schnell trat ich ein paar Schritte zur Seite, weg vom Gebrüll. Da sah ich, was geschehen war. Einer der Jungs hatte eine riesige Schokoladeneiskugel fallen lassen – für ihn das Ende der Welt. Er kreischte noch immer fürchterlich. Ich konnte nicht mehr klar denken. Zum Glück nahm die Frau den Kleinen und trug ihn fort, um nicht noch mehr Aufmerksamkeit zu erregen.

Sofort fragte ich nach. «*Was* gibt's es in unserem Hotel?»

«Einen Fahrradverleih! Tammy, konzentrier dich! Geh rechts am Eingang vorbei – du wirst ihn sehen. Beeil dich!»

Tammy, sie bringen mich zum Aufzug!

«Sie bringen Isaac bereits runter», flüsterte ich panisch, bückte mich, griff geistesgegenwärtig nach der schokoladenfarbenen Eiskugel auf dem Boden und schmierte sie über die Frontscheibe des Aham-Firmenwagens. Für einen Moment war ich stolz auf meine Idee. Dann hetzte ich zum Brunnen neben dem Parkplatz, wusch eiligst meine Hände und rannte den Weg am Hotel entlang hinunter zum Fahrradverleih.

Oh, wow, Tammy! Warst du das mit der Sauerei?

Isaac und die Männer waren offensichtlich nur Sekunden, nachdem ich um die Hausecke gebogen war, beim Wagen angekommen. Ich betrat inzwischen den Verleih. Der ältere Herr, der den Laden führte, sah nicht aus, als wäre er der Schnellste – das beunruhigte mich. Ungeduldig wartete ich im Raum, doch er stand noch nicht einmal von seinem Hocker auf, den er vor einem kopfüber stehenden Fahrrad positioniert hatte. Mist, das würde zeitlich niemals reichen!

«Wie viele Fahrräder brauchst du?», sagte er langsam, ohne den Kopf zu heben.

«Drei bitte», antwortete ich hektisch.

«Zimmernummer?»

«312.»

«Nimm drei, die dir passen. Geht direkt auf die Hotelrechnung. Bringt sie um 18 Uhr zurück. Schlüssel steckt.»

Ich konnte es kaum glauben, schob eiligst alle drei Fahrräder nacheinander auf den Platz hoch und warf aus sicherer Distanz einen Blick auf das Geschehen. Es herrschte eine ziemliche Aufregung. Einer der Aham-Männer fluchte lautstark und war gerade damit fertig, mit Servietten die Sauerei auf der Frontscheibe zu entfernen. Der andere Mann stand neben Isaac – aufmerksam, aber ohne ihn festzuhalten. Ich fasste für Sahara und Bendix das Wichtigste zusammen und wandte mich dann an Isaac, mit dem ich kurz zuvor Blickkontakt gehabt hatte.

Isaac, warte auf den richtigen Moment – dann schnapp dir ein Bike und hau ab.

Im Hintergrund sah ich Lucas, der unsere Rucksäcke hielt. Er hatte meinen Plan längst erkannt. Zeitgleich stieg ein indisches Paar aus einem Taxi und ging mit seinen riesigen Rollkoffern zum Hoteleingang – überwältigt von den steilen Bergen im Hintergrund. Ich hielt den Augenkontakt sowohl mit Lucas als auch mit Isaac und stellte die Fahrräder beim Parkplatzausgang ab.

Der fluchende Mann des Aham-Imperiums stieg gerade in den Wagen und begann, ihn zu wenden. Der Scheibenwischer verteilte die letzten sahnigen Reste auf der Windschutzscheibe. Isaac stand angespannt, aber ruhig auf dem Platz, als der indische Tourist ihn unerwartet bat, ein Foto von ihm und seiner Frau zu machen. Isaac willigte sofort ein, agierte galant und sprachgewandt, sodass sein unerwünschter Bodyguard ihn nicht davon abhalten konnte. Der Inder rollte die Koffer zur Seite, zog seine Frau an sich und posierte vor den Bergen, als wäre es ein Hochzeitsfoto. Isaac handelte klug und entfernte sich während des Fotografierens unauffällig von seinem Aufpasser. Doch der Bodyguard witterte den Plan und folgte ihm. Isaac musste handeln. Er drückte dem Inder die Kamera in die Hand – und sprintete los. Nicht, wie ich es erwartet hatte, zu den bereitgestellten Fahrrädern, sondern in die entgegengesetzte Richtung, um das gewendete Fahrzeug herum. Der Bodyguard zögerte keine Sekunde und rannte hinterher. Lucas erkannte Isaacs

Plan und stieß den Rollkoffer des Paares direkt vor die Beine des Verfolgers. Mit heftigem Gepolter stolperte dieser darüber und musste sich dann mit den hilfsbereiten Touristen herumschlagen. In der Zwischenzeit schnappten sich Isaac und Lucas je ein Fahrrad.

Schnell, fahrt los. Wir treffen uns später!, schickte ich Isaac gedanklich hinterher und sah, wie sie in die Pedale traten. Nur Sekunden später gab der Fahrer des Aham-Wagens Gas und nahm die Verfolgung auf. Ein Schauer lief mir über den Rücken.

Kapitel 24

«Haben sie es geschafft? Konnten sie entkommen?» Sahara und Bendix fieberten aus verschiedenen Ländern mit. Ich bestätigte beiden, dass unser Plan aufgegangen war. Erst jetzt fiel mir auf, wie stark die blauen Flammen pulsierten, seit wir drei in intensivem Kontakt standen. Doch Zeit zum Verschnaufen blieb nicht – Bendix drängte: *Tammy, bleib nicht dort. Fahr an einen sicheren Ort.*

Sahara, deren Stimme immer noch in meinem Ohr war, riet mir dasselbe. Also schnappte ich meinen Rucksack, schwang mich auf das dritte Fahrrad und fuhr in Richtung psychiatrische Klinik. Nach ein paar Minuten meldete sich Isaac aufgeregt. Ich hielt an, um mich besser zu konzentrieren, und übersetzte alles für Sahara.

«Isaac hat die Verfolger im Baustellenlabyrinth abgehängt.»

Auch Bendix konnte mich durch die offene Frequenz einigermaßen verstehen. Sofort fragte er: *Was ist mit Lucas?*

«Kannst du mir Isaacs Telefonnummer geben?», bat Sahara.

Ich antwortete zuerst Bendix. *Lucas muss irgendwo abgebogen sein. Sie haben sich aus den Augen verloren.*

Danach diktierte ich Isaac gedanklich Saharas Nummer, da ich seine immer noch nicht hatte und sie deshalb nicht weitergeben konnte. Offenbar kontaktierte er sie direkt, denn ich hörte das Gespräch mit, das Sahara über eine zweite Leitung führte.

«Hi, Isaac, hier ist Svea. Teile deinen Live-Standort mit dieser Nummer. Nein, es gibt noch keinen Plan. Aber ihr dürft auf keinen Fall... Isaac? Hallo?»

Oh, shit, sie sind wieder da, ich muss weg.

Der letzte Satz kam telepathisch von Isaac.

Offenbar wurde er wieder verfolgt. Sahara hatte ihn nicht mehr am Phone, aber er hatte seinen Standort freigegeben. Sie konnte ihn per GPS am Monitor verfolgen und suchte bereits den besten Weg für ihn heraus. So gab sie mir eine Anweisung nach der anderen.

«Tammy, sag Isaac, er soll die nächste Straße rechts ... in 100 Metern links ... bei der nächsten Kreuzung auf die Seitenstraße.» Ich fühlte mich wie ein lebendes Navigationsgerät. Schließlich erklärte mir Sahara ihren Plan. «Wir schicken Isaac auf die lange Verbindungsstraße zur nächsten Ortschaft. Spätestens dort wird er die fünf Kilometer erreicht haben, die Bendix erwähnt hat. Isaac braucht bis dahin genug Vorsprung. Ich hoffe, Bendix' Plan funktioniert und der Wagen bleibt stehen. Sonst schnappen sie ihn.»

Bevor sie weitermachte, erhielt ich eine Nachricht von Lucas. **Bin bei der Psychiatrie. Erreiche Kim nicht. Kann Isaac Kontakt zu ihr machen? Please!** Ich leitete die Nachricht an Sahara weiter, damit sie Bescheid wusste.

«Tammy, hat Isaac ein Mountainbike?», wollte sie wissen.

«Ja, ein modernes, rotes Bike.»

«Okay, perfekt. Schick ihn jetzt auf einen Seitenweg. In 150 Metern links. Schnell!» Ich gab Isaac die Info weiter.

Sahara kommentierte mit einem «Yes!», vermutlich als sie auf per GPS sah, dass er richtig abgebogen war.

«Frag ihn, ob die Verfolger noch hinter ihm sind.»

«Sie sind noch da, sagt er. Der Abstand wird größer, aber er ist erschöpft und kann das Tempo nicht mehr lange halten.»

«Okay, in 300 Metern soll er nicht Richtung Waldweg abbiegen, sondern nach rechts durch die Landwirtschaftszone. Die führt zurück auf die Hauptstraße. Dann muss Bendix' Plan greifen.»

Noch während ich Isaac die Infos durchgab, meldete sich Bendix mit einer ungewöhnlichen Anweisung. Da ich ohnehin alle Befehle blindlings ausführte, folgte ich auch diesem, ohne weiter nachzudenken. Ich suchte online nach der nächsten Autogarage, schaltete das Fahrradlicht ein und machte mich auf den Weg dorthin.

Sahara blieb über den Kopfhörerknopf mit mir verbunden und kommentierte: «Ich habe die Nachricht von Lucas gesehen. Du darfst das Isaac jetzt auf keinen Fall sagen. Er ist immer noch mit hohem Tempo auf der Flucht und muss sich voll konzentrieren. Bist du in Kontakt mit ihm?»

In dem Moment meldete sich Isaac. *Ich sehe Rauch aus der Motorhaube. Aber es wird knapp, sie sind wieder direkt hinter mir.*

Isaac, Lucas braucht dich. Ich ignorierte Saharas Rat. *Er steht vor der Psychiatrie, kann aber Kim nicht erreichen! Du bist der Einzige, den sie wahrnehmen kann. Du musst ihr irgendwie mitteilen, dass Lucas vor dem Haus wartet. Bitte, versuch es.*

Nichts. Ich hörte nichts mehr von Isaac, während ich durch die Straßen bog, direkt zur nächsten Autogarage. Es war inzwischen spät, und der Himmel hatte sich verdunkelt. Die Garage mit den großen Leuchtbuchstaben über dem Gebäude war längst geschlossen, als ich ankam. Doch wie Bendix es erwartet hatte, standen viele Gebrauchtwagen auf dem Areal. Nun schlich ich wie eine Kriminelle zwischen den Fahrzeugen umher und nannte Bendix jede Marke, die ich im matten Schein der Beleuchtungsanlage erkennen konnte. Nicht lange – dann setzte ein Platzregen ein, und ich musste an geschützter Stelle unterstehen. Bendix blieb geduldig. Mit seiner lockeren Plauderei lenkte er mich geschickt von meiner Nervosität ab, denn ich war wohl oder übel kurz davor, eine Straftat zu begehen. Gleichzeitig rief Sahara an, die ich offenbar versehentlich aus der Leitung geworfen hatte. Ich wollte den Anruf annehmen, aber Bendix funkte dazwischen. Er wollte keine weitere Zeit verlieren und schickte mich zurück zu den Gebrauchtwagen. Der Regen ließ nach, also tat ich, was er sagte, und nahm nun auch den Anruf von Sahara an. Sie wollte dringend ein Update von Isaac.

«Tammy, er hat angehalten. Warum nur?» Sahara war unruhig. «Schnell, frag ihn, was los ist.»

Ich stellte Bendix auf OFF und wechselte auf Isaacs Frequenz.

«Isaac? Was ist los bei dir? Alles okay? Isaac? Wo bist du?»

Mist. Keine Antwort. Sahara würde nicht erfreut sein, aber ich musste ihren Anruf wegdrücken, denn in diesem Moment leuchtete Lucas' Nummer auf meinem Display auf.

«Hey, Tammy, was ist los bei euch?» Mein Kopf arbeitete inzwischen auf Hochtouren. Aber ich spürte intuitiv, wer gerade in meinem Kopf sprach, stellte Frequenzen auf OFF, um mich gezielt auf andere zu konzentrieren, oder ließ die Leitung bewusst auf ON – vermutlich wurden so auch Gedanken und Worte übertragen, die ich nicht explizit telepathisch sendete. Ich brachte Lucas auf den neuesten Stand. Bendix' Raffinesse mit dem Motorschaden beeindruckte ihn, aber wegen Kim war er weiterhin verzweifelt. Er würde den Ort auf keinen Fall verlassen, ohne sich – wie versprochen – noch einmal bei ihr zu melden. Das hatte ich befürchtet. Jetzt blieb nur die Hoffnung, dass Isaac sich überwunden hatte und Kim wenigstens einige Informationen übermitteln konnte. Vielleicht war er deshalb abgelenkt und für mich nicht mehr erreichbar?

Lucas hatte verschiedene Szenarien durchgespielt, wie es für uns weitergehen könnte, aber ich konnte mich nicht darauf konzentrieren. Ich schickte ihm kurzerhand Saharas Kontakt und bat ihn, das mit ihr zu besprechen. Sie klopfte schon wieder an, und eigentlich hätte ich Bendix' Frequenz wieder öffnen sollen.

«Was hat Bendix vor?», wollte Lucas wissen.

«Er hat mich zu einer ...»

Lucas unterbrach flüsternd: «Oh, Tam, someone is coming. Ich muss auflegen!»

Sahara und Bendix warteten beide auf meine Aufmerksamkeit. Das Flammenauge pulsierte in mir, und eine immense Energie durchströmte mich. Es fühlte sich an, als würden kleine Blitze durch mein Gehirn schießen – begleitet vom blauen Auge, das alles beobachtete. Doch körperlich war ich unendlich müde. Langsam rutschte ich an einem Toyota Corolla herunter und kauerte nun auf dem Boden. Noch einmal versuchte ich, Isaac zu erreichen.

Isaac? Isaac, melde dich! Es blieb still.

Ich wusste nicht, wovor ich mehr Bammel hatte – vor dem Gespräch mit Sahara, die unaufhörlich auf meinem Telefon blinkte, oder vor dem, was Bendix als Nächstes plante. Ich entschied mich, den Engländer auf ON zu stellen, damit er mithören konnte, und nahm dann Saharas Anruf entgegen.

«Tammy, konntest du Isaac inzwischen erreichen?»

«Nein, leider nicht, habe es eben noch einmal versucht, aber er reagiert nicht.»

«Scheiße!», entfuhr es Sahara. Ich war überrascht über den ungewohnt groben Ausdruck aus ihrem Mund. «Sein Phone ist noch an, ich sehe den Standort auf der Map.»

«Hast du ihn angerufen?», fragte ich, weil es mir naheliegend erschien.

«Nein», antwortete Sahara.

«Warum nicht?»

«Nun, wenn er nicht in der Lage ist, deine Telepathie zu empfangen, wird er auch keinen Anruf entgegennehmen können. Die Lage ist verzwickt, Tammy. Isaac muss sich bald melden, sonst bleibt euch nichts anderes übrig, als zum GPS-Standort zu gehen und nachzusehen, was los ist. Und alles Weitere ist nicht weniger kompliziert. Ihr könnt nicht zum Hotel zurück. Die Ahams würden euch dort abfangen. Ihr solltet am besten ganz aus der Gegend verschwinden. Aber ihr habt kein Geld mehr, weil Isaacs Kreditkarte gesperrt ist. Übrig bleiben zwei umsonst bezahlte Nächte im Hotel, die Zug- und Rückflugtickets für übermorgen – und drei gestohlene Fahrräder. Sonst nichts.»

Normalerweise präsentierte Sahara mehr Lösungen als Probleme. Daran erkannte ich, wie schwierig die Situation war.

«Was sollen wir tun?», fragte ich leise.

«Ich befürchte, ihr müsst irgendwo draußen übernachten. Denn auch die Bus- und Bahnverbindungen sind rar. Aber es wird noch einmal heftig regnen und womöglich... oh! Eine unbekannte Nummer ruft an. Wer kann das sein?»

«Das ist bestimmt Lucas. Er weiß vielleicht, was zu tun ist.»
«Okay, ich rede mit ihm. Melde mich gleich wieder bei dir!»
Sahara legte auf, nun wollte ich mich Bendix zuwenden – er hatte die ganze Zeit still in der offenen Leitung gewartet. Zuerst aber schaltete ich auf Isaacs Frequenz, in der Hoffnung auf ein Lebenszeichen. Leider ohne Erfolg.

Ich wandte mich an Bendix, und er kam ohne Umschweife auf den Punkt: *Tammy, wir nehmen den Fiat Panda!*

Oh, Bendix, ich fürchte, ich weiß, was du vorhast. Aber ich glaube nicht, dass ich das schaffe!

Denk nicht nach. Ihr braucht diesen Wagen dringend. Das Aufbrechen ist keine Kunst, glaub mir. Ich bin bei dir – solange du mich nicht wieder aus der Leitung knallst – und wir machen das jetzt gemeinsam.

Obwohl ich Bendix nicht sehen konnte, so spürte ich zwischen seinen Worten eine Gelassenheit, seine Herzlichkeit und seinen wohltuenden Optimismus.

Also, Tammy, wo bist du gerade?

Ich sitze klatschnass am Boden. Der Fiat steht direkt vor mir.

Okay. Jetzt klopf dir mit beiden Händen ins Gesicht. Er gab mir zwei Sekunden Zeit. *Hast du es gemacht?*

Ja, log ich, denn meine kalten, nassen Hände wollte ich mir echt nicht ins Gesicht klatschen.

Sehr gut. Jetzt suchen wir ein geeignetes Werkzeug. Steh auf, geh zum Werkstattbereich und beschreibe mir alles, was du siehst.

Dieser Tag ging in die Geschichte meiner kriminellen Eskapaden ein. Ich hatte nicht nur einen VW lahmgelegt, dessen Frontscheibe mit Schokoladeneis beschmiert und drei Fahrräder geklaut, nach etwa zwanzig Minuten hatte ich auch einen Fiat Panda geknackt. Bendix behauptete, er hätte dazu keine zwei Minuten gebraucht. Ich war jedoch abgelenkt – von meinem schlechten Gewissen und den ständigen Anrufen von Sahara, die ich alle wegdrückte. Ich musste mich konzentrieren. Bendix' geduldiges Zureden half mir dabei und tatsächlich – ich hatte es geschafft! Die

Wagentür war offen. Aber der Schlüssel fehlte trotzdem, und fahren konnte ich den Fiat sowieso nicht. Erschöpft, nervös und doch seltsam stolz lehnte ich mich an den aufgebrochenen Wagen. Mein Phone vibrierte, und auf dem Display erschien eine neue Nachricht von Lucas.

Teile deinen Standort, pls.

Das tat ich und versuchte erneut, Isaac zu erreichen. Für einen Moment glaubte ich, etwas von ihm zu hören oder zu spüren. Raschelndes Gebüsch? Blätter? Hatte Isaac ein Problem? Doch Saharas nächster Anruf riss mich aus meinen Gedanken.

«Tammy, weißt du etwas von Isaac?»

«Nein», antwortete ich, unsicher, ob ich Sahara von meinen kurzen Eindrücken erzählen sollte. Sie seufzte, und ich konnte ihre Sorge deutlich spüren. Schnell bekam ich ein Update: «Hör zu, Lucas hat Kim bei sich. Sie hat die Psychiatrie unbemerkt durch ein Fenster verlassen und weicht nun nicht mehr von seiner Seite.»

Na bravo. Noch eine Straftat, dachte ich.

«Lucas will sie nach London mitnehmen und unbedingt noch heute Nacht fliegen.»

«Heute Nacht? Ernsthaft? Wie soll das gehen?»

«Es gibt einen Flug kurz vor Mitternacht, auf den ich euch umbuchen könnte. Aber dazu müsstet ihr mit den Fahrrädern zurück über die Grenze in die Schweiz – nur von dort gibt es noch eine letzte Zugverbindung. Das sind sechs Kilometer in 25 Minuten. Lucas will es unbedingt versuchen. Aber Tammy, ich muss ehrlich sein – ihr habt keine Chance.»

Mit dem Rücken lehnte ich noch immer am aufgebrochenen Fiat, der Akku meines Phones war bei 20 Prozent, ich selbst mit meiner Energie noch einiges darunter. Das Flammenauge pochte aber wie pures Adrenalin unaufhörlich in meinem Körper. Ich konnte Sahara in diesem Moment aber nichts mehr entgegnen, denn mein Blick fiel auf eine Gestalt, die sich näherte. Ich kniff die Augen zusammen. Ein Schatten kam schnell näher. Dann erkannte ich Lucas – er kam mit dem Fahrrad auf mich zu. Auf dem Gepäckträger saß Kim, mit Lucas' Rucksack auf dem Rücken und ihrer eigenen Tasche auf dem Schoß.

Jetzt ging alles schnell. Lucas stellte das Fahrrad unter das Vordach der Garage, nahm Kim das Gepäck ab und umfasste ihre Hand. Gemeinsam kamen sie auf mich zu. Lucas begriff sofort, was ich getan hatte. Er lächelte und schenkte mir eine flüchtige Umarmung.

«Well done! Und richte Bendix einen lieben Dank aus.»

Kim stieg auf den Rücksitz, und ich setzte mich vorne neben Lucas in der Annahme, er würde gleich wie in den Filmen irgendwelche Drähte aus dem Wageninnern reißen und diese zusammenfügen, damit der Motor ansprang. Doch stattdessen öffnete er nur das Handschuhfach – und zog den Zweitschlüssel heraus, der dort offenbar meist als Reserve lag.

Dann startete er den Wagen. «Ladies, jetzt holen wir Isaac!»

Kapitel 25

Sahara konnte nicht fassen, dass ich einen Fiat Punto aufgebrochen hatte. Doch sie fing sich rasch und bat um unseren Live-Standort, den ich ihr mit den letzten Akkuprozenten freigab. Mein Phone stellte ich in den Getränkehalter. So lotste Sahara uns via Lautsprecher zu der Stelle, an der Isaacs Signal noch immer zu sehen war. Lucas fuhr und folgte Saharas Stimme durch die Nacht hindurch.

«Wann habt ihr zuletzt von Isaac gehört?», wollte Lucas wissen.

«Es ist über eine halbe Stunde her», gab Sahara zur Antwort und erinnerte daran, wie knapp unser Zeitplan für den geplanten Rückflug war. Gleichzeitig versuchte ich noch einmal, Isaac zu erreichen. Diesmal spürte ich mehr Kraft in der Verbindung. Aber obwohl ich das Gefühl hatte, dass er mir etwas senden wollte, konnte ich nichts empfangen. Lucas steuerte den Wagen in Richtung der Hauptstraße, wo sich Isaacs Spur verlor.

Sahara war unruhig, das war durch den Lautsprecher deutlich zu hören. «Hoffentlich ist ihm nichts passiert.»

«Suchen wir jemanden?», fragte Kim freundlich vom Rücksitz.

Sie hatte die Schuhe ausgezogen, die Tasche sorgfältig neben sich platziert und ihre nackten Füße an den Körper gezogen.

«Yes, Kim. Wir suchen Isaac», gab Lucas zur Antwort.

«Der mit dem schönen Gesicht?»

«Genau. Er wurde von Mitarbeitenden seiner Eltern verfolgt. Aber Isaac gehört zu uns.»

Einen Moment hielt Kim inne, dann sagte sie: «Er schläft.»

Lucas machte einen kurzen Schlenker, weil er den Blick von der Straße nahm und nach hinten schaute.

«Kim?», fragte er und richtete den Blick wieder auf die Straße.

«Ja, Lucas?»

«Was weißt du über Isaac?»

«Meinst du den Blonden, mit dem schönen Gesicht?»

«Yes, I do. Was weißt du über ihn?»

«Er schläft auf dem Rücksitz eines Wagens. Nicht sehr tief. Er wird bald erwachen.»

«Was für ein Wagen ist es, in dem Isaac liegt?»

«Oh Sir, da muss ich mich entschuldigen. Ich sehe es nicht – seine Augen sind geschlossen. Aber ich habe eine Wagentür knallen gehört, und es riecht ... hm, es riecht nach ... ich würde sagen ...» Kim schwieg kurz, dann lächelte sie begeistert. «Genau, es riecht nach Blut.»

Uns allen – Lucas, Sahara und mir – lief es wohl kalt über den Rücken, doch keiner sagte ein Wort.

«Ich fahre nun vom Kreisel her auf die Hauptstraße ein. Wie weit ist es noch bis zu Isaacs Signal?», fragte Lucas Sahara, offenbar bemüht, das Thema zu wechseln.

«Ja, ich sehe euch. Ab jetzt noch ziemlich genau 500 Meter.»

Sekunden später sahen Lucas und ich das Warnschild, das einen Unfall ankündigte. Kurz darauf sahen wir den Polizisten, der den Verkehr regelte. Dahinter standen ein Krankenwagen, ein Streifenwagen und ein großer Kastenwagen der Polizei, daneben einige verunfallte Autos.

«Holy shit!» Jetzt war es vorbei mit Lucas' Gelassenheit. Kein Wunder. Er würde gleich als Minderjähriger in einem gestohlenen Wagen an der Polizei vorbeifahren müssen. Ein Verkehrspolizist winkte die Fahrzeuge durch und griff nun an ein Funkgerät, das an seiner Leuchtweste befestigt war. Lucas umklammerte das Lenkrad, als wäre es der letzte Rettungsanker. Nur noch dreißig Meter. Es gab kein Zurück.

«Nase!», rief Kim fröhlich durch den Wagen und tippte sich spielerisch darauf.

Ich sah sie irritiert an. «Was?»

«Schau, 22:22 Uhr. Tippt euch an die Nase, das bringt Glück!»

Keine Ahnung warum, aber Lucas und ich tippten uns nach Kims Aberglauben-Ritual ebenfalls an die Nase. So fuhren wir unbemerkt am Verkehrspolizisten vorbei, der aufs Funkgerät konzentriert war. Wir hatten fürs Erste tatsächlich Glück.

«Ihr müsstet jetzt fast da sein!», meinte Sahara aus dem Lautsprecher. In gemäßigtem Tempo fuhr Lucas an weiteren Polizeifahrzeugen vorbei. Wir sahen jetzt drei Unfallautos. Der vorderste Wagen war, wie erwartet, das Aham-Firmenfahrzeug.

Sahara meldete sich erneut aus dem Getränkehalter. «Hallo? Was ist da los? Was seht ihr?»

Lucas fuhr einfach weiter. Niemand von uns konnte ihre Frage beantworten – die angespannte Stille im Wagen war fast greifbar. Mein Herz schlug mir bis zum Hals, und ich wagte nicht daran zu denken, was passieren würde, wenn auch nur eine der Sicherheitskräfte uns bemerkte. Wir waren weit gekommen. Zwar noch nicht außer Sichtweite, aber bereits weit genug entfernt, um aufzuatmen – da brach das Chaos über uns herein.

«Stopp!», rief Sahara und Kim schrie – unerwartet und grundlos – laut auf. Lucas erschrak und trat reflexartig auf die Bremse. Das Phone mit Sahara flog durch den Wagen.

Wir hörten sie gerade noch sagen: «Ihr seid jetzt direkt neben Isaacs Phone.»

Kim riss die Tür auf und rannte barfuß und panisch zurück zur Unfallstelle. Lucas Blick war voller Entsetzen – genau wie meiner. Er lenkte den Wagen ein paar Meter von der Straße in Richtung Waldrand. Und da sahen wir Isaacs rotes Bike am Boden liegen. Von Isaac fehlte jede Spur. Verzweiflung machte sich breit. Wir stiegen aus und sahen fassungslos zu, wie Kim mit fuchtelnden Armen direkt auf die Polizisten zustürmte und schrie: «Sie haben mich entführt! Sie haben mich entführt!»

«Was ist los bei euch? Sagt schon, was ist los?», hörten wir Sahara aus dem Phone, das zwischen den Sitzen lag.

Ich spürte ein Zittern in den Händen – vor Kälte? Vor Angst? Ich wusste es nicht. Lucas war bleich. Wortlos ließ er sich auf den Fahrersitz sinken und starrte hinunter auf Saharas Anruf. Das Warnsignal meines fast leeren Akkus störte ihre unablässigen Fragen.

Gleichzeitig hörte ich Bendix in meinem Kopf: *Was ist denn nur los, Tammy?*

Ich sank zurück in den Wagen. Weder Lucas noch ich konnten unseren Freunden antworten. Die Situation war unfassbar. War es tatsächlich Kim, die uns alle verraten würde? So kurz vor dem Ziel? Warum nur? Wir wollten es nicht wahrhaben. Doch jetzt gab es nur zwei Möglichkeiten: fliehen oder uns hier und jetzt den Konsequenzen stellen.

Lucas rührte sich nicht. Er starrte nur auf mein Phone und sah, wie es das letzte Akkuprozent verlor – dann wurde der Bildschirm schwarz. Die Dunkelheit des Displays spiegelte unsere Enttäuschung wider. Ich warf einen Blick in den Rückspiegel. Wir waren weit genug vom Unfallgeschehen entfernt und konnten auch Kim nicht mehr sehen. Durch die ungläubige Stille drang nur dumpf ihr Geschrei. Lucas ließ die Scheibe herunter. Jetzt hörten wir auch die Männer, die auf Kim einredeten – beschwichtigend, aber wohl sehr überfordert.

Wir waren unserem Schicksal ausgeliefert, es sei denn, Lucas erwachte aus seiner Schockstarre und fuhr los, solange wir noch eine Chance hatten. Doch er blieb reglos. Schließlich legte er den Kopf auf die Arme, die noch immer das Lenkrad umklammerten.

Mein Blick schweifte durch die Nacht, hinweg über die Bäume in der Finsternis. Beim Anblick von Isaacs Fahrrad fragte ich mich, ob es wohl noch fahrbereit war und ich damit einfach allein aus dieser aussichtslosen Situation verschwinden konnte. Doch wie sollte das gehen? Ohne Akku, ohne Geld, irgendwo im Grenzgebiet?

Ein blinkendes Signal hinter dem Bike auf dem Waldboden holte mich aus meinen hoffnungslosen Gedanken. Ich stieg aus und folgte dem Blinken wie ein Insekt dem Licht. Es war Isaacs Phone. Und Saharas Name leuchtete darauf. Ich nahm den Anruf nicht an, da sich gerade eine Stimme in meinem Kopf meldete.

Tammy?

Uff, das war Isaac! *Hey, was ist passiert? Wo steckst du?*

Tammy, es ist Weirdy, die hier wie eine Verrückte herumbrüllt. Wie um alles in der Welt kommt sie hierher?

Bist du verletzt? Wo bist du?

Ich liege auf dem Rücksitz des Firmenwagens meiner Eltern unter einer Decke. Ich bin eben erst zu Bewusstsein gekommen.

Weiß die Polizei nicht, dass du dort bist?

Nein, ich glaube nicht. Aber eben holte ein Polizist meinen Aufpasser aus dem Wagen.

Dann bist du jetzt allein? Bist du denn verletzt?

Mein Kopf hämmert, und mein Arm blutet und schmerzt. Aber ja, ich bin allein im Wagen.

Oh! Kannst du fliehen? Lucas und ich stehen mit einem weißen Fiat nur wenige hundert Meter weiter in Fahrtrichtung.

Ihr seid hier? Was ist mit Kim?, fragte Isaac erstaunt. Ich hatte inzwischen sein Phone aus dem Gebüsch geholt und Saharas Anruf weggedrückt. Auf dem Weg zurück zu Lucas musste ich Isaac beichten, was Kim getan hatte und dass wir uns in ihr getäuscht hatten. Ich war schon auf sein *Ich hab's euch ja gesagt* gefasst. Doch Isaac widersprach: *Das stimmt nicht, Tam. Kim beschuldigte hier lautstark die beiden Mitarbeiter meiner Eltern, sie aus der Psychiatrie entführt zu haben. Sie benimmt sich total verrückt, aber auch sehr glaubhaft. Durch ihren Aufstand wurden beide Mitarbeiter meiner Eltern zum Kastenwagen der Polizei zitiert.*

Ich blieb neben dem Fiat stehen und blickte zur Unfallstelle. Das Blaulicht drehte lautlos seine Kreise. Wow, hatte Kim das ernsthaft alles inszeniert?

Isaac, kannst du Kim sehen?

Nein, sie ist nirgends zu ... ah doch, sie sitzt nun auf dem Rücksitz eines Streifenwagens.

Ist sie allein?

Sieht so aus, ja.

Oh, krass! Wie Puzzleteile fügte sich der perfekte Moment zur Flucht zusammen. Es gab Hoffnung und sie war zum Greifen nah.

Schnell, Isaac. Ihr seid gedanklich verbandelt. Tu alles, was nötig ist, um ihre ...

Tammy, spar dir das! Ich habe sie schon. Oh mein Gott – sie winkt viel zu auffällig und deutet an, dass wir losrennen sollen.

In meiner Hand blinkte schon wieder Isaacs Phone. Sahara lenkte meine Aufmerksamkeit weg vom Gedankendialog mit Isaac, der ohnehin gerade endete. Ich nahm den Anruf entgegen.

«Wer ist da?», fragte sie misstrauisch.

Tammy, das war Isaac, nicht wahr? Das wiederum war Bendix.

Sprachlos stand ich neben dem gestohlenen Fiat und sah Isaac auf der linken Straßenseite auf uns zurennen – und auf der rechten spurtete Kim mit unkoordinierten Bewegungen in unsere Richtung.

Ich sprang in den Wagen und klemmte Sahara – diesmal auf Isaacs Phone – zurück in den Getränkehalter. Lucas hob seinen Kopf aus der noch immer hoffnungslosen Haltung und blickte in meine glücklichen Augen. Bevor er fragen konnte, öffnete Isaac hinter mir die Tür und stieg, ziemlich außer Puste, in den Wagen. Fast gleichzeitig öffnete sich auch die Tür hinter Lucas. Kim schob vorsichtig ihre Tasche in die Mitte und hüpfte auf den Rücksitz.

Alle schlugen wir die Türen zu – und im nächsten Moment fiel Kim Lucas von hinten überschwänglich um den Hals.

«Sir, wir sind bereit! Let's go!»

Der Engländer fand definitiv keine Antworten auf all seine Fragen, aber er startete den Wagen, lenkte ihn geschickt auf die Straße und trat aufs Gas!

Kapitel 26

Es blieb keine Zeit – weder für ungläubige Fragen noch für euphorische Freude. Mir war klar, dass die nächste illegale Aktion bereits bevorstand, und Sahara brachte es auf den Punkt.

«Ihr habt elf Minuten und 30 Sekunden, bis ihr in der Schweiz und am nächsten Bahnhof sein müsst. Ich habe den Zielort an Isaacs Phone gesendet, folgt dem GPS.» Lucas drückte den Fuß aufs Pedal, und der Fiat Panda ächzte und glitt in überhöhtem Tempo wie ein Rennwagen durch die Nacht.

Zwölf Minuten später saßen wir erschöpft im modernen Nachtzug, der gerade in Richtung Flughafen Zürich losgefahren war. Der Zug hatte nur noch wenige Fahrgäste, so teilten Isaac und ich uns ein Viererabteil. Als erste Priorität steckten wir unsere Phones zum Aufladen ein. Dann zogen wir die durchnässten Klamotten aus und schlüpften in trockene Sachen aus unseren Rucksäcken. Isaac tat sich schwer und erst jetzt bemerkte ich seine Verletzung. Der Unterarm war aufgerissen, als hätte jemand mit einem Messer darüber geschnitten. Um die Wunde herum klebte Erde und eingetrocknetes Blut, das sich mit frischem vermischte. Es erinnerte mich an so manche Situation mit meiner Mutter. Sie ritzte sich manchmal Schnittwunden in die Arme. Oft hatte ich sie aber auch mit aufgeschlagenem Kinn, verletztem Kopf oder blutender Lippe gefunden, wenn sie wieder einmal im Rausch gestürzt war. Ich durfte es natürlich nie melden, sonst wäre das fragile Lügenkonstrukt eines funktionierenden Mutter-Tochter-Haushalts aufgeflogen. Also brachte ich mir selbst bei, Wunden zu versorgen – vor allem Schnittverletzungen –, mithilfe von Online-Tutorials. Aus Gewohnheit hatte ich meine kleine Reiseapotheke immer dabei. Diese zog ich nun aus dem Rucksack. Ich nahm zwei Taschentücher und stellte die Wasserflasche bereit, die ich für unser geplantes Picknick-Abendessen gekauft hatte. Isaac verstaute die letzten nassen Sachen. Ich öffnete meine Reiseapotheke, drückte eine Tablette aus dem Blister und wartete, bis Isaac mich ansah. Dann reichte ich ihm die kleine weiße Pille samt Wasser.

«Schluck das», sagte ich zu ihm.

«Was soll das sein?»

«Ein Schmerzmittel. Du musst noch eine Weile durchhalten.» Isaac sah überrascht aus, aber auch dankbar. Er schluckte das Mittel mit etwas Wasser hinunter. Ich deutete ihm an, den Arm nun auf den kleinen Reisetisch in unserer Mitte zu legen. Isaac schien nicht zu begreifen.

«Kremple den Ärmel hoch und leg den Arm auf den Tisch», wiederholte ich meine Anweisung. Ungläubig tat er, was ich sagte. Ich tränkte die Taschentücher mit Wasser und begann, die Wunde vorsichtig zu reinigen. Sie war nicht sehr tief. Der Schnitt verlief jedoch vom Ellbogen bis hinunter zum Handgelenk. Unten begann er wie ein Kratzer, wurde nach oben hin tiefer, und frisches Blut quoll noch immer aus der Wunde. Die Schmerzen mussten heftig sein, gerade jetzt, als ich Erde, Dreck und Blutkrusten entfernte. Isaac verzog zwar keine Miene – doch ich erkannte die Fassade dahinter. Denn im Abteil nebenan sah ich Kims schmerzverzerrtes Gesicht. Mir war echt nicht klar, welche Verbindung Isaac und Kim teilten. Sie konnte aufschnappen, was er sagte oder dachte, und sie fühlte offenbar seinen Schmerz.

Anschließend desinfizierte ich Isaacs Wunde und legte eine Bandage an. Sein Blick folgte meinen Händen wortlos und gleichzeitig verblüfft, als wäre er noch nie zuvor verarztet worden. Zum Schluss zog ich ihm den Ärmel seines Pullovers vorsichtig wieder nach vorne und verstaute meine Reiseapotheke im Rucksack. Erschöpft lehnte ich mich nach hinten und schloss die Augen. Still lauschte ich den Gesprächen im Nachbarabteil. Lucas telefonierte auf Deutsch – also war es wohl Sahara.

Währenddessen wandte er sich an Kim: «Wie lautet dein vollständiger Name?»

«Kim Cunhatai.»

Lucas wiederholte den Namen für Sahara. Vermutlich organisierte sie die Flugtickets.

Neugierig fragte er: «Woher stammt denn dieser Name?»

«Er ist indigen. Magst du ihn?»

Lucas nickte. «Hast du einen Reisepass?»

«Natürlich», meinte Kim.

«Und hast du ihn dabei?»

«Gewiss.»

«Great. Sehr gut, dass du daran gedacht hast.»

«Mr. Miller schaute mich auffordernd an und da wusste ich, dass ich etwas Wichtiges vergessen hatte.»

«Ah, Herr Miller weiß also, dass du bei uns bist?»

«Ja.»

«Und von der Reise nach London weiß er auch?»

«Ja.»

«Very good. Das beruhigt mich. Kann ich deinen Pass sehen?»

Kim öffnete das Seitenfach ihrer Tasche und zog das Dokument mit einem Griff heraus.

«Hang on, gleich haben wir es», sagte er zu Sahara und blätterte durch Kims Pass.

«Aber Kim, dein Nachname lautet Eggberger.»

«Das ist wahr, ja.»

«Warum hast du denn *Cunhatai* gesagt?»

«War das ein Fehler?» Lucas wirkte überrascht und zögerte.

«Nun», sagte er dann, «ich bin schon froh, wenn du mir die Wahrheit sagst.»

«Ach so.» Kim lächelte und sprach gleich weiter. «Die Frau, die mich adoptiert hat, heißt Eggberger. Eggberger mit drei G.»

Kurz öffnete ich die Augen und warf den beiden einen amüsierten Blick zu. Ich beobachtete, wie Kim sich zu Lucas neigte. «Viel zu viele G's für einen Namen, findest du nicht?»

Lucas schmunzelte in einer Art, die seine schönen Augen zum Funkeln brachte. «Und was ist mit dem Namen *Cunhatai*?»

«Ich habe ihn selbst ausgesucht. Etwas Schönes, weil Kim ein superdoofer Name ist. Vor allem, wenn man zwar schmale Augen hat, aber keine Asiatin ist. Meine echte Mutter war Indigena. Sie überlebte leider meine Geburt nicht und dann kam ich zu der Frau Eggberger mit den vielen G's. Dabei wollte No-In mich unbedingt in der Familie behalten – doch er war damals schon neunundneunzig. Weißt du, in diesem Alter sollte man keine Babys mehr haben.»

Lucas' Schmunzeln wurde zu einem Lächeln. Es war kein Auslachen, ganz und gar nicht. Nicht mal ein Belächeln, sondern einfach ein herzliches Lächeln. Dann stellte er die Frage, die auch mir auf der Zunge lag.

«No-In existiert also wirklich – er ist nicht nur eine Stimme in deinem Kopf?» Kim lehnte sich erneut an Lucas.

«Ich habe dir doch gesagt ... man sollte nicht über ihn sprechen.»

«Diese Regel gilt bei uns nicht, Kim. Wir reden darüber, denn es betrifft uns, also vor allem euch drei und Bendix.»

Kim warf Lucas einen skeptischen Blick zu. «Man hat mir gesagt, es sei verstörend und sicherlich nicht klug, von den Stimmen im Kopf zu erzählen.»

«Tammy hat die Stimmen ja ebenso», sagte Lucas. Kim sah mich an, und ich nickte. «Und auch Isaac hört Tammys Stimme.»

«Isaac? Das ist der mit dem hübschen Gesicht, nicht wahr?»

Isaac verdrehte die Augen, was Kim aber nicht sehen konnte. Alle drei saßen in Fahrtrichtung und direkt mir gegenüber.

Lucas blieb freundlich. «Frag nicht immer dasselbe. Du weißt genau, wer Isaac ist.»

Kim zog eine Augenbraue hoch. «Natürlich. Ich will auch nicht dich ärgern – nur ihn.» Sie deutete demonstrativ auf Isaac und verzog übertrieben das Gesicht. «Ich mag ihn nicht besonders.»

Ein lautes Lachen war aus Lucas' Phone zu hören – es war Sahara, sie hatte am Telefon mitgehört. Lucas' Gesichtsausdruck war unbezahlbar. Ich prustete ebenfalls los. Selbst Isaac, zu müde, um sich über Kim zu ärgern, lachte mit. Leichtigkeit lag in der Luft, und die Anspannung der letzten Stunden wich einer fröhlichen Stimmung, die blieb, bis uns die Müdigkeit einholte und wir noch eine Mütze Schlaf nahmen, bevor die Reise weiterging.

Kim blieb mir ein Rätsel. Heute hatte sie Isaac auf ihre eigensinnige Weise gerettet – und jetzt war sie wieder der Ursprung dieser besonderen Stimmung. Wir alle fühlten uns in diesem Moment wohl zum ersten Mal so richtig als Team: Isaac, Sahara, Lucas, Bendix, Kim und ich. Noch ahne ich aber nicht, was ich mit diesen Menschen noch alles erleben würde.

Kapitel 27

Schließlich erfuhr ich von Lucas, was während der Fahrradflucht passiert war. Isaac hatte es ihm erzählt – mir jedoch nicht. Nun ja, ich hatte auch nicht gefragt – Lucas schon. Der Aham-Firmenwagen blieb tatsächlich mitten auf der Straße stehen, genau wie Bendix es vorhergesagt hatte. In seinem Plan hatte er nur den plötzlichen Platzregen nicht einkalkuliert. Die nachfolgenden Autofahrer konnten durch den strömenden Regen kaum etwas sehen. So kam es zum ersten und dann noch zum zweiten Auffahrunfall. Verletzt wurde zum Glück niemand.

Außer Isaac. Auch er geriet ins Unwetter. Ein nasser Ast verkeilte sich in den Speichen seines Bikes, woraufhin er über die nasse Lenkstange rutschte, sich den Unterarm an einem Draht aufkratzte und mitsamt dem Fahrrad stürzte. Er schlug mit dem Kopf auf den Boden und war kurz benommen – oder bewusstlos, das wusste er nicht mehr. Für die Aham-Männer war es sicher ein Leichtes, den angeschlagenen Isaac neben seinem Bike aufzugreifen. Isaac erinnerte sich noch daran, wie man ihn in den Wagen seiner Eltern brachte – noch bevor die Polizei am Unfallort eintraf. Anschließend riefen die Männer seinen Vater an. Isaac wollte Lucas keine Details über diesen Anruf erzählen. Klar war nur: Der adlige Herr Aham befahl tatsächlich, Isaac von den Ärzten fernzuhalten, da dies zu viele Fragen aufgeworfen hätte. Die Angelegenheit sollte zügig geklärt und Isaac unbemerkt und auf dem schnellsten Weg zurück nach Deutschland gebracht werden. Lucas war fassungslos. Wie konnte einem Vater – selbst einem Immobilienmogul – sein Image wichtiger sein als sein eigener Sohn?

Zum Glück hatte Kim ihre absurde Aktion mit den Entführungsvorwürfen durchgezogen. Dadurch wurden die Aham-Männer von der Polizei verhört, und Isaac konnte den Wagen unbemerkt verlassen. Es würde eine Weile dauern, bis die Polizei, die Ahams und die Psychiatrie diese falsche Fährte durchschauten. Bendix, Sahara und Lucas hielten das für einen kleinen Geniestreich von Kim. Isaac äußerte sich nicht dazu.

Auf jeden Fall hatten wir es mit Saharas Unterstützung tatsächlich geschafft, den Flug umzubuchen. Nun saßen wir im Flugzeug: Ich neben Isaac, Lucas und Kim einige Reihen weiter hinten.

Schon eine ganze Weile war ich in einen Gedankendialog mit Bendix vertieft. Isaac, der links von mir saß, hatte die Kopfhörer über den Ohren, scrollte durch irgendwelche Sportstatistiken und knabberte schon wieder Erdnüsse. Ich hatte gehofft, wir beiden hätten ein paar Fortschritte gemacht im Zusammensein. Doch er zeigte sich erneut distanziert und desinteressiert, sodass ich keine Chance hatte, mit ihm ein Gespräch zu führen. Darüber beklagte ich mich bei Bendix, weil sonst niemand zuhörte.

Ach, Tammy, das ist nur eine Maske bei Isaac. Er kann nicht anders.

Er kann nicht anders?

Ja. Du musst einfach auf ihn zugehen.

Das habe ich schon oft getan. Dann wird er supersauer.
Fordere für einmal nichts von ihm. Frag ihn nur, wie es ihm geht.
Geht nicht, er trägt Kopfhörer.
Dann berühre seine Hand, damit erlangst du seine Aufmerksamkeit.
Nein, sowas tut man nicht.
Doch, das ist erlaubt. Versuch's mal.

Ich zögerte und blickte unauffällig auf Isaacs rechte Hand, die direkt neben mir auf dem Klapptisch lag. Spontan – vielleicht zu spontan – strich ich mit dem Finger darüber, als würde ich Brotkrümel wegwischen. Isaac nahm die Kopfhörer ab und blickte mich irritiert an.

Los, Tammy, sei freundlich, meinte Bendix.

«Ähm... also... äh... wie...?» Isaac wartete verständnislos, ob ich noch mehr zu sagen hatte.

Frag ihn, wie es ihm geht!

Ich konnte nicht. So gerne wäre ich mehr wie Bendix gewesen, der mich schon bei unserer ersten Begegnung herzlich umarmt hatte. Oder wie Lucas, der den direkten Weg in Kims Herzen gefunden hatte. Das war ich aber nicht. Also sagte ich zu Isaac das, was ich dachte.

«Alkohol könnte helfen.»

«Wie bitte?»

Ungewöhnlich, Tammy, aber gut gemacht. Sprich weiter mit ihm.

«Sorry, ich meinte nur... also... äh...»

«Was stimmt nicht mit dir?», fragte Isaac unnötig kühl. Ich war kurz davor, meine freundliche Absicht zu verlieren.

Bleib dran, Tammy.

Bendix, kannst du mir kurz etwas Privatsphäre gönnen?

Oh, natürlich, ich geh aus der Leitung. Du schaffst das!

«Isaac, es war einfacher, mit dir zu reden, als du betrunken warst.»

Isaac grinste etwas beschämt. «Du willst reden?», fragte er überraschend sympathisch.

Ich nickte, hielt mich jedoch nicht an Bendix' Ratschlag mit den freundlichen Floskeln, sondern kam direkt zum Punkt: «Ich muss ständig an die anonymen Nachrichten denken.»

«Hm», meinte Isaac, «haben wir im Moment nicht größere Probleme?»

«Ich möchte unbedingt wissen, wer dir diese Nachrichten gesendet hat – und warum.»

«Wie soll ich das herausfinden?»

«War die Person vielleicht mit Eliot im Kingsstep?»

«Ich will nicht über meinen Bruder reden.»

«Warum nicht?»

«Eliot hat nichts mit der Sache hier zu tun, Tammy.»

«Wie kannst du dir so sicher sein?»

Isaac wurde unruhig. «Wieso bist du nur immer so stur?»

«Tut mir leid. Aber woher willst du wissen, dass dein Bruder mit all dem nichts zu tun hat, wenn du nicht weißt, wer diese Nachrichten verfasst hat?»

«Ich weiß es eben. Halte Eliot da raus!» Isaacs Stimme zitterte plötzlich, und die blauen Flammen flackerten auf. Dabei spürte ich eine schwere Dunkelheit – waren das seine Emotionen?

Isaac, was ist mit dir los?

Er schwieg, ich wartete.

Dann sagte er leise: «Mein Bruder hat mit allem abgeschlossen.» Wortlos setzte er die Kopfhörer auf – Gespräch beendet.

Nur ein einzelner, bedrückender Gedanke erreichte mich noch: *Ich wünschte, Eliot wäre noch am Leben.*

Mir stockte der Atem.

Eliot

Eliot Aham war acht Jahre alt, als es zum ersten großen Eklat mit seinen Eltern kam. Nachdem er seinem Vater beim Abendessen widersprochen hatte – eine ruhige, aber bestimmte Bemerkung über die Unnötigkeit einer Regel –, sollte er sich in die Zimmerecke stellen, um sich dort zu schämen. Das tat er nicht. Er reagierte mit einer berechtigten Gegenfrage auf die unsinnige Strafe. Seine kritische Haltung schürte jedoch den Zorn seines Vaters. Sofort wurde er laut und bestimmend, um den Jungen zum Gehorsam zu zwingen. Eliot wollte die Situation vernünftig regeln, doch sein Vater war geblendet von Macht und Dominanz. Entschlossen stellte sich Eliot vor seinen Vater, um ihm direkt in die Augen zu sehen. Dann knallte der Knirps dem Patriarchen dessen eigene Inkompetenz vor die Füße. «Du willst, dass ich so bin wie du. Aber ich bin nicht du. Und du verstehst das nicht, weil du immer nur schreist und nie zuhörst!» Er kassierte dafür drei Ohrfeigen und wurde sofort auf sein Zimmer geschickt.

Ellen erfuhr durch einen Anruf, was passiert war. Eliot rief sie mit dem Mobiltelefon an, das sie schon länger in seinem Zimmer versteckt hatte, damit er sie jederzeit erreichen konnte. Sie war stolz auf Eliot und bestätigte ihm, dass er zu Recht für seine Ansicht eingestanden war. Sie erinnerte ihn jedoch auch daran, sich seinen Eltern gegenüber bestmöglich anzupassen und noch eine Weile durchzuhalten. Das gelang Eliot fortan immer weniger. Ellen wusste, dass dieses Kind für Gerechtigkeit lebte. Eliot war ein Kämpfer für seine Werte und nicht bereit, sich unterzuordnen, wenn er den Sinn dahinter nicht sah. Sie hätte ihn bremsen können. Aber warum? Weil er differenzierter dachte als seine Eltern? Weil er nach Ehrlichkeit und Offenheit strebte, statt nach Macht? Nein. Diesmal würde sie ihn nicht zurückhalten. Im Gegenteil. Ellen entschied, ihm beizustehen. Doch kaum hatte sie das erste Mal Eliots Widerstand vor seinen Eltern verteidigt, wurde sie entlassen – mit dem Vorwurf der erzieherischen Inkompetenz.

Ellen und Eliot blieben dennoch ein Team. Um weiterhin für ihn da zu sein, nahm sie eine Stelle als Hausaufgabenhilfe an – ein Job weit unter ihrer Qualifikation, aber das war ihr egal. So konnte sie mehrmals wöchentlich Zeit mit Eliot verbringen. So lange, bis er mit zwölf auf eine externe Schule kam. Er entwickelte sich zu einem smarten, sehr sozialen Teenager, der viel über das Leben nachdachte, aber auch – mit Worten und mit Fäusten – austeilen konnte, wenn er auf Ungerechtigkeit stieß. Davon profitierte auch sein kleiner Bruder Isaac, der damals vom Hier ins Dort strauchelte. Er hatte eine Odyssee an wechselnden Betreuungspersonen hinter sich und fand nie eine Hand, an der er sich festhalten konnte. Eliot war Isaacs einziger Halt. Er wusste immer, wo er stand und wofür er kämpfte. So gut er konnte, gab Eliot seinem kleinen Bruder die Loyalität und Liebe weiter, die er selbst von Ellen erfahren hatte.

Kapitel 28

Es war schon weit nach Mitternacht, als wir den Flughafen in London verließen. Lucas war zu müde, um noch bis nach Bluefield zu fahren. Also schlug er vor, die Nacht etwas außerhalb des Zentrums im Lieferwagen zu verbringen. «Morgen mache ich euch im Old Campbell's Frühstück», sagte er. «Dann besprechen wir das weitere Vorgehen.» Alle stimmten zu.

Da es im Innenraum nur zwei Matten gab, schliefen die Jungs vorn auf den umgeklappten Sitzen. Ich konnte sie nicht sehen, aber ich spürte, dass Isaac die halbe Nacht auf ON blieb – ohne etwas zu senden. Immer wieder musste ich an den Tod seines Bruders denken. Warum hatte Isaac mir das anvertraut? Bestimmt war es ihm streng verboten, dieses Aham-Familiengeheimnis preiszugeben. In der Öffentlichkeit gab es keinerlei Informationen über den frühen Tod von Eliot Aham – zumindest, soweit ich wusste. Hatte überhaupt irgendjemand davon erfahren?

Mitten in der Nacht hörte ich Isaac schließlich durch die offene Verbindung.

Tammy?

Ja?

Ich brauche ein Versprechen von dir.

Ich werde niemandem etwas über Eliots Tod erzählen. Darum geht es, nicht wahr?

Isaac blieb einen Moment still. Dann sendete er: *Ich hätte es dir niemals sagen dürfen. Keine Ahnung, warum ich es getan habe.*

Versuchen deine Eltern, es vor allen anderen zu verheimlichen?

Ja. Ich selbst habe es erst vor zwei Jahren erfahren, obwohl sie schon lange wissen, dass Eliot tot ist.

Ich hielt schockiert inne und fragte dann vorsichtig: *Wann ist er gestorben?*

Es ist über vier Jahre her. Er wurde nicht einmal 16 Jahre alt.

Hm ... also nur ein paar Monate, nachdem er nach Kingsstep gekommen ist.

Ja, ich weiß.

Wo war er, als er starb? Isaac zögerte. Hätte ich besser nicht fragen sollen?

Dann aber hörte ich seine Worte. *Es soll in Afrika passiert sein, bei diesem humanitären Einsatz. So haben es meine Eltern erzählt. Aber mittlerweile bin ich mir nicht mehr sicher, ob das stimmt.*

Das verstehe ich. Weißt du denn, was passiert ist?

Stille.

Tammy, ich werde es dir erzählen, aber das bedeutet nicht, dass ...

Er stockte.

Doch ich ahnte, worauf er hinauswollte, und beendete seinen Satz: *Das bedeutet nicht, dass du mir vertraust – oder mich magst.*

Isaac reagierte nicht auf meine Gedankenworte. Vielleicht hätte er sie anders formuliert. Aber uns war beiden klar, wie wichtig in diesem Punkt die Offenheit war. Mein Gefühl hatte mich nicht getäuscht: Eliot hatte definitiv mit der ganzen Sache zu tun.

Isaac ... was ist mit Eliot passiert?

Eliot hat ... Er zögerte. *Er hat sich das Leben genommen.*

Als Lucas am Vormittag mit dem Kleintransporter vorfuhr, war das Pub geschlossen – Ruhetag. Seine Familie fuhr an diesem Wochentag immer zu den Großeltern nach Southend und ließ sich fürstlich bekochen. Außer uns vieren war niemand im Lokal.

Lucas führte uns durch den Hintereingang. In gewisser Weise war er das Bindeglied unserer Gruppe – pragmatisch, warmherzig und stets um Lösungen bemüht. Vielleicht lag es an seinen irischen Wurzeln, vielleicht einfach an seinem fürsorglichen Wesen – er kümmerte sich um Kim, hielt mit Sahara Rücksprache und fand Ideen, die uns weiterbrachten. Gerade spannte er ein Seil im kleinen, begrünten Hinterhof des Hauses. Anschließend sammelte er unsere nasse Schmutzwäsche zusammen und stellte die Waschmaschine an. Das Seil würde später als Wäscheleine dienen. Kim folgte Lucas die meiste Zeit und hielt ihre Tasche dabei wie ein Heiligtum fest. Es schien ihr gut zu gehen, soweit ich das beurteilen konnte. Sie sprach zwar ausschließlich mit Lucas und antwortete auch ihm nur auf gezielte Fragen. Doch sie lächelte die meiste Zeit.

Ganz im Gegensatz zu Isaac. Er zog sich wieder zurück und sprach kaum ein Wort. Gerne hätte ich ihm so manche Distanziertheit aus Mitgefühl verziehen. Er trug mehr Probleme mit sich herum, als ich dachte. Auch der Gedanke an Eliot stach mir ins Herz. Dennoch fand ich, dass Isaac etwas mehr zu unserer Situation hätte beitragen können. Keiner von uns hatte ein einfaches Leben, und doch zogen wir alle am gleichen Strang. Es hätte ihn ja nichts gekostet, sich wenigstens etwas zu bemühen. Bendix, der sich bereits wieder gedanklich eingeklinkt hatte und mir aufmerksam zuhörte, ermahnte mich jedoch, tolerant zu sein.

Wir setzten uns an denselben Tisch im Old Campbell's, an dem wir schon einmal gesessen hatten. Aus der Küche drang der Duft von frischen Pancakes. Lucas hantierte geschickt mit zwei Pfannen und stapelte die Teigfladen in die Höhe. Ich holte noch rasch mein Notizheft aus dem Gepäck, da ich nach dem Essen mit Sahara telefonieren wollte. Jetzt aber lief mir das Wasser im Mund zusammen.

Kim huschte zwischen der Bar und unserem Tisch hin und her und brachte nach Lucas' Anweisungen Teller, Ahornsirup, Gläser und Besteck.

«Warum deckst du den Tisch für fünf?», fragte Isaac irritiert, nachdem er das Geschehen bisher nur still beobachtet hatte.

«Wir sind zu fünft», sagte Kim, als wäre es das Offensichtlichste der Welt.

Isaac hob die Hand und zählte demonstrativ an den Fingern ab. «Ich, du, Tam und Luc. 1, 2, 3, 4. Wo liegt dein Problem?»

Kim kniff ihre ohnehin schmalen Augen zusammen, sodass ihr ungestümer Blick noch deutlicher wurde.

Schnippisch sagte sie: «Du hast Mr. Miller vergessen.»

Ohne auf Isaacs Reaktion zu warten, drehte sie sich um und ging zurück zur Bar, wo Lucas stilecht einen Krug Milch zu den Pancakes bereitgestellt hatte.

«Moment mal – ich dachte, Herr Miller sei ihr Therapeut?» Isaac sah mich fragend an. Ich zuckte nur mit den Schultern. «Na super. Was soll denn das jetzt schon wieder? Ist der Typ vielleicht nur eine weitere Stimme in ihrem Kopf?»

«Du meinst wie No-In?» Langsam kam auch ich mit Kims Persönlichkeit durcheinander.

«Das sind doch alles nur Einbildungen. Dieses Theater nervt mich total», konterte Isaac.

Kim und Lucas brachten Milch und einen riesigen Stapel Pancakes an unseren Tisch. Der süße Duft, das goldene Schimmern der fluffigen Teigfladen – einfach unwiderstehlich. Doch auch Lucas runzelte die Stirn. «Kim ... für wen ist der fünfte Platz?»

Das war eine Steilvorlage für Isaac. «Lucas, wie unhöflich von dir. Siehst du Herrn Miller etwa nicht?» Seine bissige Ironie war nicht zu überhören.

«Kim, bitte sag nicht, dass da ein imaginärer Mensch sitzt!», rief Lucas halb amüsiert, halb entsetzt. Uns war klar, dass es ihm im Grunde herzlich egal war.

«Natürlich nicht. Unsichtbare Menschen gibt es nicht.» Kim grinste schelmisch. Sie legte ein kleines Stück Pancake auf den Teller und meinte: «So, liebe Freunde aus der Schulzeit, es wird Zeit, dass ihr Mr. Miller kennenlernt.»

Behutsam öffnete sie den Reißverschluss ihrer Tasche. Lucas sah aus, als erwarte er gleich einen Flaschengeist. Ich tippte auf einen Stoffbären, während Isaac nur etwas Abfälliges murmelte – sein Gesichtsausdruck sprach Bände. Doch das ließ Kim ihm nicht durchgehen. Sie zog den Reißverschluss abrupt wieder zu und warf Isaac einen vernichtenden Blick zu.

«Denkst du ernsthaft, ich bin verrückt?» Bevor Isaac kontern konnte, legte ich ihm rasch eine Hand aufs Bein, um einen sarkastischen Spruch zu verhindern.

Lucas blieb gelassen: «My dear, erklär' es uns einfach – wer ist Mr. Miller?»

«Er ist mein bester Freund. Ihm kann ich alles anvertrauen.» Sie öffnete die Tasche – und eine weiß-graue Ratte mit schwarzen Knopfaugen huschte heraus, kletterte an ihr hoch und nahm Platz auf ihrer Schulter.

Lucas lachte amüsiert, während mir vor Überraschung ein Stück Pancake im Hals stecken blieb. Das führte zu einem Hustenanfall mitten in der ohnehin schon chaotischen Situation. Lucas stand sofort auf, umrundete den Tisch und klopfte mir auf den Rücken. Isaac hätte näher gesessen, aber entweder fehlte ihm das Feingefühl oder er war noch zu perplex, um zu reagieren.

Okay – Mr. Miller war also eine Ratte. Und er war die ganze Zeit dabei gewesen. Ich nahm einen großen Schluck Milch und bekam meinen Husten endlich unter Kontrolle. Was ging nur in Kims Kopf vor? Lucas schien das ähnlich zu sehen, wenn ich seinen Gesichtsausdruck richtig deutete. Er grinste immer noch, sah aber aus, als wollte er mit Kim nun definitiv ein paar Dinge klären.

Zeitgleich meldete sich Sahara bei mir. Sie hatte einiges zu sagen. Ich bat sie, noch kurz zu warten, damit sie zuhören konnte, was Lucas mit Kim besprach. So änderte ich den Anruf auf FaceTime und stellte das Phone in die Tischmitte. Mit Bendix machte ich es ähnlich – ich schaltete ihn auf ON. Dann richteten wir unsere Aufmerksamkeit auf Lucas.

Mit ruhiger, gelassener Stimme sagte er: «Kim, lass uns reden.»
«Jawohl, Sir. Lass uns reden.»
«Woher kennst du die Begriffe *Scharonn* und *Schargall*?»
«Von No-In.»
«Weißt du, was die Worte bedeuten?»
«Ja.»
Lucas konkretisierte: «Was bedeuten sie?»
«Der *Schargall* ist ein Signal im Ohr, wenn sich jemand im Kopf meldet. Aber man kann's gut ignorieren. Und ein *Scharonn* ist eine Gruppe von Menschen, die eine Verbindung im Kopf haben. Je mehr Verlinkungen ein Scharonn hat, desto grösser wird die Kraft.» Lucas schaute verblüfft erst zu mir, dann zu Isaac. Er sah, dass ich bereits eifrig mitschrieb.

Ich fragte Bendix: *Konntest du das verstehen?*
Ich verstehe Kim teilweise. Lucas aber nicht.
«Weißt du», fragte Lucas weiter, «wie sich zwei Personen aus einem Scharonn verlinken?»
«Natürlich.»
Isaac schüttelte den Kopf, vermutlich weil Kim jede Ja-Nein-Frage so umständlich beantwortete.
Lucas blieb geduldig. «Wie funktioniert es?»
«Zwei aus dem Scharonn blicken sich an, das blaue Auge beobachtet das. Nach drei Minuten überträgt es die Kraft – und dann bleibt es für immer so.»
Lucas staunte. «Hat No-In dir das alles erzählt?»
«Gewiss.»
«Bist du mit jemandem verlinkt?»
«Nein. Aber das weißt du doch längst.» Ich schmunzelte – vielleicht war das ein Test von Lucas.

Dann fragte ich: «Hat es einen Einfluss... nein, anders: Welchen Einfluss hat es, wenn man sich während der Verbindung berührt?»

Kim streichelte Mr. Miller ein paar Mal über den Rücken und zwinkerte. «Wen willst du denn berühren, Tam?»

Halt dich da raus, forderte Isaac. *Lass das Lucas machen.*

Doch ich wollte es wissen. «Ich möchte nur verstehen, wie es funktioniert.»

Kim akzeptierte die Antwort. «Bei der Verlinkung ist es egal. Das funktioniert nur über die Augen. Aber bei allem anderen? Ja, da verstärkt's wohl den Effekt, wenn man sich berührt.»

«Bei allem anderen? Was meinst du? Den Radar? Oder gibt es noch weitere Fähigkeiten?» Lucas stellte gezielt gute Fragen.

«Oh, da gibt es sicher noch mehr. Weißt du, Sir, das ist eine echt große und verrückte Sache mit diesem Scharonn. Aber was genau das ist? Keine Ahnung. Tut mir leid.»

Lucas lächelte, blieb aber fokussiert: «Was weißt du noch über ein Scharonn, Kim?»

«Also...» Kim legte eine dramatische Pause ein. «Ein Scharonn gibt's nur alle 99 Jahre. Und alle, die dazugehören, sind am ersten Januar geboren.» Sahara, Bendix, Lucas und ich staunten, während Lucas weiterfragte.

«Heißt das, jeder, der nach 99 Jahren am ersten Januar geboren wird, ist Teil dieses Scharonns?»

«Ich glaube nicht, dass ich das weiß, aber um zu wissen, ob ich es wissen könnte, ... Moment, da muss ich kurz No-In fragen.»

Kim schloss die Augen und verharrte lange. Ab und zu nickte sie still. Dann öffnete sie die Augen, ließ den Blick über uns gleiten und lächelte. «Nein, es sind wirklich nur diese wenigen Auserwählten. Alle 99 Jahre – und das ist echt eine lange Zeit – gibt es nur ein einziges Scharonn. Das bedeutet: Wir sind etwas ganz Besonderes. Naja, ... zumindest die Netten von uns.»

Isaac reagierte still. *Telepathie ist offensichtlich der direkteste Weg in die Dummheit.*

Bendix sah das anders. *Kim ist super und hat echt einen grandiosen Unterhaltungswert.*

Lucas wartete auf die Fortsetzung, die prompt folgte: «No-In ist glücklich, weil ihr all diese Fragen stellt. Und er hat noch viel zu erzählen. Ich soll euch mitteilen, dass es bisher noch keinem Scharonn gelungen ist, sich vollzählig zu finden und zu verlinken.»

Ich war fasziniert.

Lucas fragte weiter: «Und wer ist nun dieser No-In?»

«Der Letzte aus seinem Scharonn.»

«Er wurde vor 113 Jahren geboren?»

«Ja, er lebt in Amerika – wie alle aus dem letzten Scharonn – und er ist mein Urgroßvater. Das bedeutet, er ist der Vater des ...»

«Wir wissen, was ein Urgroßvater ist», platzte Isaac ungeduldig heraus.

Aber Kim ließ sich nicht beirren. Mit übertriebener Deutlichkeit begann sie von vorn. «Er ist mein Urgroßvater. Das bedeutet, er ist der Vater des Vaters meiner Mutter und er ist sehr aufgeregt, weil wir erst 14 Jahre alt sind und uns bereits gefunden haben. Ein Grund zum Feiern – aber überschattet von dunklen Wolken. Denn die Organisation hat einen von uns. No-In sagt, wir waren viel zu leichtsinnig und müssten nun konzentriert und schnell handeln, um den Netten zu retten – sonst endet das in einer Katastrophe.»

«Was für eine Katastrophe?», fragte Lucas sofort.

«Oh, das ist nicht gut», sagte Kim und verfütterte noch ein Stück Pancake an Mr. Miller, der inzwischen auf ihrem Schoss saß.

«Was ist nicht gut?»

«Es ist nicht gut, dass ich jetzt nicht mehr über diese komplizierten Dinge reden mag. Sir, es ist mir zu anstrengend.»

Lucas wollte etwas erwidern, verwarf die Antwort aber, bevor er sie aussprach. Nach kurzer Überlegung fragte er: «Du sagtest in Liechtenstein, es brauche drei Personen aus einem Scharonn und zwei Verlinkungen, damit der Radar funktioniert, mit dem wir Bendix finden können. Stimmt das so?»

Kim biss genüsslich in einen weiteren Pancake. Wir waren uns nicht sicher, ob sie Lucas' Frage überhaupt noch registriert hatte. Doch dann nickte sie mit vollem Mund.

Wow. Konnte das alles wirklich stimmen? Warum ausgerechnet wir – sie, Bendix, Isaac und ich? Und auserwählt wofür? Was hatte diese Organisation mit allem zu tun? War Bendix wirklich in großer Gefahr? Und wenn ja – würden wir ihn rechtzeitig finden?

«Tammy?» Das war Sahara auf dem Lautsprecher. Ich schaute auf FaceTime und sie meinte: «Wir müssen nun herausfinden, wo wir mit der Suche nach Bendix anfangen sollen.»

Sahara war fest entschlossen zu eruieren, in welcher Gegend Bendix festgehalten wurde. Wir brauchten diese Information dringend. Ohne sie war der Radar nutzlos. Nur mit einer ungefähren Region hatten wir eine Chance, ihn zu aufzuspüren.

Wie immer war Sahara sehr gut vorbereitet. Ihr Plan hatte drei Punkte, und jeder davon sollte Hinweise auf Bendix' Aufenthaltsort liefern. Punkt eins: die alten, vergilbten Zeitungen an den Fenstern. Punkt zwei: der Müll der Obdachlosen. Und Punkt drei: die Gewitter der letzten Tage. Sahara wiederholte mehrfach, dass Bendix' Entführung hastig und improvisiert gewesen sein musste. Schnell, unüberlegt – irgendwo wurde bestimmt ein Fehler gemacht – und das mussten wir ausnutzen. Nicht jeder verstand ihre Denkweise, aber sie hatte ein Gespür für Zusammenhänge. Und ich vertraute ihrem Instinkt.

Das Gespräch zwischen Sahara und Bendix wurde dann eine echte Herausforderung – zumindest für mich. Ich übersetzte laufend Saharas Fragen und Anweisungen für Bendix in meinem Kopf und leitete seine Antworten zurück an sie. So war ich mitten in diesem seltsamen Gespräch – und doch überhaupt nicht dabei.

Bendix war zum Glück sehr kooperativ. Er befolgte Saharas Anweisungen präzise. Zuerst überprüfte er die Zeitungen, die vermutlich schon seit Monaten als Sichtschutz außen an den Fenstern klebten. Ein Datum war längst verblasst, aber einige Papierschichten trugen noch das Logo einer Lokalzeitung. Für Sahara war das ein Volltreffer. Mit wenigen Klicks fand sie heraus, in welchen Bezirken in und um London diese Zeitung verteilt wurde – unser erstes greifbares Indiz. Anschließend musste Bendix sich durch den Müll kämpfen. Sahara hoffte, zwischen dem Müll einen Hinweis auf umliegende Shops oder Restaurants zu entdecken. Schließlich zog Bendix einen zerknitterten Einkaufsbeleg aus einer Plastiktüte hervor. Sahara war begeistert, und Bendix diktierte ihr – natürlich immer durch meinen Kopf – jedes Detail des Zettels. Sie versprach sich auch davon viel und wollte später in Ruhe im Internet danach forschen.

Zunächst nahmen wir uns Punkt drei vor. Im Wetterarchiv stieß Sahara auf ein lokales Unwetter, das über Bluefield hinweggezogen war. Ich erinnerte mich sofort: Es war die Nacht, in der ich mit Isaac im Lieferwagen auf der Mount Davis Road gewesen war – und Bendix im Kabelhaus. Er wusste noch, dass er lange wach lag – zu aufgewühlt, nachdem man ihn am Tag zuvor betäubt hatte. Aber ein Gewitter? Daran erinnerte er sich nicht. Bendix war sich sicher, das hätte er bemerkt. Auf genau diese Antwort hatte Sahara gehofft. Der Wetterradar war eine weitere heiße Spur, die uns half, den Aufenthaltsort einzugrenzen.

Inzwischen kümmerte sich Kim – gemeinsam mit Mr. Miller – um die Wäsche aller und nutzte dazu die warmen Sonnenstrahlen und die Leinen im Garten, die Lucas zuvor gespannt hatte. Und Isaac schlief schon eine ganze Weile auf der Eckbank im Old Campbell's. Lucas war so freundlich, mir einen eiskalten Campell-Ice-Tea zu bringen, da ich mir mit dem ständigen Übersetzen von Bendix' Gedanken den Mund fusselig geredet hatte. Auch mein Kopf war langsam nur noch Matsch. Sahara drängte aber noch auf eine letzte Sache. Bendix erwähnte, dass sich eine Ecke des Zeitungsichtschutzes vor Kurzem gelöst hatte. Sahara wollte genau wissen, was er dort erkennen konnte. Jedes noch so kleine Detail könnte entscheidend sein, wenn sie später die Satellitenbilder nach einem passenden Gebäude durchsuchte. Bendix versuchte es – doch viel gab es nicht zu sehen: ein Kiesplatz, ein Baum und gerade mal ein einzelner Buchstabe auf einem Straßenschild in der Ferne. Unsere Crime-Spezialistin nickte trotzdem zufrieden. Sie hatte, was sie wollte. Ohne zu zögern machte sie sich an die Arbeit.

Eliot

Der Alltag an der Goldküste wurde zunehmend schwieriger. Eliot war sich seiner mentalen Stärke bewusst und verweigerte sich inzwischen konsequent den Vorstellungen seiner Eltern. Um den widerspenstigen Sohn zu bändigen, schickten die Ahams ihn mit zwölf Jahren auf ein Internat und konzentrierten sich fortan auf den zweiten Sohn – Isaac. Dieser musste besser sein – geformt durch Strenge und das eingetrichterte Bewusstsein, ein adeliger Aham zu sein. Isaac kannte nichts anderes. Er erinnerte sich auch kaum an Ellen und ahnte nichts von ihrem geheimen Kontakt mit seinem Bruder. Obschon Ellen – ohne Wissen der Ahams – fester Bestandteil von Eliots Leben blieb, endete ihr Kontakt, als er mit 15 nach Afrika geschickt wurde. Sie erfuhr es aus den Medien. Von Anfang an misstraute Ellen den Ahams, doch jede ihrer Nachfragen wurde schroff abgewiesen. Die Nachricht von Eliots Selbstmord erreichte Ellen drei Jahre später, heimlich, durch die langjährige Aham-Köchin – ein Schlag, der sie wie ein dunkler Sturm traf. Sie war und blieb fassungslos, als könnte ihr Verstand die grausame Wahrheit nicht glauben, und es verging kein Tag, an dem sie nicht an Eliot dachte. All die Jahre ahnte Isaac nicht, dass jemand seine stille, tiefe Trauer um Eliot teilte. Jemand, der – genau wie er – erst vor wenigen Tagen erfuhr, dass die Ahams ihren unzähmbaren Sohn nicht nach Afrika, sondern gegen seinen Willen nach Kingsstep geschickt hatten. Jemand, der ebenso schockiert darüber war. Und jemand, der genauso wie Isaac von einer anonymen Person kontaktiert wurde. In solidem Englisch wurde Ellen gefragt, was sie über Eliot Aham wisse.

Kapitel 29

«Wohin fahren wir?», fragte Kim, die schräg vor mir auf dem Beifahrersitz saß.

«Das weißt du doch», meinte Lucas und warf ihr einen kurzen Blick zu, während er das Steuer festhielt. «Wir holen Bendix nach Hause.»

Die Stimmung im Kleintransporter war von Entschlossenheit und Hoffnung geprägt – denn wir hatten einen Plan. Sahara hatte in weniger als 24 Stunden das Suchgebiet für unsere Rettungsaktion auf drei Außenbezirke Londons eingegrenzt. In einem dieser Bezirke musste Bendix sein – da war sie sich sicher. Sie hatte Satellitenbilder durchforstet und sogar konkrete Gebäude ausfindig gemacht, die in Frage kamen. Doch die Liste war lang, und wir konnten nur hoffen, dass unser Mystery-Radar funktionierte.

Um diesen überhaupt nutzen zu können, hatte ich mich gestern Abend mit Kim verlinkt. Anders als bei meiner Verlinkung mit Isaac, die mich unerwartet erwischt hatte, und jener mit Bendix, die mir als unglaubliches Erlebnis in Erinnerung geblieben war, hatte ich bei Kim etwas Bammel. Sie war tatsächlich etwas weird, und ich fürchtete, ihre telepathischen Gedanken könnten mich auf Dauer ziemlich überfordern. Isaac war entsetzt, als ihm klar wurde, dass ich das freiwillig tat. Aber wir hatten keine Wahl – zwei Verlinkungen waren nötig, um den Radar zu aktivieren und Bendix zu finden. Überraschenderweise war Kim als Gedankenrednerin erstaunlich unkompliziert. Sie empfand die Telepathie generell als anstrengend und blieb daher fast durchgehend auf OFF. Für unsere Suche nach Bendix mussten wir sie sogar drängen, ihre Frequenz offen zu lassen – nur so funktionierte der Radar.

Die Suche im ersten Bezirk war ernüchternd. Sahara lotste uns zu vielen Bauruinen, doch der Schargall – der helle Ton in unseren Köpfen – blieb aus. Trotzdem näherten wir uns manchmal den Gebäuden. Kim ließen wir sicherheitshalber immer im Wagen. Ich blieb – mit Sahara am Phone – als Aufpasserin zurück, während Isaac und Lucas die leerstehenden Häuser von beiden Seiten umrundeten. Doch jedes Mal kamen sie kopfschüttelnd zurück.

Dabei hätten wir viel Zeit sparen können – der Radar funktionierte nämlich einwandfrei und hätte längst ein Signal gegeben, wenn Bendix in der Nähe gewesen wäre. Das wurde uns klar, als wir den Schargall plötzlich – wenn auch leise – alle gleichzeitig hörten. Je näher wir kamen, desto lauter wurde er.

Wir folgten dem ungewöhnlichen Leitsystem in unserem Kopf, das uns zielsicher durch breite Straßen führte, gesäumt von parkenden Autos, die ihre besten Tage längst hinter sich hatten. Als der Ton laut hallte, die Flammen dazu pulsierten und das blaue Auge seinen Blick auf uns richtete, war klar – das gesuchte Gebäude lag direkt vor uns. Sofort informierte ich Bendix, dass wir ihn gefunden hatten. Lucas bog von der Hauptstraße auf den Schotterplatz ab, der zum Kabelhaus führte, und parkte den Transporter vorsichtshalber etwas abseits.

Wir wussten, dass zwei Overallmänner Bendix bewachten – einer mit Bart, der andere mit Glatze, beide kräftig und möglicherweise bewaffnet. Bevor wir mit Bendix das weitere Vorgehen besprechen konnten, schaltete ich ihn nochmals kurz auf OFF, da Sahara aus der Leitung gefallen war. Ich wählte ihre Nummer erneut, während wir alle aus dem Transporter stiegen und die Türen zuschlugen. Nein, hier standen keine hübschen Reihenhäuser mit gepflegten Vorgärten – stattdessen dominierte eine Mischung aus älteren Industriegebäuden, heruntergekommenen Wohnblöcken und rudimentären Einkaufsmöglichkeiten das Bild.

Lucas wandte sich an Kim. «Bleib du wieder im Wagen!» Doch diesmal widersprach sie. Er versuchte es noch einmal: «Es ist sicherer für dich, wenn du hier wartest!» Kim druckste aber herum und flüsterte dann etwas in Lucas' Ohr. Der grinste und schickte sie hinter einige nahegelegene Büsche, die ein breites Ackerfeld begrenzten. Mr. Miller sprang ihr hinterher. Zu uns meinte Lucas: «Nur einen Moment, she has to pee.»

Sahara wollte gerade erklären, wie wir uns Bendix nähern könnten, als Isaac mich ungeduldig anstieß.

«Hörst du den Radar noch?»

Uff, nein – absolute Stille! Was war los? War Kim beim Pinkeln auf OFF gegangen? Schnell steckte ich das Phone in die Tasche und kontaktierte Bendix. Vergeblich – er war nicht mehr zu erreichen. Wie war das möglich? Vor wenigen Minuten hatte ich noch mit ihm kommuniziert!

Ehe ich mich versah, bog ein schwarzer Kombi um die Ecke des Gebäudes. Darin erkannte ich einen Mann mit Bart und eine Frau, die uns jedoch keines Blickes würdigten. Die restlichen Fenster waren verdunkelt. Bereits auf dem Schotterplatz beschleunigte der Wagen und raste an uns vorbei auf die Hauptstraße.

«Damn, die haben Bendix im Wagen!», rief Lucas, drängte Isaac zum Transporter zurück und riss die Tür auf. «Hinterher! Sonst verlieren wir ihn!»

Isaac folgte. Lucas wandte sich noch kurz an mich. «Bleib du bei Kim, wir holen euch später!»

Der schwarze Kombi war bereits nicht mehr zu sehen. Lucas jagte hinterher und der Schotter unter den Rädern des alten Lieferwagens schleuderte in alle Richtungen. Hoffentlich schafften sie es, Bendix einzuholen. Seine Frequenz war noch immer stumm.

Ein Aufschrei zerriss die Stille. Oh, shit! War das Kim? Aus dem Augenwinkel erkannte ich einen Schatten huschen – Mr. Miller. Ich rannte auf ihn zu und sah gerade noch, wie ein glatzköpfiger Mann im blauen Overall die wild zappelnde Kim ins Kabelhaus zerrte. Mein Herz raste. Sofort sendete ich Kim den Schargall.

Kim! Komm schon, stell auf ON! Stell auf ON! Sie tat es nicht. Stattdessen sprang die Ratte auf meine Schulter. Was sollte ich nur tun? Was um Himmels Willen sollte ich tun?

Isaac!, schrie ich verzweifelt in seinen Kopf.

Tammy, sorry, kann grad nicht!

Verzweifelt trat ich gegen den Schotter, sodass die Steinchen durch die Luft flogen. Ein Murmeln ließ mich innehalten.

Bendix, bist du das? Bendix? Hörst du mich?

Ja, Tam? Was ist denn passiert?

Wo bist du?

In einem Wagen. Gefesselt und geknebelt.

Haben sie dir etwas gespritzt? Fühlst du dich benommen?

Ich war kurz weggetreten. Jetzt bin ich okay.

Lucas und Isaac verfolgen euch, aber sie haben den Wagen aus den Augen verloren. Und Kim wurde von einem Mann gekidnappt!

Isaac platzte in meine Gedanken: *Tammy, was ist bei euch los?*

Er musste einige Gedankenfetzen aufgeschnappt haben.

Kim wurde gefasst!, rief ich verloren durch die Frequenz.

Fuck, die haben Kim?!, platzte es aus Isaac heraus. Und gleich darauf hörte ich ihn ausrufen: *Ey Alter, pass auf!* Lucas fuhr wohl vor Schreck einen Schlenker, nach dieser Botschaft.

Ich weiß nicht, was ich tun soll!, sendete ich panisch zu Isaac und Bendix.

Ist sie ON? Kannst du Kim erreichen?, fragte Isaac, wohl überfordert von der Situation.

Ich versuch's, aber sie blockt – und zetert im Haus wie eine Irre.

Isaac: *Sie schreit?!*

Ja, sie wütet regelrecht. Ich höre sie bis hierher.

Bendix bewahrte Ruhe. *Hör zu, Tam. Glatzi ist bei ihr, weil Barti und die Boss-Frau bei mir im Wagen sitzen. Er wird sie im Obdachlosenraum einsperren. Aber Glatzi hat schwache Nerven. Wenn sie weiter so brüllt, wird er kommen und ihr etwas spritzen. Sag Kim, dass unter der Matte eine Eisenstange versteckt ist. Sie soll ihm das Ding zwischen die Beine rammen, wenn er den Raum betritt. Sobald er fällt, raus da. Dann haut ihr ab.*

Okay, das war ein Plan! Ich kappte die telepathische Verbindung zu den Jungs – jetzt zählte nur Kim. Sie tobte noch immer wie ein wildgewordenes Tier. Aber nach hartnäckigen Versuchen kam ich tatsächlich zu ihr durch und gab ihr Bendix' Anweisungen. Nur wusste ich nicht, ob sie es verstanden hatte – sie gab keine Antwort.

Isaac platzte ungestüm zurück in meinen Kopf.

Tammy, wir haben keine Ahnung, wo Bendix ist. Die Straße ist voller Verkehr, wir stecken fest. Shit, wir haben ihn verloren!

Die Ereignisse überschlugen sich in meinem Kopf. Das Duo Aham-Campbell drohte zu verzweifeln, Bendix lag bewegungsunfähig auf dem Rücksitz des Kombis und Kim hatte die Frequenz bereits wieder geschlossen. Doch das schrille Geschrei war verstummt, es war still. Und dennoch – jemand rief meinen Namen. Ich zuckte zusammen und fand die Erklärung in meiner eigenen Hosentasche. Uff, Sahara! Ich hatte sie völlig vergessen. Sie war die ganze Zeit in der Leitung gewesen. Es blieb mir nur wenig Zeit für eine Erklärung, schon sprang Mr. Miller von meiner Schulter und wie ein aufgeregtes Hündchen auf Kim zu, die gerade aus dem Gebäude stürmte.

«Oh mein Gott, Kim!», rief ich. Bendix' Plan hatte funktioniert! Schnell setzte ich den Kopfhörerknopf ins Ohr, damit Sahara verbunden blieb, und rannte Kim entgegen. Ich packte sie am Handgelenk, informierte die Jungs, und führte den unberechenbaren Wildfang weg vom Schotterplatz. Sahara war schon dabei, uns den Weg zu einem nahen Versteck zu weisen.

Doch plötzlich blieb Kim stehen und rief panisch: «Mr. Miller! Wo ist Mr. Miller?»

Ich ahnte Schlimmes. Bitte nicht ... bitte nicht jetzt ... flehte ich innerlich zum Rattenhimmel. Vergeblich. Kim riss sich los und rannte zurück zum Kabelhaus – dahin, wo sie den Nager zuletzt gesehen hatte. Ich war fassungslos. Inständig hoffte ich, dass Glatzi mit gebrochenen Beinen im Obdachlosenzimmer lag, und Kim jeden Moment mit der Ratte zurückkam. Ein Telefonklingeln riss mich aus meinen Gedanken – aber es kam nicht von meinem Phone, sondern aus meinem Kopf. Wo klingelte es? Bei Isaac? Oder Kim?

Nein, es war Bendix' Frequenz!

Klingelt bei dir ein Telefon?

Ja, die Boss-Frau nimmt gerade einen Anruf an ... Moment – sie stellt ihn auf Lautsprecher.

Ich hielt den Atem an.

Hast du es gehört, Tam?

Nein, ich habe nichts verstanden. Worum ging es?

Es war Glatzi. Er behauptet, er hätte noch eine von uns geschnappt. Die Boss-Frau befahl soeben, sofort umzudrehen und zurückzufahren. Aber Tam, was ist passiert? Kim war doch in Sicherheit.

Keine Zeit für Erklärungen – das war unsere Chance! Ich klingelte Sturm in Isaacs Kopf.

Himmel, Tammy, was ist denn los?

Der Kombi wendet gleich! Sie fahren zurück!, erklärte ich hastig.

Isaac begriff sofort. *Yes! So kriegen wir sie! Schnell, Luc, wende den Wagen!* Kurz zögerte er. *Tam, ist etwas passiert? Seid ihr in Sicherheit?*

Kim ist ins Haus zurückgerannt ...

Was? Ernsthaft jetzt?!

Ja! Sie wurde geschnappt! Deshalb fahren sie nun zurück.

Isaac wartete nicht auf weitere Erklärungen. Durch die offene Frequenz hörte ich ihn rufen: *Over there, Luc! Sie kommen, ... warte kurz! Lass noch einen Wagen durch. Yes, now – go!*

Ihr seht den Wagen wieder?

Ja, zwei Fahrzeuge vor uns. Die Fahrbahn ist frei, wir werden bald zurück sein!

Hektisch überbrachte ich Bendix und Sahara die gute und die schlechte Nachricht: Wir hatten den Kombi gefunden – aber Kim war dem Overall-Mann direkt in die Arme gelaufen. Die Entführer wollten sie ebenfalls mitnehmen.

Ratlos stand ich auf dem Schotter. Das Kabelhaus wirkte ruhig, der offene Eingang war leer. Ich hörte Kim weder toben noch wüten, und auch nicht ihre Stimme in meinem Kopf. Nur Mr. Miller bemerkte mich, rannte wieder auf mich zu und setzte sich auf meine Schulter. Zeitgleich stürzte Isaac zurück in meine Gedanken.

Noch etwa zwei Minuten, dann sind wir da!

Nein, Isaac, bloß nicht. Wir brauchen mehr Zeit. Panik jagte wie ein Blitz durch mich. Wie sollten wir Bendix und Kim je wiederfinden, wenn beide verschleppt würden? Ohne die dritte Person funktionierte unser Radar nicht!

Unmöglich, hörte ich Isaac durch die Frequenz. *Sie fahren viel zu schnell! Wir sind in maximal 90 Sekunden bei euch!*

90 Sekunden? Okay, da stand ich – wieder einmal auf mich allein gestellt, mit zu vielen Stimmen im Kopf, einer Ratte auf der Schulter und null Plan, was ich tun sollte. Noch 75 Sekunden.

Mein Blick schweifte zur Straße hoch. Ein Leuchtschild flackerte, der Verkehr rollte, drei Jungs prellten mit einem Basketball auf dem Gehweg, und eine Senioren-Walkinggruppe passierte den Zugang zum Schotterplatz. Einem Impuls folgend rannte ich hinauf und setzte Mr. Miller mitten auf die Einfahrt.

«Bleib! Nicht bewegen!», sagte ich in der Hoffnung, dass das Tier mich verstand. Die Ratte gehorchte – warum auch immer – und blieb bockstill stehen. Wild mit den Händen fuchtelnd rannte ich auf die bunt gekleideten Senioren mit ihren Walkingstöcken zu.

«Herrschaften, bitte hier entlang.» Ich wies sie an, Richtung Schotterplatz zu gehen. «Wir haben eine verletzte Ratte in der Einfahrt, bitte gehen Sie hier durch. Ja, genau so.»

Die verdutzten Menschen taten, was ich mit Vehemenz, aber holprigem Englisch von ihnen verlangte, und machten einen Bogen um Mr. Miller. Der Nager verhielt sich großartig, als wüsste er genau, worum es ging. Die Zufahrt war aber noch nicht komplett blockiert. Es blieben noch 20 Sekunden.

«Bitte etwas schneller ... ja, hier entlang, beeilen Sie sich», drängte ich, ohne dass jemand wusste, warum. Mein forsches Auftreten bewirkte, dass die ganze Gruppe meinen Anweisungen folgte wie die Lemminge. Kaum hatte die Walkinggruppe den Schotterplatz und damit die Zufahrt zum Kabelhaus blockiert, sah ich den Kombi heranfahren. Er blinkte und bremste ab.

Mein Herz raste. Mr. Miller stand nervenstark im Angesicht des schwarzen Wagens, als würde er einem übermächtigen Feind entgegentreten. Er ließ ihn nicht durch. Der Wagen wäre ohnehin nicht weit gekommen – nur wenige Meter weiter marschierten die irritierten Senioren immer noch im Gänsemarsch. Und tatsächlich, die Entführer kamen nicht durch und entschieden, weiterzufahren.

Yes, mein Plan ging auf. Sie würden wohl irgendwo eine Schleife drehen, was uns etwas Zeit verschaffte.

Nur Sekunden später fuhr Lucas den Kleintransporter zur Einfahrt des Schotterplatzes. Er manövrierte geschickt seitlich an den Menschen vorbei und parkte wieder etwas abseits.

«Mr. Miller!» rief ich, und im nächsten Moment sprang die Ratte zurück auf meine Schulter. Dann rannte ich zu Isaac und Lucas und ließ die verwirrten Senioren einfach stehen.

«Hast du schon mal jemandem aufs Maul gehauen?», fragte Lucas Isaac beim Aussteigen. Dieser schüttelte den Kopf. «Dann stell dich drauf ein!» Lucas meinte das nicht als Scherz, es war sein voller Ernst. Isaac atmete tief durch, dann fiel sein Blick auf die drei Jungs mit dem Basketball, die sich hinter der Seniorengruppe das Maul zerrissen. Er ging auf sie zu.

«Isaac, no, lass uns reingehen!», rief Lucas ihm nach.

Isaac bat mit einer Handbewegung um einen Moment Geduld und eroberte sich den Basketball aus den Händen der Jungs. Elegant führte er einen Balltrick vor – die Jungs jubelten begeistert.

«I'll be right back!», rief er und joggte mit dem Ball zu uns zurück. Gemeinsam betraten wir das Gebäude. Keiner von uns hatte einen Plan, und niemand war cool genug, das gelassen zu nehmen.

Die Zeit drängte. Noch waren wir zu dritt gegen Glatzi, aber nur, bis der Kombi zurückkehrte – und das konnte jeden Moment soweit sein. Also betraten wir leise den Eingangsbereich. Es war düster, das Tageslicht drang nur schwach durch die verklebten Fenster. Lucas deutete auf sein Ohr und fragte damit, ob ich Kim wahrnehmen konnte. Ich schüttelte den Kopf. Ihre Frequenz war blockiert oder verschlossen, und sie reagierte nicht auf den Schargall. Kein einziges Geräusch verriet uns, wo Kim und Glatzi sich aufhalten könnten.

Vorsichtshalber stellte ich Bendix und Sahara auf OFF – ich brauchte mein Gehör für alles, was in diesem stillen Gebäude geschah. Mein Herz raste. Die feuchten Betonwände rochen nach Baustelle, vermischt mit dem Gestank von nassem Abfall. Der Einzige, der sich wohlzufühlen schien, war Mr. Miller. Er hüpfte munter von einer Schulter zur anderen.

Vor uns lagen drei Räume, zwischen denen wir entscheiden mussten. Isaac und Lucas tauschten einen schnellen Blick – doch Mr. Miller traf die Entscheidung: Mit einem Fiepsen sprang er auf den Boden und huschte in den linken Raum. Wir folgten ihm.

Er hatte den richtigen Instinkt. Ein schmaler Flur führte aus dem fensterlosen Raum direkt in einen größeren, in den schwaches Tageslicht fiel. Gerade genug, um die improvisierte Liege zu erkennen, auf der Bendix gefesselt gewesen war. Vor allem aber sahen wir Kim. Sie stand reglos mit dem Rücken zu uns. Lucas wollte gerade losrennen, doch dann trat Glatzi vor Kim und schaute mit eiskaltem Blick den Flur hinunter zu uns. Seine breite Statur dominierte den Raum. Und seine Waffe zielte direkt auf uns.

Oh, shit!, hörte ich von Isaac.

In der anderen Hand hielt der glatzköpfige Overall-Mann ein Smartphone. Damit startete er einen Anruf.

Bald lachte er höhnisch ins Telefon, seine Stimme triefte vor Selbstgefälligkeit. «Ich habe sie alle hier. Holt sie euch ab!»

Lucas machte einen vorsichtigen Schritt zur Seite – raus aus der Schusslinie.

«He, du da! Stehenbleiben.» Glatzi hantierte noch mit seinem Telefon, um es in die Hosentasche zu stecken, als Isaac aus dem Nichts aufsprang, den Ball dreimal auf den Boden prellte und sich in einer blitzschnellen Bewegung drehte. Durch die plötzliche Hektik fiel Glatzis Telefon zu Boden. Er griff nicht danach, sondern zielte entschlossen mit der Waffe, um die Situation wieder unter Kontrolle zu bringen. Jetzt aber prellte Isaac den Ball erneut, diesmal mit solcher Wucht und Präzision, dass er über den Betonboden fegte – direkt auf Glatzis Beine zu.

«Runter!», schrie Isaac, und Lucas und ich duckten uns. Genau im richtigen Moment, denn der Ball krachte in Glatzis Kronjuwelen. Er japste, ein Schuss löste sich und sauste über unsere Köpfe hinweg. Ich wagte kaum zu atmen. Was blieb, waren Glatzis erstickte Schmerzgeräusche und das dumpfe Aufprallen des Balls im kahlen, hallenden Raum.

Isaac sprintete los, schnappte sich den Ball und – ich konnte nicht hinsehen – schmetterte ihn mit voller Wucht ins Gesicht des Entführers. Glatzi ließ die Waffe fallen, taumelte, kippte um, sein Hinterkopf schlug hart auf den Boden, doch immerhin – die Ohnmacht bewahrte ihn vor dem Schmerz zwischen seinen Beinen.

Lucas und ich eilten zu Kim. Ihre Augen waren geschlossen.

«Kommuniziert sie?», fragte Lucas.

«Mit mir nicht, nein. Aber vielleicht mit No-In.»

Erst jetzt realisierte ich den Schargall in meinem Ohr: Bendix! Mist, er war die ganze Zeit auf OFF.

Tam, Tam, wo seid ihr? Barti betritt das Gebäude.

«Er kommt!», zischte ich durch den Raum. Lucas hob schnell die Waffe auf und versteckte sich rechts neben dem Flureingang hinter der Wand. Isaac schnappte sich den Ball und postierte sich links vom Eingang. Ich versteckte mich hinter Isaac. Kim, mit Mr. Miller auf der Schulter, blieb im Raum stehen.

Schon hallten zögerliche Schritte durch den Flur – dann erstarrten wir: Ein lauter Klingelton durchschnitt die Stille. Mist – Glatzis verfluchte Smartphone auf dem Boden! Isaac hob es auf und strich mit dem Finger über das gesplitterte Display. So beendete er das Klingeln, nahm aber gleichzeitig den Anruf an. Verwirrt drückte er mir das Phone in die Hand. Was zur Hölle?! Unsicher starrte ich auf das Gerät, wich langsam zurück – erst in den nächsten Raum, dann noch einen weiter. Dieser kam mir bekannt vor – die Obdachlosen-Müllhalde.

«Hello?!»

Ich hörte dieselbe Männerstimme vom Flur und fast zeitgleich aus dem Telefon in meiner Hand. Panisch schaltete ich das Gerät aus und schaute mich um. Mein Blick fiel auf die Eisenstange, die Kim wohl zuvor in diesem Raum benutzt hatte. Schnell steckte ich das fremde Phone in die Hosentasche, griff nach der Stange und schlich zurück zu den anderen. Noch bevor ich den Raum mit der Liege betrat, wich ich bereits zurück. Der bärtige Mann stand bewegungslos da, denn Lucas hielt ihm mit zittrigen Händen die Waffe an die Schläfe.

«You are not strong enough, boy», spottete Barti mit überheblichem Grinsen. Leider hatte der Koloss recht – Lucas' Nerven flatterten, und die Situation drohte zu kippen. Kim war noch immer wie hypnotisiert, und Isaac wirkte eingeschüchtert – Barti war in seiner ganzen Erscheinung eine andere Liga als Glatzi, der bewusstlos am Boden lag.

Er soll sich zu Lucas drehen!, sendete ich gedanklich an Isaac, der nichts von der Eisenstange in meinen Händen ahnte. Wenn er mich gesehen hätte, hätte er verstanden, dass ich nur auf den richtigen Moment wartete, um Barti niederzuschlagen. Doch dazu durfte der Mann mich nicht sehen. Isaac tat, was ich ihm gesagt hatte.

«Turn around!», befahl er.

Die Angst in seiner Stimme verriet, was Barti längst wusste. Die Jungs waren der Situation nicht gewachsen. Der Mann lachte nur, hob spöttisch die Hände und drehte sich halb tänzelnd um, wie Isaac es gefordert hatte. Mutig trat ich einen Schritt aus meinem Versteck heraus und Lucas war erleichtert, als er sah, was ich in der Hand hielt. Barti bemerkte mich zum Glück nicht, doch er registrierte Lucas' Unachtsamkeit und entriss ihm die Waffe mit nur einer einzigen Bewegung. Schnell huschte ich wieder in Deckung und Sekunden später hatte Barti die Kontrolle über meine Freunde. Mit der Waffe in der Hand trieb er Isaac, Lucas und Kim zusammen. Lucas griff nach Kim und holte sie so aus ihrer Trance. Sie lächelte gedankenverloren.

Ich beobachtete, wie Barti mit dem Fuß unsanft gegen seinen Kumpel Glatzi am Boden stieß. «Hey, come on!»

Kurz suchte ich den Blickkontakt mit den Jungs. Nun war klar, dass ich dem Typen das Eisen von hinten über den Schädel ziehen musste, sobald sich eine Gelegenheit bot. Glatzi blieb regungslos.

«Okay, guys. Let's go!», wandte sich Barti an die anderen. Keiner sagte ein Wort, weder laut noch gedanklich. Lucas ging als Erster in den Flur, wo Bartis Waffe ihn hinwies. Mein Herz hämmerte, und meine Unsicherheit zerrte an meinem Mut. Dann folgte Isaac.

«Go, go!», drängte Barti zur Eile und verpasste Isaac mit der Waffe einen Hieb an den Hinterkopf.

Ich musste den Schlag einfach schaffen. Wenn ich versagte, waren wir alle in seiner Gewalt. Meine Nerven flatterten und meine Arme taten nicht, was ich wollte – sie gehorchten einfach nicht. Kim war die letzte, die Barti mit der Waffe fuchtelnd in den Flur scheuchte. Erst jetzt schien sie zu begreifen, wie ernst die Lage war, und warf Barti einen theatralisch bösen Blick zu. Das provozierte ihn, und genervt schlug er nach dem Nager auf Kims Schulter.

«Shitty rat!», knurrte er und Mr. Miller fiepte laut vor Schmerz. Kims Sicherungen brannten augenblicklich durch. Wie eine Furie fauchte sie Barti an. Als er nach ihr greifen wollte, sprang sie voller

Wut und Dramaenergie auf den Rücken des perplexen Mannes. Sie hämmerte wild auf seinen Kopf und, unfassbar, sie biss ihn ins Ohr! Lucas und Isaac duckten sich sofort, als Barti unkontrolliert mit der Waffe durch die Luft ruderte. Kim kreischte ohrenbetäubend, Barti fluchte derb und schlug nach ihr. Isaac stürzte auf mich zu und griff nach der Eisenstange.

«Runter, Kim! Geh runter!», schrie Lucas, während Isaac zum Schlag ansetzte. Doch Kim tobte weiter auf dem Rücken des massigen Mannes und bohrte ihre Finger immer tiefer in seine Augen und Nase.

«Runter! Kim, schnell, geh runter!», rief Lucas erneut und packte sie am Arm, um sie wegzuziehen. Keine Chance! Isaac traute sich nicht, auf das wilde Menschenknäuel einzuprügeln.

Geistesgegenwärtig rannte ich den Flur entlang und rief: «Mr. Miller, komm her!» Die Ratte gehorchte schon wieder und sprang tatsächlich über Bartis schmerzverzerrtes Gesicht direkt auf mich zu. Sofort stoppte Kim das hysterische Kreischen, sprang ab und landete mit einem dumpfen Aufprall auf dem Boden. Für einen Moment bewegte sich niemand. Dann presste Isaac die Lippen zusammen, holte aus und ließ die Eisenstange auf Bartis Hinterkopf krachen. Einen Herzschlag lang blieb der Mann noch stehen – dann verdrehten sich seine vom Festkrallen blutunterlaufenen Augen, die Knie gaben nach, und er sackte zu Boden.

«Let's go!», rief Lucas und wir stürmten den Flur entlang Richtung Eingang. Da stoppten wir, denn die Boss-Frau war noch bei Bendix im Wagen, wir durften nicht unüberlegt handeln. Isaac sah mich eindringlich an – bis ich begriff, was er wollte.

Ich sendete an Bendix: *Wir haben beide Overall-Männer überwältigt. Ist die Luft rein – können wir raus?*

Bendix antwortete sofort: *Nein! Die Boss-Frau beobachtet den Ausgang!*

Ist sie gefährlich?

Keine Kämpferin, nein. Aber bewaffnet und extrem ungeduldig.

«Er soll die Frau ablenken», flüsterte Isaac. «Ich muss am Wagen vorbeirennen.» Hatte er etwa einen Plan?

Bendix tat, was Isaac sagte, und gab mir ein Zeichen, als es so weit war. Isaac wies uns an, zurückzubleiben. Dann rannte er mit dem Ball in der Hand über den Platz. Dort ging er auf die drei Jungs zu, denen er zuvor den Ball abgenommen hatte. Was hatte er vor? Er dribbelte, grinste und passte – spielte er ernsthaft Basketball mit den Kids? Sie schienen begeistert.

Isaac war in seinem Element und bewegte sich und damit auch die Jungs in sportlicher Eleganz unauffällig immer näher an den schwarzen Kombi heran. Damit verschwand er jedoch aus meinem Blickfeld.

Ich meldete mich bei Bendix: *Isaac ist in deiner Nähe.*

Ja, ich höre es! Er prellt den Ball ständig gegen den Wagen. Die Jungs lachen. Aber die Boss-Frau rastet gleich aus.

Ahnt sie, wer Isaac ist?

Ich glaube nicht. Aber gleich explodiert sie!

Zeitgleich meinte Isaac: *Tammy, jetzt! Rennt zum Transporter.*

Ohne zu zögern rannten Lucas, der Kim an der Hand hielt, und ich im Schutz von Isaacs Ablenkung seitlich über den Schotterplatz zu unserem Lieferwagen. Noch immer hörten wir die Frau poltern.

«¡Carajo, maldito cabrón!»

Ich verstand kein Wort, aber mein Fokus lag ohnehin auf Lucas. Er deutete uns an, zu warten, startete den Lieferwagen, setzte zurück – und rollte auf den Kombi zu. Ein letztes Mal wirbelte Isaac in schönster Sportlerpräzision und eins mit dem Ball herum und knallte ihn gegen die Scheibe. Nicht, weil es nötig war, sondern wahrscheinlich nur, um Dampf abzulassen. Die Frau schimpfte weiter, als stünde sie kurz vor einem Herzinfarkt, bis sie abrupt stoppte.

«¡Mierda!» Erst hörte ich ihren Fluch, dann Isaacs Stimme in meinem Kopf: *Scheiße, sie erkennt mich.*

Schnell, Isaac, renn zu uns.

Zu spät – die Waffe ist auf mich gerichtet.

Mein Herzschlag setzte kurz aus. Erstarrt sah ich zu Lucas, der die Situation aus dem Lieferwagen beobachtete, und hörte dann Isaac zu den Jungs rufen: «Run, guys, run!»

Sie spurteten panisch zurück zur Straße, vorbei an unserem Lieferwagen, den Lucas gerade unauffällig hinter den Kombi positionierte. Er war bereit, Gas zu geben.

Isaac, Bendix!, rief ich durch die offenen Frequenzen. *Lucas gibt gleich Vollgas!*

Stopp! Das war Bendix.

Schnell hob ich die Hand und deutete Lucas damit an, zu warten.

Die dreht hier komplett durch! Wenn Luc jetzt auffährt, drückt sie im Reflex ab!

Ich fokussierte die Frau im Wagen – mittelalt, kantiges Gesicht, straffe, kurze Haare, ein Tattoo am Hals, die Wut im Blick, mit vorgehaltener Waffe.

Sie zwingt mich, einzusteigen, Isaacs Gedanken jagten durch meinen Kopf. Das durfte nicht wahr sein!

Ich werde nicht zulassen, dass er einsteigt, konterte Bendix. Was hatte er nur vor?

Isaac stand angespannt da. Ich fühlte mich hilflos, hörte nur, wie die Frau die Wagentür öffnete und mit kratziger Stimme drohte. «Game over, kid! You belong to us!»

Jetzt!, schrie Bendix durch die Verbindung, und ich gab Lucas hektisch das Zeichen zum Angriff.

Der Lieferwagen schoss nach vorn. Bendix stemmte beide Beine gegen den Vordersitz und trat mit voller Kraft dagegen. Die Wucht schleuderte die Frau erst nach vorn, dann nach hinten. Ihr Hinterkopf knallte gegen den Sitz und die Pistole rutschte aus ihrer Hand. Bendix duckte sich, Isaac brachte sich in Deckung und Lucas ließ mit einem lauter Aufprall die Luft erzittern. Das Heck des Kombis wurde gewaltig eingedrückt, die Frau in den Sitz gepresst – und dann prallte der Airbag wuchtig gegen ihr Gesicht.

Ein scharfer Schmerz durchfuhr mich – das waren vermutlich Bendix' Empfindungen. Wurde er beim Aufprall verletzt? Ich beobachte Isaac, der reflexartig die Tür zum Rücksitz aufriss, in der Erwartung, Bendix würde gleich herausstürmen.

«Get to safety!», schrie Bendix stattdessen zu Isaac und in meinem Kopf erklärte er, warum: *Achtung, sie greift wieder nach der Waffe – ich muss sie aufhalten.*

Panisch schaute ich zu Lucas – ein Blick genügte. Er erkannte die eskalierende Gefahr, setzte sofort etwas zurück und ließ den Motor aufheulen.

Nein, Bendix, kein Risiko mehr, schickte ich hektisch durch die Verbindung *Raus aus dem Wagen! Schnell!* Mit einer Hechtrolle durch die offene Wagentür brachte sich Bendix in Sicherheit, nur eine Sekunde, bevor Lucas mit unserem Transporter erneut auf das eingedrückte Heck des Kombis traf. Seine Entschlossenheit zeigte sich im Druck seines Fußes aufs Gaspedal. Er schob den Kombi schräg am Gebäude vorbei, immer schneller werdend, über das angrenzende Ackerfeld. Das Autowrack mit der eingeklemmten Frau wurde auf dem unebenen Boden wie im Schleudergang hin- und hergerissen. Gnadenlos und mit hohem Tempo drückte Lucas den Kombi gegen einen alten Holzschuppen, auf den er die längste Zeit zusteuerte. Es krachte laut. Durch die Staubwolke drangen wütende Worte zu uns – unverständlich, aber geladen mit feuriger Vergeltung. Lucas legte den Rückwärtsgang ein und fuhr zackig den Weg übers Feld zurück zum Schotterplatz.

Isaac hatte Bendix eben erst vom Knebel befreit. Schon ging Lucas, ausgerüstet mit einem Sackmesser, auf seinen Freund zu und schnitt die Fesseln durch. Bendix rieb sich die befreiten Handgelenke. Sein Hemd war an der Schulter aufgerissen, und eine Schürfwunde zog sich über die Haut. Doch als er Lucas ansah, huschte ein erschöpftes Lächeln über sein Gesicht.

Das Wiedersehen der beiden war ergreifend. Bendix umfasste mit beiden Händen Lucas' Gesicht und legte seine Stirn zum Dank an seine. Ein unbekanntes Gefühl von Loyalität und Freundschaft überwältigte mich bei diesem Anblick.

Aber Isaac drängte zur Eile und wollte sich gerade in den Transporter setzen, als Bendix auch ihn herzlich umarmte und fest an sich drückte. Isaac sah – total überfordert – über Bendix' Schultern hinweg direkt zu mir. Die blauen Flammen zischten, und das Auge ruhte still und anerkennend auf diesem ungewöhnlichen Moment. Meine Gefühle wirbelten durcheinander.

Lucas grinste und schüttelte den Kopf. «Hey man, that's enough. He is not your grandpa.»

So kam es, dass wir bald darauf, noch immer voller Adrenalin, mit unserem lädierten Kleintransporter über die Hauptstraße fuhren und diesen Ort hinter uns ließen. Bendix saß am Steuer und hatte ein Lächeln im Gesicht. Lucas saß erleichtert zwischen seinem Freund und der eigenwilligen Kim, Sahara nahmen wir auf den Lautsprecher und Isaac holte neben mir gerade sein Phone hervor.

«Leute, wohin fahren wir jetzt?», fragte Bendix in die Runde. Niemand hatte ein Ziel vor Augen.

«Es läuft doch super», warf Kim ein. «Wo gibt's das nächste Abenteuer?»

Eine Antwort blieb aus – also fuhr Bendix einfach los, planlos, aber glücklich durch die Vororte von London. Nur Isaac runzelte irritiert die Stirn und reichte mir sein Phone – die fünfte anonyme Nachricht war gerade eingetroffen. Ich las, was da in Englisch stand.

Isaac, hör zu: Es geht um Eliot. Das war kein Selbstmord, niemals. Alles hat mit Kingsstep zu tun. Sie müssen dafür bezahlen.

Unsere Blicke trafen sich, und Isaac gab endlich eine Antwort auf die offenen Fragen: «Leute, wir fahren nach Kingsstep!»

Fortsetzung in Band 2.

Danke, Yuna, für die grossartige Inspiration,
und wertvolle Mitarbeit an diesem Roman.
Es hat mir echt viel Freude gemacht!

Band 2

Auf der Suche nach der Wahrheit über Eliots Tod wagt sich das Scharonn tief hinter die Mauern von Kingsstep. Erschütternde Erkenntnisse treiben Isaac dazu, das Schicksal seines Bruders schonungslos aufzudecken. Sein Scharonn steht ihm zur Seite – ebenso die anonyme Person, die erstaunliches Wissen mit Tammy und ihren Freunden teilt, aber ihre Identität verbirgt. Wer steckt dahinter? Schon bald begreifen die Jugendlichen, dass das Abenteuer, in das sie während der Sommerferien geraten sind, weit größer ist als gedacht. Sie tauchen tief in die Vergangenheit ein, experimentieren mit ihren neuen, skurrilen Fähigkeiten und entwirren die Verstrickungen um Eliot. Mit Cleverness, Technik und schließlich auch der Kraft des mystischen Auges kämpfen sie sich durch ein Netz aus Geheimnissen – entschlossen, die Wahrheit ans Licht zu bringen.

Infos und Bestellung unter www.susann-blum.ch

Band 1

Drei Teenager entkommen einem Haus, in dem sie jahrelang unter mysteriösen Umständen gefangen gehalten wurden. Lenny, der kluge und schweigsame Stratege, Freya, die pragmatische Beschützerin, und Elly, deren Verbindung zum Jenseits sie in eine unbekannte Welt führt, kämpfen sich durch die fragile Freiheit. Doch die Schatten ihrer Vergangenheit lassen sie nicht los – und die Wahrheit, die sich enthüllt, reicht weit über ihr eigenes Schicksal hinaus. Eine bewegende Geschichte über Schmerz, Freundschaft und Hoffnung – auf der Suche nach Sinn, Wahrheit und dem Licht des Universums.

> «Es ist kaum zu glauben, dass Elly, Lenny und Pietro nicht real sind. Wie gerne würde ich mich nur einen Nachmittag zu ihnen an den Küchentisch setzen und mit ihnen über all das reden, was wir gemeinsam erlebt haben.»

Mailyn (28) führt ein unaufgeregtes Dasein. Etwas Schwung ins Leben bringen ihre Jugendfreundinnen, besonders die extrovertierte Nora, die Mailyn in gut gemeinter Direktheit als unzumutbar angepasst und brav bezeichnet. Das ändert sich, als die vier Frauen unerwartet auf fünf Männer treffen und gemeinsam einen epischen Abend in der Bar MONOLOCO erleben. Doch als einer der Männer spurlos verschwindet, rückt ein altes Geheimnis ins Licht: ein traumatischer Unfall aus ihrer Jugend. Um die Verstrickungen der Vergangenheit zu lösen, braucht es Offenheit, Intuition und Vertrauen. Alle werden mit sich selbst und einem unerklärlichen Phänomen konfrontiert, über das nach all den Jahren erstmals gesprochen wird.

> **«Was als Pendler-Romanze beginnt, entwickelt sich zu einer Reise durch die ergreifenden Lebensereignisse von neun jungen Menschen.»**